国家社会科学基金重大项目
"全媒体传播体系下出版深度融合发展研究"
（23&ZD218）
阶段性研究成果

出版业 新质生产力 研究

学理与案例

张新新　　陈少志◎著

清华大学出版社
北 京

图书在版编目 (CIP) 数据

出版业新质生产力研究：学理与案例 / 张新新, 陈少志著. -- 北京：清华大学出版社，
2025. 9（2025.11 重印）. -- ISBN 978-7-302-70142-2

Ⅰ. G239.2

中国国家版本馆CIP数据核字第2025PT5077号

责任编辑：胡洪涛
封面设计：傅瑞学
责任校对：赵丽敏
责任印制：杨　艳

出版发行：清华大学出版社
　　　　　网　　　址：https://www.tup.com.cn，https://www.wqxuetang.com
　　　　　地　　　址：北京清华大学学研大厦 A 座　　　邮　　　编：100084
　　　　　社 总 机：010-83470000　　　　　　　　　邮　　　购：010-62786544
　　　　　投稿与读者服务：010-62776969，c-service@tup.tsinghua.edu.cn
　　　　　质量反馈：010-62772015，zhiliang@tup.tsinghua.edu.cn
印 装 者：涿州市般润文化传播有限公司
经　　销：全国新华书店
开　　本：165mm×235mm　　　印　张：19.25　　　字　数：315 千字
版　　次：2025 年 9 月第 1 版　　　　　　　　印　次：2025 年 11 月第 2 次印刷
定　　价：80.00 元

产品编号：110406-01

前　言

随着信息技术的飞速发展，特别是数智技术的广泛应用，出版业正经历着前所未有的变革。从传统的纸质出版到如今的数字出版，再到未来的数据出版，每一步都伴随着生产力的革新与升级，出版业的新质生产力不仅是技术进步的产物，还是推动行业高质量发展的核心动力。正是在这一背景下，《出版业新质生产力研究：学理与案例》应运而生，通过深入研究出版业新质生产力的内涵、本质、发展路径、未来趋势等，以期为出版业的未来发展提供理论支撑与实践指导。本书主要内容如下：

第一部分，出版业新质生产力的内涵，包括第一章至第三章。首先，分析出版业新质生产力的基本内涵，提出新质生产力的三大核心要素——新质劳动者、新质劳动资料与新质劳动对象；其次，指出催生出版业新质生产力的三大关键因素——数智技术突破、数据要素配置与出版深度数字化转型；最后，在提出出版业全要素生产率内涵价值的基础上，构建"出版科技—要素质量—人力资本"的三维协同策略。

第二部分，出版业新质生产力的本质，包括第四章至第七章。从不同角度揭示出版业生产力的本质：从"出版＋×"新业态、"人机协同"新模式、"数据＋技术"新动能三方面剖析发展出版业新质生产力的核心要素；从出版业新质生产力的现象入手，分析先进生产力的基本内涵、特征与构成要素，进行出版业新质生产力的先进生产力本质研究；分析先进生产力的基本内涵、特征与构成要素，聚焦出版业新质生产力的先进生产力本质研究；从出版创新要素集聚的丰富内涵、面向创新要素集聚的出版新型生产关系逻辑机理、基于创新要素集聚相适配的出版新型生产关系内涵进行深入分析；基于出版供给侧的视角，分析"数据要素 × 出版"，充分发挥出版数据要素乘数效应。

第三部分，新质生产力赋能出版业高质量发展，包括第八章和第九章。从不同侧面探讨新质生产力如何赋能出版深度融合，推动出版业高质量发展："基于新型劳动者视角的融合出版编辑素养提升、基于劳动资料质变的出版数字基础设施建设，以及基于劳动对象质变的数据生产要素价值挖掘"的三维路径；"新质"理念启迪、新质改变知识生产方式、生成式 AI 推动出版深度融合；全要素、全领域、全环节、全主体、全时空赋能全媒体出版传播体系，推动融合出版的多维发展、破维发展、跨维发展和全维发展；创新，既是出版业高质量发展的核心动力，又是出版业创新发展的目标，旨在推动出版管理体制机制创新、出版运行机制创新、出版要素集聚创新，形成协同创新体系；以新质生产力推动出版业高质量发展，从劳动者质变、劳动资料质变、劳动对象质变三个方面提出优化策略。

第四部分，出版业新质生产力的未来趋势，包括第十章。最后一部分展望出版业新质生产力的未来趋势，即从当前的数字出版向更高层次的数据出版迈进。数据出版不仅意味着出版内容的全面数据化，更强调数据的挖掘、分析和应用，通过数据驱动的内容创作、传播和评估，实现出版业的智能化升级和个性化服务。这一趋势将推动出版业进一步融入数字经济大潮，成为推动文化繁荣和社会进步的重要力量。

本书较好地坚持学术性与普及性的统一。在学术性方面，从生产力、新质生产力、生产关系的理论源头出发，探索和思考出版业新质生产力的内涵、机理、模式与路径，先后在《中国出版》《中国编辑》《编辑之友》等核心期刊上发表了 14 篇论文成果，得到了学理性基本保证和学术检验。在普及性方面，坚持语言通俗易懂、形式图文并茂，全书设置专门的"名词解释"专栏，用以帮助读者理解新质生产力相关的术语和概念；全书累计原创 84 幅图片，用以可视化、形象化地表达出版业新质生产力的众多范畴和领域；全书共引用 19 个出版社在出版业发展新质生产力方面的典型案例，深入浅出地说明出版业新质生产力的理论内容和丰富内涵。

例如，在探讨出版业新质生产力的催生因素时，选取国内外多家出版社在数智技术应用、数据要素配置与数字化转型方面的成功案例。这些案例不仅可展示出版业在技术创新方面的最新成果，更能揭示技术创新如何推动出版流程的重塑与商业模式的创新。

在探讨新质生产力赋能出版业高质量发展时，选取多家出版社在内容创新、品牌建设、版权保护等方面的成功案例。这些案例不仅可展示出版业在提升内容质量与传播效率方面的最新进展，更能揭示出版业如何通过新质生产力的赋能实现行业的高质量发展。

在探讨出版业新质生产力的未来趋势时，特别关注数据出版这一新兴领域。通过选取国内外在数据出版方面取得显著成果的案例，深入剖析数据出版的内涵、特点与发展趋势，为出版业的未来发展提供有益的参考。

此外，在撰写过程中，我们还特别注重图书的可读性与易懂性，除增加案例分析外，还增加丰富的图表与名词解释，语言表达也尽量简洁易懂，使读者能够更加直观地理解新质生产力的内涵及其在出版业中的应用。

在本书的撰写过程中，我们得到了多方面的支持与帮助。首先，我们要感谢所有参与本书调研与访谈的出版业专家与学者，他们的宝贵意见与建议为本书的撰写提供了重要的参考与指导；其次，我们要感谢所有提供案例资料的出版单位与个人，他们的真实经历与宝贵经验为本书的案例解析部分提供了丰富的素材与依据；再次，我们还要感谢本书的作者团队及所有在撰写过程中给予我们支持与帮助的同事、朋友及家人，他们的关心与鼓励使我们能够克服重重困难，顺利完成本书的撰写工作。

最后，我们要特别感谢清华大学出版社的庄红权副社长、胡洪涛老师及编辑人员，他们的辛勤付出与专业指导使本书得以顺利出版。在大家的共同努力下，希望本书能够为出版业的未来发展提供有力的理论支撑与实践指导。

张新新　陈少志

2024 年 10 月

目　　录

第一章　出版业新质生产力的基本内涵　　　　　　　　　　　1

第一节　出版业新质生产力及其构成要素　　　　　　2

第二节　新质劳动者：编辑的数字素养与技能提升　　5

第三节　新质劳动资料：数智生产工具　　　　　　13

第四节　新质劳动对象：数据要素与作用机制　　　　18

第五节　新质生产力三要素优化组合的质变　　　　39

第二章　出版业新质生产力的形成动因与实践路径　　　　　48

第一节　动因一：数智技术的革命性突破　　　　　50

第二节　动因二：出版数据要素创新性配置　　　　55

第三节　动因三：出版深度数字化转型升级　　　　61

第四节　出版业新质生产力的实践路径三维分析　　64

第三章　出版业新质生产力的核心标志　　　　　　　　　　68

第一节　新质生产力视域的出版业全要素生产率的内涵价值　69

第二节　出版业全要素生产率提升的理论机理　　　74

第三节　基于新质生产力的出版业全要素生产率提升的策略构建　82

第四章　发展出版业新质生产力的核心要素　　　　　　　　90

第一节　"出版＋×"：新质生产力促动出版跨界融合新产业　91

第二节　"人机协同"：新质生产力提供出版嬗变新模式　94

第三节　"数据＋技术"组合拳：新质生产力塑造出版发展新动能　99

第五章　出版业新质生产力的先进生产力本质　105

第一节　先进生产力的内涵、特征与构成要素　105

第二节　出版业新质生产力的现象分析　109

第三节　出版业新质生产力的先进生产力本质研究　116

第六章　出版业新质生产力与新型生产关系　121

第一节　出版创新要素集聚的丰富内涵　122

第二节　面向创新要素集聚的出版新型生产关系逻辑机理　133

第三节　基于创新要素集聚相适配的出版新型生产关系内涵　136

第七章　出版业新质生产力与数据要素乘数效应　143

第一节　出版业数据要素的乘数效应分析　143

第二节　"数据要素 × 出版"的逻辑起点、演进机理与实践路径　163

第八章　新质生产力赋能出版深度融合发展　184

第一节　新质生产力赋能出版深度融合发展的机遇、挑战与进路　185

第二节　新质生产力赋能出版深度融合发展的理念、制度与实践　201

第三节　新质生产力赋能全媒体出版传播体系建构的意蕴、价值
　　　　与策略　219

第九章　新质生产力赋能出版业高质量发展　235

第一节　新质生产力推动出版业创新发展　235

第二节　新质生产力赋能出版业高质量发展的三个着力点　253

第十章　出版业新质生产力的未来趋势：从数字出版走向数据出版　279

第一节　出版数据价值形成动因　280

第二节　出版数据价值演进机理　283

第三节　出版数据价值实现进路　291

后　记　298

第 一 章

出版业新质生产力的基本内涵

　　生产力，是一个复杂的系统，基本要素包括劳动资料、劳动对象和劳动者，同时，马克思也指出科技、管理、自然在生产中的作用，学者将其归结为生产力两种生产要素理论，一种是**实体性要素**，即劳动者、劳动资料和劳动对象；另一种是**渗透性要素**，即生产管理、科学技术和劳动组织等。[①]还有一类生产力要素为**新型生产要素**，如数据、信息、知识、技术等。

　　2023 年，习近平同志在四川、黑龙江等地考察时指出，要整合科技创新资源，引领发展战略性新兴产业和未来产业，加快形成新质生产力。在 2024 年 1 月的二十届中央政治局第十一次集体学习中，习近平总书记强调，培育新质生产力对于实现高质量发展至关重要。必须持续推进创新，以加速这种新质生产力的发展。

名词解释

新质生产力：由技术革命性突破、生产要素创新性配置、产业深度转型升级而催生，以劳动者、劳动资料、劳动对象及其优化组合的质变为基本内涵，以全要素生产率提升为核心标志，特点是创新，关键在质优，本质是先进生产力。[②]

　　新质生产力，是立足新一轮科技革命和产业变革的时代背景而提出的，也是在擘画我国高质量发展未来蓝图的过程中提出的。[③]新质生产力揭示了生产力的新质，丰富和发展了马克思主义生产力质量理论；创新作为新质生产力的主

---

① 黄顺基，郭贵春.现代科学技术革命与马克思主义 [M].北京：中国人民大学出版社，2007.

② 加快发展新质生产力　扎实推进高质量发展 [N].人民日报，2024-02-02（1）.

③ 魏崇辉.新质生产力的基本意涵、历史演进与实践路径 [J].理论与改革，2023（6）：25-38.

要驱动力，把知识、技术、数据引入生产要素，深化和发展了马克思主义生产要素理论①。

出版业高质量发展，是高质量发展的题中应有之义。新质生产力是高质量发展的内在要求和重要引擎，那么，从新质生产力的视角，"劳动者、劳动资料、劳动对象及其优化组合的质变"这个基本内涵在出版业是如何体现的？换言之，这三者及其优化组合的质变是如何推动出版业高质量发展的？同时，出版作为意识形态阵地、内容产业和文化科技融合的产业，新质生产力三要素的特殊机理和规律又包括哪些？本书对此作出阐述和分析。

名词解释

新质生产力要素：新型生产要素，实现劳动者、劳动资料、劳动对象及其优化组合的质变，具体到出版业，即新质生产力视域的新型劳动者、新型生产工具、出版数据新要素。

第一节　出版业新质生产力及其构成要素

"人工智能是发展新质生产力的重要引擎"②，加快发展新质生产力，要深化大数据、人工智能（artificial intelligence，AI）技术的研发应用，开展"人工智能 +"行动。由此，本书以"新质劳动者（数智出版编辑）、新质劳动资料（数智技术工具）、新质劳动对象（出版数据要素）"为主题，尝试探讨出版业新质生产力的新概念并解析。

一、什么是出版业新质生产力

"新质生产力"与"出版"具有高度适配性。一方面，新质生产力是高质量发展的强大推动力，出版业高质量发展正需要以新质生产力作为重要着力点；另一方面，出版业转型升级需要新质生产力摆脱传统经济增长方式、生产力发

---

① 蒲清平，黄媛媛. 习近平总书记关于新质生产力重要论述的生成逻辑、理论创新与时代价值 [J]. 西南大学学报（社会科学版），2023（11）：1-11.

② 推进科技创新和产业创新深度融合　加快塑造高质量发展新动能新优势 [N]. 人民日报，2024-03-14（1）.

展路径，通过前沿技术、颠覆性技术，提升全要素生产率，实现转型升级。由此，将"新质生产力"与"出版"这两个词有机结合，便形成了"出版业新质生产力"这一概念。那么，何为出版业新质生产力？我们认为：出版业新质生产力是以创新为驱动，摆脱传统出版经济增长方式和发展路径，具有高质量、高科技、高效能特征，符合新发展理念的新质态生产力，其以融合出版编辑、数智技术工具、出版数据要素及其优化组合为基本内涵。

对该概念进一步解释，出版业新质生产力具备"新"和"质"两个特征。

关于出版业新质生产力的"新"，主要体现在：①以创新为核心驱动，推动出版业的发展由要素驱动、投资驱动，转向创新驱动的动力机制。出版业的创新驱动，以内容创新为根本，以技术创新为引领，带动出版产品创新、营销创新、服务创新、模式创新。②新技术引领，即数智技术引领。传统出版主要是普通电脑技术、接触压印式印刷、编校排软件、图书出版企业资源计划（enterprise resource planning，ERP）等旧技术，而出版业新质生产力强调以数智技术创新催生出版新形态、新阶段，实现内容获取、传播方式、体验方式的多元化、智能化和适人化。具体而言，大模型、生成式人工智能技术、智能编校排技术等催生智能出版业态，增强现实技术应用，推动增强现实（augmented reality，AR）出版物的发展与繁荣，虚拟现实（virtual reality，VR）技术促进VR出版物的普及和推广，这些数智化技术能够赋予双向交互、身临其境、联觉调动等学习阅读体验。③新介质支撑。传统出版的介质主要是纸张、磁盘、光盘等，出版业新质生产力则提供了互联网、电子屏、手机屏、AR眼镜、VR眼镜等多元多样的介质，使得阅读不仅仅是调动视觉器官，而是同时调动视觉、听觉、触觉、嗅觉、味觉等感官，提供了学习阅读的美好联觉体验。例如，苹果公司发明了虚拟纸张，其可以随用户指令弯曲、转动、变皱和折叠，甚至可以在页面上将内容转化为动画的形式呈现，极大地改变了内容交互方式。

关于出版业新质生产力的"质"，体现在出版产品品质和出版业高质量发展上，将科技创新驱动作为关键要素，注重提升出版产品品质，优化行业产品结构，解决产业内部的结构性品质问题，着力打造思想精深、艺术精湛、制作精良的好书力作[①]，推动出版业高质量发展。具体而言：①高质量。发展出版业新

---

① 张新新. 出版业高质量发展的概念界定与基本特征 [J]. 编辑之友，2023（3）：15-24.

质生产力是推动高质量发展的内在要求和重要着力点，新质生产力所提供的新质劳动者、新质劳动资料及新质劳动对象，提供了高质量的知识生产传播能力，推动着出版走向"蕴含文化自信、高质量增长、技术赋能三位一体的协同创新发展"①。②新质变。出版业新质生产力的基本内涵是出版业的劳动者、劳动资料和劳动对象质变及其优化组合的质变，即提供了新质生产力要素——融合出版编辑、数智技术工具和出版数据要素及这三者之间优化组合产生的新质态，如融合出版编辑借助数智技术工具改造数据要素进而催生出"数据出版"②这一新质态、新业态。③高效能。出版业新质生产力为出版深度融合发展、高质量发展供给了新质劳动者、新生产工具及出版数据新要素，最终的目标是促进出版业的深度转型升级、整体提质增效。新质生产力推动的出版业的发展是高质量的发展、是新质变的发展，归根结底，是高效率和新动能的发展，即出版高效能的发展。

二、出版业新质生产力的构成要素

把握新质生产力的内涵必然离不开对生产力三大基本要素的了解。马克思在《资本论》中通常以"劳动生产力"作为构成生产力的基础概念，从劳动过程的视角对生产活动进行深入考察，在他看来，"劳动过程的简单要素是有目的的活动或劳动本身、劳动对象和劳动资料"③。其中，有目的的活动或劳动本身的主体就是劳动者，因此生产力包括劳动者、劳动对象和劳动资料这三个基本要素，出版业新质生产力要素则由新质劳动者、新质劳动对象及新质劳动资料构成。

出版新质劳动者，是具备数智化素养的出版工作者，被视为出版业新质生产力中最活跃、最具有能动性和创造性的要素。出版新质劳动者主要体现为融合出版编辑，不仅具备传统出版素养和技能，更具备数字化的素养和技能的编辑；内在具备"数据素养、智能素养及创新素养"④和技能，外在体现为首席数据官⑤（又称首席数据科学家，chief data officer，CDO）、数据工程师、数据分析

---

① 张新新. 出版业高质量发展的概念界定与基本特征 [J]. 编辑之友，2023（3）：15-24.
② 张新新，刘骐荣. 新质生产力赋能数据出版：动因、机理与进路 [J]. 出版与印刷，2024（2）：1-11.
③ 张新新，刘骐荣. 新质生产力驱动出版高质量发展的三个着力点 [J]. 中国出版，2024（8）：8-14.
④ 同上.
⑤ 首席数据官基础和术语 [S]. 北京：中国电子信息行业联合会，2023.

师等多种融合出版编辑类型。

出版新质劳动对象，是除传统出版劳动对象的作品、版权素材外的数据、技术等新生产要素，其中内容数据、用户数据、交互数据、治理数据等出版数据要素是关键性要素，是出版新质劳动对象的主体。

出版新质劳动资料，其核心是新质生产工具，这也是衡量出版业新质生产力水平高低的重要标志。就目前而言，出版新质生产工具，主要包括数智技术赋能而产生的融合出版 ERP、数据中台、出版垂直领域大模型、智能编校排软件系统等，这也是后面将要探讨的重心。

第二节　新质劳动者：编辑的数字素养与技能提升

劳动者，是主体生产力，是生产力中人的因素，包括劳动者自身及其知识、经验和技能等。"劳动者是最活跃、最重要、最富有创造性的生产要素，在生产力中发挥着主导性作用"[①]。新质生产力的基本内涵，要求劳动者质变及其与劳动资料、劳动对象优化组合的质变。因此，出版业新质生产力的第一个构成要素是新质劳动者，必须着力培养出版业新质劳动者。

高质量的出版人才队伍，是新时代出版业发展的核心动力和主要资源，也是促进出版业高质量发展的中坚力量。培育一支思想政治素质高、专业化能力实、创新性能力强的复合型和国际化人才队伍，是推动出版业新质生产力的重点。[②]新质生产力强调"质变"，是质态的改变、质态的创新，取决于在生产力中发挥关键作用的各生产要素。那么作为出版业的劳动者主力军的编辑群体，如何实现质变、如何实现质态的创新？这种质态创新又体现在哪些方面？为适应新一代科技革命发展、出版深度数字化转型、出版深度融合发展的需要，更好地实现出版业高质量发展目标，以新质生产力为标准，编辑的"素质、类型和机制"[③]这一组基本范畴须予以扩充、延展或发生实质性的革新。

为适应新质生产力发展需要，出版业新质劳动者的核心要义在于建立和完

---

① 戴翔. 以发展新质生产力推动高质量发展 [J]. 天津社会科学，2023（6）：103-110.

② 方卿，张新新. 出版业高质量发展目标之创新发展：以新质生产力推动出版业高质量发展 [J]. 编辑之友，2024（2）：29-35，53.

③ 张新新. 数字出版编辑论：概念·特征·范畴 [J]. 科技与出版，2022（9）：29-37.

善出版业编辑的数字素养和技能体系，而其中，数字化适应力、数字化胜任力和数字化创造力是三个基本点。

随着全球数字化转型不断加速，数字技术深刻变革着人们的思维方式、工作方式和生活方式，数字化方式已悄然融入绝大部分民众的生产和生活之中，成为一种不可逆的历史潮流。由此，全民数字素养和技能越来越成为国际竞争力和国家软实力的重要指标和关键指标，增强国民数字素质及提升社会数字文明程度成为当务之急和题中应有之义。

2021年11月，《提升全民数字素养与技能行动纲要》（以下简称《行动纲要》）印发，标志着我国开始步入数字文明社会，中华文明由"士人文明、大众文明、全民文明"走向"数字文明"①。全民数字素养与技能的提升，是顺应数字时代、智能时代的发展需要，是提升国民综合素质、促进人的自由而全面发展的战略任务，是实现网络大国迈向网络强国、数字强国的必由之路，也是弥合数字鸿沟、促进共同富裕的关键举措。②

提升数字素养与技能，对社会各行各业从业者都提出了新要求和新标准，出版业也不例外。作为出版业主力军的编辑群体，其数字素养之高低、数字技能之强弱，将直接影响出版业高质量发展和高效能治理的实现与否。本书基于《行动纲要》的视角，以编辑数字素养和数字技能为纵轴，以数字化适应力、数字化胜任力、数字化创造力为横轴，对出版业建构编辑数字素养与技能体系进行分析和阐述。

一、编辑数字素养体系形成

"数字素养与技能是数字社会公民学习工作生活应具备的数字获取、制作、使用、评价、交互、分享、创新、安全保障、伦理道德等一系列素质与能力的集合。"③《行动纲要》的这个概念界定包含了两部分：数字素养、数字技能。数字素养，简单地理解，即数字社会公民学习、工作、生活应具备的数字素质和

---

① 程焕文.中国迈向数字文明社会：《提升全民数字素养与技能行动纲要》的时代价值与图书馆的时代使命 [J].图书馆论坛，2021，41（12）：2-5.

② 中央网络安全和信息化委员会.提升全民数字素养与技能行动纲要 [EB/OL]. (2021-11-05). https://www.cac.gov.cn/2021-11/05_1637708867754305.htm.

③ 中央网络安全和信息化委员会.提升全民数字素养与技能行动纲要 [EB/OL]. (2021-11-05). https://www.cac.gov.cn/2021-11/05_1637708867754305.htm.

修养的集合。数字素养侧重于数字社会公民综合性的数字学习、认知、理解、适应的素质底蕴，是"进入数字文明后每个人的必备素养"[①]。具体到出版领域，有作者指出高质量出版人才需要基于"数字技术知识体系、数字技术原理"进行"知识储备和素养积累"[②]；此处明确了数字素养是高质量出版人才的必备素质，但是未能基于出版语境对数字素养的内涵和外延作出详细说明。本书认为，编辑数字素养的构成大致可包括数字化适应力、数字化学习力、数字化认知力、数字化理解力、网络文明素养及数字道德伦理规范。其中，数字化适应力是编辑数字素养的内核和枢纽，数字化学习力、认知力、理解力是数字化适应力的前提和基础，网络文明素养和数字道德伦理规范是数字化适应力的特定场景表达和伦理道德体现。

数字化适应力，指编辑根据信息化、数字化、数据化、智能化的客观环境变化，主动接纳并更新数字化理念、形成并强化数字化思维、掌握并运用数字知识和技术，以适应数字经济发展、数字社会构建和数字政府治理。作为三大数字素养和技能基本能力之一的数字化适应力，是数字社会合格公民的基本能力和基本权利。同时，数字化适应力对出版行业、编辑群体更是提出了更早、更高的要求和标准。具体来讲，编辑的数字化适应力提升可从理念、制度和实践三个方面来推进。首先，在理念层面，要强化数字化理念引领。"理念是行动的先导"，须将数字化的理念贯穿于编辑工作的全方面、各环节和各领域，坚持数字化理念引领学习、工作和生活，引领出版企业文化建构，引领产品策划与研发，引领数字技术应用，引领出版运营与销售。唯有如此，方可从编辑思想源头推动出版业数字化战略的落实，方可实现出版活动的技术赋能效应，方可推动编辑整体数字化适应力的进步和提升，弥合不同年龄、不同知识领域、不同学历、不同工作岗位等所造成的数字鸿沟。其次，在制度层面，要推动数字化制度创新。要提升编辑的数字化适应力，不能仅仅停留在理念层面，而是要通过制度固化来进行保障。制度是理念的固化，是理念的显性化和体系化；出版数字化转型制度体系的建构与实施，一方面可强化编辑的数字化适应理念、数字化转型观念，另一方面可为编辑数字化适应、数字化转型的实践提供遵循

---

① 朱红艳，蒋鑫.国内数字素养研究综述[J].图书馆工作与研究，2019（8）：52-59.

② 孟轶，李景玉.基于创新视角的高质量出版人才能力体系建设：以数字经济和数字素养为视角[J].
出版广角，2022（2）：11-16.

和保障路径。最后，在实践层面，推动数字化实践拓展。要提升编辑的数字化适应力，其根本路径还在于数字化实践，所谓"绝知此事要躬行"；编辑数字化适应力的提升以应用实践为根基，才能够根深叶茂、本固枝荣。编辑的数字化实践，在浅层次，体现为运用基础性工具来增加数字知识和提升数字素质，以适应数字化的学习工作环境，如熟练应用计算机软件（Office 软件、Photoshop、Premiere、Axure、InDesign 等）、计算机语言（如 C 语言、Python、Javascript、HTML 语言）、数据库系统及能够运用数字出版专用设备等；在深层次，即通过数字化交流、协作、学习、信息管理等方式主动拥抱数字化，增强高级数字知识和素质，以适应数字化的学习工作环境，推动出版业数字化战略的落实和实现。

数字化学习力，指编辑基于创新创意思维，通过阅读、听讲、研究和实践等途径，加强对 5G、区块链和 AI 等数字技术的学习能力，以学习力的提升为抓手来提高自身数字素养；数字化认知力，指在学习力的基础上，编辑通过思维活动来认识和了解数字技术内涵外延、发展历程等基本常识；数字化理解力，指编辑理性认知数字技术机理、规律，以更好适应数字工作、生活和创新。作为文化工作者的中流砥柱，编辑承担着文化选择、文化建构、文化承载和文化传播的重要使命和责任，只有具备良好的数字化学习力、认知力和理解力，编辑群体才有可能更好地实现出版物所承载的文化成果，更好地呈现、表达和传播，才有可能更好地运用数字技术和工具推动中华文化的创造性转化和创新性发展。

数字社会的编辑数字素养，还体现在网络文明素养和数字道德伦理规范等领域。在网络文明素养方面，以知识选择和表达、文明建构与传承为主要使命的编辑群体，在数字时代和网络时代，更应该严格自律和主动作为，自觉遵循网络文明规范，抵制和斗争网络暴力，建构和捍卫健康向上的网络文化，通过发挥数字化出版产品服务的"文以化人、文以育人"的功能，在提升自我网络文明素养的同时，推动全民网络文明素养的提高。在数字道德伦理规范方面，编辑群体尤其是作为数字编辑的数字出版产品研发、技术开发和市场运营人员，应该自觉遵守职业道德和准则，坚持技术理性主义和数字技术的正面价值，让数字技术"在主流意识形态的指导下、在核心价值观的引导下发挥作用和功能"[①]，率先试行并积极引导全民遵守数字社会道德规范和伦理规则。

---

① 张新新，龙星竹.数字出版价值论（下）：价值定位到价值实现 [J].出版科学，2022，30（2）：24-31.

二、编辑数字技能体系建构

数字技能，即数字社会公民学习、工作、生活应具备的数字获取、制作、使用、评价、交互、分享、创新和安全保障等技巧和能力。数字技能侧重于数字社会各行业从业者的专门性能力，是运用数字工具，通过对信息、知识和数据的获取、制作、使用、交互、分享、创新、保护等方式，来解决具体问题、提升工作效率。编辑数字技能体系主要由数字化胜任力和数字化创造力（又称数字化创新力）组成。

（一）数字化胜任力

编辑的数字化胜任力，是指编辑群体尤其是数字编辑在数字出版、融合出版和出版转型等数字化工作过程中所表现出稳定的、综合素质能够满足岗位需要的能力，其综合素质包括但不限于产品研发、技术应用、市场运营、数字管理等。

胜任力模型在人才资源管理领域是十分成熟的概念，其理论研究持续深入，应用也非常广泛。美国著名社会心理学家、哈佛大学博士 D.C. McClelland（麦克利兰）在科研的过程中首次提出"胜任力"[1]这一重要概念，并创造性地构建了具象而生动的"冰山素质模型"。冰山的头部，即"出露表面的部分"，由知识和技能组成，具备外显性特征；冰山的腰部和尾部，即"隐匿水下的部分"，包含社会角色、自我概念、特质和动机，具备内隐性特征。

根据该模型，可以对编辑的数字化胜任力构成要素分层次加以解读。①模型基础的"动机"，是指推动编辑从事某项出版数字化工作的念头、出发点，如推动数字出版盈利的动机、打造数字出版新的经济增长点的动机或数字出版上市发展的动机等。动机具有激发、指向、维持和调节的功能，是提升编辑胜任力的重要内驱力，可以调动编辑的积极性、主动性和创造力。②"特质"，是与某项具体的出版数字化工作相匹配、吻合的内在特点。特质具有稳定性、与生俱来的特征，出版业对于不同岗位的人才特质需求不尽相同，如数字出版产品研发需要具备创意策划的特质，数字技术应用需要具备识别技术原理并找寻技

---

① MCCLELLAND D C. Testing for competence rather than for "intelligence" [J]. American Psychologist, 1973 (28):1-14.

术场景的特质，数字营销需要具备善用数字工具宣传推广出版产品的特质等。③"自我概念"，指对于某项出版数字化工作，编辑具有明确的自我职业定位和规划，表现出极大的热忱和较强的自我认同。"自我概念"特征突出的编辑，能够产生胜任特定出版数字化工作的持久动力和理性力量。④"社会角色"，是指编辑个体在编辑群体中被赋予的特定身份及基于特定位置应尽的义务和应发挥的作用。"社会角色"包含着某项出版数字化工作的角色定位、职能定位和职责定位，是数字化胜任力的目标和主旨所在。⑤"技能"，主要是指数字技能，这里是指作为数字化胜任力的数字技能，包含数字产品研发胜任力、数字技术应用胜任力、数字营销胜任力及数字管理胜任力。⑥模型头部的"知识"，即数字知识，是数字素养的构成要素之一。编辑的数字知识是数字化胜任力的内在决定因素，数字化胜任力是数字知识的外部呈现表达。基于冰山模型的数字编辑胜任力体系见图1。

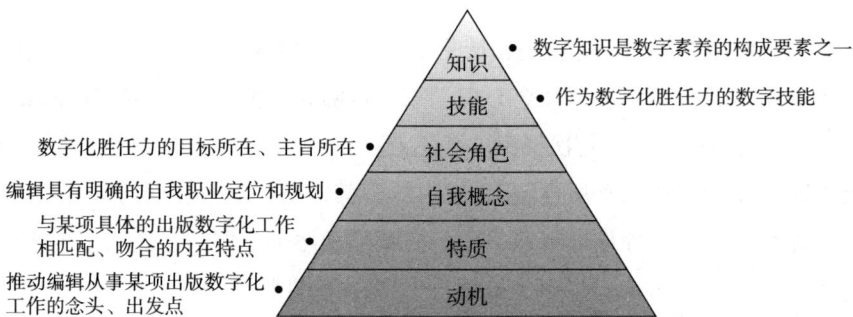

图 1　基于冰山模型的数字编辑胜任力体系

　　根据工作性质或工作环节不同，编辑的数字化胜任力主要分为四种类型，即数字产品研发胜任力、数字技术应用胜任力、数字营销胜任力及数字管理胜任力。具体而言：①数字产品研发胜任力，指编辑群体尤其是数字编辑要具备综合数字素质，满足数字产品服务研发岗位需要的能力，既包括对单一性数字出版产品研发，也包括对集合型数字出版产品研发。②数字技术应用胜任力，指编辑的综合素质能够满足数字技术岗位需要，因地制宜地规划自主型、合作型及外包型技术路线，掌握和运用数字技术原理，探索和找寻数字技术在出版业的应用场景，推动数字技术赋能出版业价值的实现。③数字营销胜任力，指编辑的综合素质能够满足数字运营岗位需要，掌握和运用全媒体营销、网络直播、短视频等新媒体营销技巧和能力，建构全方位、立体化、多层次、线上线下一体化的出版营销全媒体矩阵，深入推动原创型营销渠道的壮大发展及转化型营销渠道的数字转型。④数字管理胜任力，指编辑的综合素质能够满足管理岗位需要，运用数字化管理手段、程序、工具、步骤和方法，管理数字出版产品研发、技术应用、市场营销、人才队伍、项目实施等，提升新兴出版的数字治理体系和能力现代化。

（二）数字化创造力

编辑的数字化创造力，是指编辑基于专业的数字知识和素质，运用数字化技术、工具、方法或路径，以数字科技创新为重点，引领和带动包含出版产品、服务、模式、业态、管理等在内的出版全面创新体系形成，以出版全面创新体系作为驱动，取代要素驱动、投资驱动来推动出版业高质量发展的能力。数字化创造力，是高层次的数字技能，是编辑数字技能体系的关键，也是数字社会编辑核心竞争力的重要体现。具体来讲，编辑的数字化创造力，是由内容创新力、技术创新力、渠道创新力、治理创新力、环境创新力及出版企业文化创新力构成的有机统一整体。编辑数字化创造力体系见图 2。

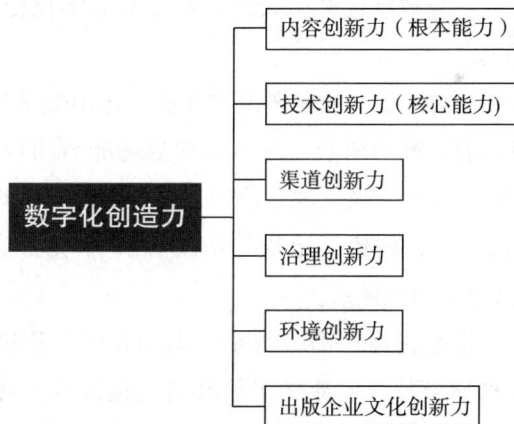

图 2　编辑数字化创造力体系

（1）内容创新力指编辑运用数字化手段和方法，推动创新文化成果的及时发现、转化和固化，推进以往文化成果的创造性转化和创新性发展，持续推出原创性的精品力作，甚至是传世之作，保持出版文化建构的源头活水。内容创新力是编辑数字化创造力的根本，作为内容产业的从业者，运用数字化的知识、工具和方法，持续不断地推动文化成果创新，实现内容推陈出新，创新内容表达形式，从而推动出版业的创新性发展、高质量发展，是提升编辑数字素养与技能的出发点，也是落脚点，还是提升编辑数字素养与技能的初心所在、使命所在。

（2）技术创新力指编辑推动数字科技创新，推动古典型技术进步和共谋型技术进步，通过技术创新带动出版内容、服务、管理、模式等全面创新体系的形成，推动出版业走向创新驱动发展的高质量发展状态升级。技术创新力包括技术原始性创新、自主性创新，也包括继承性创新、引进式创新；技术创新力发挥的结果是实现数字技术赋能，即赋能出版业"在新技术、新产品、新模式和新业态方面不断创新"[①]。编辑群体尤其是数字编辑的技术创新力是编辑数字化创造力的核心，正是技术创新力的培养、壮大和发挥，推动、支撑和引领着内容、服务、模式、渠道、管理、业态等出版全面创新体系的形成。

（3）渠道创新力指编辑推动出版发行渠道创造性转化和创新性发展的能力，编辑推动实体书店等线下实体营销渠道数字化改造和转化，推进适应数字出版产品服务的原创型营销渠道建构和拓展，不断推动出版产品服务渠道适应数字化学习和阅读需要，适应数字社会出版产品和服务数字化传播、即时性传播、交互式传播的发展需要。

（4）治理创新力指编辑基于数字知识和素质，运用数字化工具、手段和方法，提升出版治理能力，推动出版治理体系和治理能力的现代化。治理创新，指在常规治理手段的基础上，强化数字治理、应急治理等治理方式创新，推动出版治理手段和方法创新，构建一元多主型治理格局，形成党政管理、协会自治和企业自律有机融合的治理体系。

（5）环境创新力指编辑运用高级数字知识和技能，积极并有能力营造出有序的市场环境和科研环境、健康的工作环境、良好的产业环境，建立科学的考核评价机制，激励更多人才投身出版事业，创造更有价值的出版研究和

---

① 张新新，杜方伟. 科技赋能出版："十三五"时期出版业数字技术的应用 [J]. 中国编辑，2020（12）：4-11.

成果。

（6）出版企业文化创新力指编辑基于数字化理念，运用数字素养和技能，推动鼓励创新、包容创新的企业文化建设，推动数字技术赋能的创新型出版文化形成，最终塑造和发展适配新兴出版的良好企业文化和出版文化。

综上，在"数字化适应力、数字化胜任力、数字化创造力"三位一体的编辑数字素养与技能体系之中，数字化适应力是基础，数字化胜任力是核心，数字化创造力是关键。三者对于编辑的数字化要求逐步提升，是一个层层递进、有机统一的逻辑体系。

作家查尔斯·狄更斯曾言："这是最好的时代，也是最坏的时代。"在数字化战略视域下，出版业面临着迅速的变革和激烈的竞争。"牵牛要牵牛鼻子"，在竞争的内外部矛盾之中，人才资源是第一资源，人才与数字化之间的矛盾是主要矛盾，提升编辑的数字素养与技能则是矛盾的主要方面，只有抓住了主要矛盾及矛盾的主要方面，才能够解决数字化战略视域下编辑的基本素质和能力构成问题，从而为构建中国特色数字出版基础理论的人才论提供科学的思维、方法和路径。

每一个巨浪都始于微澜。数字社会对于公民数字意识、计算思维、学习能力、数字创新和保护能力、网络文明素养和数字道德伦理规范等方面的要求，体现于出版业，尤其是数字出版业态，则意味着须不断提升编辑的数字素养和技能，构建和完善以数字化适应力、胜任力、创造力为主体的编辑数字素养体系和数字技能体系。唯有如此，方可不断提升传统编辑的数字素养，增强数字编辑的数字技能，进而为出版业的蓬勃发展、高质量发展固本培元。

第三节　新质劳动资料：数智生产工具

劳动资料是客体生产力，是生产力的物的因素，随着社会日新月异的发展，人们对劳动资料的科技含量要求越来越高。在劳动资料中起决定性作用的是劳动工具，劳动工具是生产力高低的重要标志。新质生产力的内涵要求生产工具及其与劳动者、劳动对象优化组合的质变。出版业劳动资料跃升为新型劳动资料，最为显著的跃升就是生产工具。因此，以新质生产力推动出版业高质量发展的第二着力点是着力研发出版业新型生产工具。

新质生产力要求实现出版业生产工具的质变，研发和掌握关键共性技术，用好新型生产工具，赋能出版业新业态发展。[①] 就生产工具而言，与传统出版业匹配的生产工具主要是普通的电脑、校对系统、图书出版 ERP、印制设备、营销发行软件系统等，与新质生产力相适配的生产工具，则是一系列"高级、精密、尖端"[②] 的软硬件系统，以提升高质量出版供给体系的效率和质量。

结合新一轮科技革命的持续推进及出版业的深度转型，迫切需要研发的出版业新型生产工具主要有四个。

一、融合出版 ERP

出版业发展由传统出版走向传统出版和数字出版并立发展、"相加"发展，再演进至传统出版和新兴出版"相融"发展、"深融"发展，形成一体化发展的全媒体出版传播体系。可以说，出版业步入"相加"发展之后的新阶段即为融合出版阶段。自出版数字化转型以来，至融合出版阶段，传统出版与数字出版的流程融合再造问题，始终是悬而未决的问题，该问题集中体现在能够同时支持传统出版与数字出版生产管理流程一体化的融合出版 ERP 一直处于缺位状态。因此，出版业新型生产工具的研发，迫切需要攻克融合出版 ERP 的技术难题。

所研发的融合出版 ERP，须具备以下功能：①一体化功能，能够支持纸质图书、数字图书、图文声像影等多模态数据出版产品的生产、发行和上线；②协同化功能，编辑可通过对 ERP 的使用，与内校、外校、美编、作者等协同进行编校印发各环节工作，提高效率和质量；③同步化功能，即做到基于同一作品或版权素材的传统出版物、数字出版产品、融合出版产品三者同时生产、同时面市、同时线下发行和线上营销，纸书在印制的同时，电子书、数据库产品和有声读物等融合出版产品可以同步甚至提前上市发行。融合出版 ERP 功能需求见图 3。

①　方卿，张新新．出版业高质量发展目标之创新发展：以新质生产力推动出版业高质量发展 [J]．编辑之友，2024（2）：29-35，53.

②　周文，许凌云．论新质生产力：内涵特征与重要着力点 [J]．改革，2023（10）：1-13.

一体化功能

一体化功能指的是将不同的功能或系统整合在一起，形成一个统一协调的整体。这种整合可以提高效率，简化操作，并使各个部分之间更好地协同工作。

协同化功能

协同编校印发是指几个人或者团队一起合作进行书籍、文件等的编辑、校对和印刷工作。协同意味着大家共同参与、分工合作；编校是指编辑和校对的过程，目的是确保内容的准确无误；印发则是指印刷和分发的过程，确保书籍或文件能够制作完成并送到读者手中。

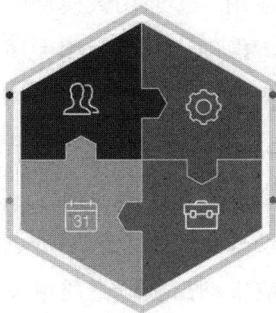

传统出版物与数字出版产品同步生产

传统出版物与数字出版产品同步生产，意味着出版机构在制作书籍、杂志等传统纸质媒体的同时，也制作相应的电子版或网络版内容。这样读者可以通过电子设备如电子阅读器、手机、电脑等阅读同样的内容，实现了内容的多平台发布和阅读方式的多样性。

线上线下同步发行与营销

线上线下同步发行与营销指的是同时利用互联网（线上）和实体店铺或传统渠道（线下）进行产品或服务的发行和推广活动。这种模式可以覆盖更广泛的潜在顾客，提高品牌或产品的市场知名度和销售效率。

图 3　融合出版 ERP 功能需求

二、专业语料库嵌入型智能编校排系统

"智能编校排"的提法在出版业并不陌生，在报纸出版、期刊出版领域已经实现较大规模的应用，图书出版的应用范围则相对有限。究其根本，在于现有的智能编校排系统缺乏各专业、行业领域的语料库，导致智能编校排系统在出版业应用的预期效果并不太明显。

因此，以知识体系为内核、专业语料库嵌入型的智能编校排系统应当成为出版业新型生产工具重点研发的方向之一。事实上，国内出版单位尤其是专业出版企业的知识体系建设已取得一定的成效，法律、海洋、医学、建筑工业、宏观经济、自然资源等领域的知识体系已基本建成，人民法院出版社"法信大纲"的法律知识体系覆盖国内基本法，囊括全部案由，知识分层可达 20 层，条目多达 17 万条，串联知识源达 28 万个。而国内出版技术商的智能编校排系统业已相当成熟，如北京北大方正电子有限公司的智能编校排系统已经覆盖全国几百家报业单位。下一步攻关的方向是，把已建成的知识体系与目前的智能编校排系统进行有机结合，实现知识建设与智能编校的深度融合，实现出版语料与智能技术的双向奔赴，最终建成以知识体系为内核、专业语料库嵌入型的智能编校排系统。

三、出版领域垂直大模型

大力开展"AI+"行动，让 AI 这个新质生产力的重要引擎赋能出版业，须

统筹推进出版领域的大模型应用。①通用大模型的探索应用。数字出版前沿企业、融合出版特色单位可以考虑逐步推进通用大模型在出版领域的应用，在确保意识形态安全的前提下，借助国内外的通用大模型，在封面设计、图片生成和营销文案制作等方面发力，赋能出版产业链环节。②垂直大模型的有条件研发应用。对资金雄厚、实力强大的单体出版单位或出版集团而言，不妨考虑积极用好重大文化产业项目带动战略，争取国家重点研发计划项目的支持，研发出版领域的垂直大模型，形成推动出版业高质量发展的新质生产工具。在这方面，2024 年 3 月 26 日，同方知网（北京）技术有限公司与华为技术有限公司联合打造的中华知识大模型，是我国首个知识服务与科研大模型的标志性产品。③文本大模型的多场景使用。出版企业的文本数据基因，决定其在应用文生文大模型、文生图大模型方面有着天然的优势，因此，可在确保意识形态安全、数据安全、文化安全等前提下，积极探索 Open AI 公司的 ChatGPT、北京智谱华章科技股份有限公司的 ChatGLM 大模型等国内外大模型应用于出版业的场景，推动选题策划、生成式翻译出版物、生成式大众出版物、出版物发行营销等工作的提质增效。④多模态大模型的尝试应用。Sora 的出现，可以基于文本描述生成 60 秒时长的形象、高清、逼真及一镜到底的视频，由此推动着大模型由文本生成大模型跃升到视频生成大模型的新阶段。基于视频生成大模型，应用虚实融合内容自动构建技术、多模态融合呈现技术等出版的关键性前沿性技术，推动网络出版的影视延伸、有声读物的视频转向及生成式智能出版的再升维再发展，是未来出版业新型生产工具应用的重要突破口。①

四、数据化转型技术装备

在出版业数字化、数据化、智能化发展阶段演进的过程中，数据化处于承上启下的阶段，一方面是对数字化转型升级成果的继承和发扬，另一方面，为出版智能化发展提供源源不断的数据语料，奠定扎实的数据基础。出版企业是数据要素市场化配置的参与者，其本身也是数据的生产者和使用者，通过数据化新质生产工具的研发应用，企业可以更好地管理和利用数据，提高治理效能和服务质量。尽管始于 2010 年前后的出版业数字化转型升级走在了前列，经过

---

① 张新新，孟轶. Sora 驱动下的融合出版新技术新业态新模式分析 [J]. 中国编辑，2024（4）：29-36.

多年的发展，其仍然停滞在内容数字化初级阶段，"难以进一步实现图书本身的数据形成、数据渗透、数据运用和数据重组"[①]。要解决出版业数据化转型的问题，切实推动数据出版业态的发展，除积极建设出版业自身的内容数据、用户数据和交互数据外，还应考虑出版业数据化转型的新质生产工具的应用。

具体而言，出版业数据化转型的技术装备可由以下软件和工具集构成：①出版元数据工具集，用于出版数据资源的确认检索、著录描述、数据管理、数据保护与长期保存等；②数据化加工软件，用于纸质图书的光学字符阅读器（optical character reader，OCR）扫描识别、数字化呈现，以及基于排版文件进行数字化加工、数据化建设；③数据管理系统，用于出版业内容数据、用户数据、交互数据的管理，支持文本数据、图片数据、音频视频数据、三维模型数据等多模态数据的管理；④智能生产加工系统，用于数据出版产品的一体化、协同化和同步化编校排，并基于提问语生成文本内容、图片内容，基于文本描述生成视频内容；⑤数据产品发布系统，用于所研发的字、词、句、条目、文章、电子书等多类型、多模态数据出版产品的全网全类型发布，支持数据安全发布和数据智能传播。此外，出版业数据化转型还涉及与之适配的算力资源和硬件工具系统，前者除涉及机房建设、云计算服务外，还包括移动计算、边缘计算、云边端协同计算等，后者涉及高质量、高标准的芯片和设备等。基于新质生产力的出版新型生产工具见图4。

出版业新型生产工具概述
定义：新质生产力驱动下的出版业新型生产工具。
分类：编辑工具、设计工具、印刷工具、发行工具等。

新质生产力在出版业的应用
数字化印刷技术：数字印刷机、多功能一体机。
数字化编辑技术：内容管理系统、多媒体编辑工具。
人工智能审稿系统：自动校对、智能推荐。
智能设计辅助工具：自动排版、设计建议。

出版业新型生产工具的具体应用
自动化排版系统：提高设计效率，保持版面统一。
交互式设计软件：增强设计交互性提升设计质量。
数字化印刷机：提高印刷效率，降低印刷成本。
多功能一体机：集成打印、复印、扫描等功能。

出版业新型生产工具的影响与挑战
提高出版效率：缩短出版周期，提高出版质量。
降低成本：降低印刷、发行等成本。
技术更新迅速：需要不断跟进新技术。

图 4　基于新质生产力的出版新型生产工具

① 刘建生.人类文明新形态下的文化自信：以图书资源的转化与应用为视角 [J]. 编辑之友，2023（10）：5-10.

第四节　新质劳动对象：数据要素与作用机制

劳动对象，是"劳动者在劳动过程中加工的对象"。[①]"数据及其收集、存储、分类、加工等将直接成为人类劳动对象的新领域、新空间，并基于数字技术赋能催生新的产业"。[②]出版业，历来是数据的富矿，并且蕴含着数据的精华，即知识的生产传播行业，因此，以新质生产力推动出版业高质量发展的第三个着力点便是着力激活出版业数据要素潜能，提高出版业数据要素供给数量和质量，实现出版业数据要素价值。

名词解释

传统生产要素、新生产要素：2020 年 3 月发布的《关于构建更加完善的要素市场化配置体制机制的意见》中提出五种要素，其中土地、劳动力、资本属于传统生产要素，而技术、数据属于新生产要素。

出版数据要素"是什么、有何特征、有何功能"三个基本问题是认识和理解出版数据要素的基础问题。出版数据要素是指以比特形式被计算机存储和处理，并被投入出版生产经营过程中的数据资源。作为关键生产要素，出版数据要素具备"低成本、大规模易获取性及广泛用途"的特征，还具备虚拟性、非竞争性、部分排他性、规模报酬递增及智能即时性特征。出版数据要素的挖掘、建设和应用，有助于丰富出版要素体系，提升出版要素体系质量；有利于创新数据出版新业态，完善出版业价值体系；能够有效打通融合出版数据底座，强化全媒体出版传播体系构建；有益于完善出版治理方式，推动出版治理体系现代化；最终实现生产要素体系底座的创新，推动出版业高质量发展。

随着数字化的不断深入，数字经济、数字政府、数字社会、数字文化建设深入推进，数据日益成为战略性资源，成为关键生产要素。2017 年 12 月 8 日，在中央政治局第二次集体学习时，习近平同志明确指出："在互联网经济时代，数据是新的生产要素，是基础性资源和战略性资源，也是重要生产力。"2019 年 10 月，党的十九届四中全会通过的《中共中央关于坚持和完善中国特色社会主

[①]　徐光春. 马克思主义大辞典 [M]. 武汉：崇文书局，2017.
[②]　戴翔. 以发展新质生产力推动高质量发展 [J]. 天津社会科学，2023（6）：103-110.

义制度、推进国家治理体系和治理能力现代化若干重大问题的决定》指出"健全劳动、资本、土地、知识、技术、管理、数据等生产要素由市场评价贡献、按贡献决定报酬的机制。"2020 年 3 月，中共中央、国务院发布《关于构建更加完善的要素市场化配置体制机制的意见》，指出构建更加完善的要素市场化配置体制机制，并就政府数据开放共享的推进、社会数据资源价值的提升，以及数据资源整合和安全保护提出了明确的指导意见。2022 年，中共中央、国务院发布《关于构建数据基础制度更好发挥数据要素作用的意见》（以下简称"数据二十条"），指出"充分发挥我国海量数据规模和丰富应用场景优势，激活数据要素潜能，做强做优做大数字经济，增强经济发展新动能，构筑国家竞争新优势"。2023 年 12 月，《"数据要素 ×"三年行动计划（2024—2026 年）》（以下简称"数据要素 ×"）进一步提出要发挥数据要素的放大、叠加、倍增作用，构建以数据为关键要素的数字经济，并提出开展包括"数据要素 × 文化旅游"在内的"数据要素 ×"行动计划。综上所述，数据作为新生产要素、关键生产要素，将会深刻影响到各行各业，如何激活出版数据要素潜能、释放出版数据要素价值将成为未来十年甚至更长时间内的出版业高质量发展核心议题。要解决出版数据要素潜能激发、价值释放的问题，首先就要明确界定出版数据要素的概念、特征及作用机理。

出版数据，作为"数据要素 × 文化"的范畴，在出版业数字化转型升级、出版融合发展、出版深度融合发展的各阶段，都贯穿于出版数字化发展一条主线。笔者的相关研究成果也有所涉及，如 2015 年撰文指出"数据出版，是指以数据作为生产要素，把文字、图片、音频视频、游戏、动漫都当作数据的一种表现形式，围绕着数据的挖掘、采集、标引、存储、计算开展出版工作，通过数据模型的建构，最终上升到数据应用和数据服务的层面。"[①] 2016 年，笔者指出出版业大数据应用的内容前提是数据价值体系，提出了出版业的"直接价值、数字化价值和数据化价值"[②]，并就出版数据采集、数据标引、数据计算、数据建模、数据服务等问题进行了分析。2017 年提出数据是智能时代出版业的能源和

---

① 廖文峰，张新新. 数字出版发展三阶段论 [J]. 科技与出版，2015（7）：87-90.
② 张新新. 新闻出版业大数据应用的思索与展望 [J]. 科技与出版，2016（1）：4-8.

生产要素，"未来出版业，数据是生产要素"[①]，最终趋势是建成跨学科、跨领域、跨媒体的出版业超级大数据。在《要素·结构·功能：出版业高质量发展经济维度分析》[②]一文中，分析了出版业的传统生产要素和数据、技术两种新要素在出版业高质量发展进程中的作用机制。

就出版业深度融合发展而言，出版数据是衔接传统出版和新兴出版发展的"黏合剂"、关键点和联结点。出版深度融合发展的内容建设、先进技术、创新管理要求都可以在出版数据要素上得到汇聚和交融。出版数据要素属于数据要素的重要组成部分，那么，出版数据要素究竟是什么？出版数据要素与传统要素有何区别与联系？出版数据要素有哪些特征？出版数据要素为何重要？本书将对上述问题作出思考和分析。

一、出版数据要素的内涵界定与解析

生产要素，作为经济学的基本范畴，是生产经营活动所需要的各种资源，是生产经营过程必备的基本因素。进一步来讲，生产要素是为"生产和服务活动而投入的各种经济资源"[③]，是"投入生产过程的投入品，其本身就是上一生产阶段或过程的产品"[④]，包括有形的人的要素、物的要素和财的要素，即土地、资本、劳动力要素，也包括无形的管理、技术、数据等要素。

从人们对生产要素的认知历程来看，农业经济时代，劳动力和土地是关键生产要素；至工业经济时代，资本打破了自然资源有限性的约束，成为关键生产要素，其间知识、技术、企业家精神等作用日渐凸显；再至数字经济时代，数据继土地、劳动力、资本、知识、技术、管理之后，成为新的关键生产要素。也因此，有人称数据为数字经济时代的"新石油""新能源""新货币"。每一次科技革命催生了新的关键生产要素的确立，而识别上述关键生产要素的标志在于具有广泛的用途及可低成本、大规模获取。

① 张新新，刘华东.出版＋人工智能：未来出版的新模式与新形态：以《新一代人工智能发展规划》为视角 [J].科技与出版，2017（12）：38-43.

② 张新新，孙瑾.要素·结构·功能：出版业高质量发展经济维度分析：基于提高出版经济活动质量的视角 [J].数字出版研究，2023（4）：47-56.

③ 徐斌，李燕芳，杨玉梅.论生产要素与生产力要素的差别 [J].生产力研究，2006（3）：91-93.

④ 于立，王建林.生产要素理论新论：兼论数据要素的共性和特性 [J].经济与管理研究，2020（4）：62-73.

广义而言，数据是指"基于测度或统计产生的可用于计算、讨论和决策的事实或信息"[1]。狭义而言，数据在新生产要素意义上，是指"被编码为二进制'0''1'字符串，以比特形式被计算机设备进行存储和处理的信息"[2]。新生产要素意义上的数据，是计算机和现代信息通信技术的产物，是载体和内容的有机统一，从形式来看，其载体是"0""1"字符串；从内容来看，其内容是比特形式所承载的信息或事实。就出版业而言，对数据承载内容的重视、挖掘和建设，成为激活出版数据要素潜能、实现出版数据要素价值的关键所在。

综上，出版数据要素是指以比特形式被计算机存储和处理，并被投入出版生产经营过程中的数据资源。对该概念进一步分析可知如下信息。

（1）出版数据要素体现为数字形式，即以比特形式被计算机存储和处理。前述广义的数据，并非出版数据要素，尽管其是可用于计算、讨论或决策的事实、信息。事实上，出版业存在着为数更多、规模更大的广义数据（又称原始数据），只不过这些数据都"沉睡"在库房里，以纸质图书、纸质期刊和报纸等纸媒介形态出现。这样的数据并非新生产要素意义上的数据。从关键生产要素来看，出版业数据须以数字形式出现，即主要采取二进制代码进行创建、存储、传输、呈现和处理的数据。当然，理论而言，这里的数字形式，并非仅指二进制代码的形式，还包括"三进制或多进制"[3]。

（2）出版数据要素是指被投入出版生产经营过程中的出版数据资源。前述纸质形态出现的原始数据，或者是以数字形式出现，如未经加工的排版文件、大小样文件等，也都属于原始数据。原始数据"只有经过数据的采集、存储、处理、分析"[4]，才能成为动态可用的数据资源。原始数据成为数据资源之后，距离成为出版数据要素，还差一步，即要被投入出版生产经营过程中；只有用于生产经营过程中的出版数据资源，才是出版数据要素。数据资源被投入出版生

① 蔡跃洲，马文君.数据要素对高质量发展影响与数据流动制约[J].数量经济技术经济研究，2021（3）：64-83.

② FARBOODI M, VELDKAMP L.A Growth Model of the Data Economy [R]. New York: Columbia Business School Working Paper, 2020.

③ 张新新.数字出版概念述评与新解：数字出版概念20年综述与思考[J].科技与出版，2020（7）：43-56.

④ 李海舰，赵丽.数据成为生产要素：特征、机制与价值形态演进[J].上海经济研究，2021（8）：48-59.

产经营过程中有多种形式：①内容数据资源投入电子书、数字图书馆、专题数据库中，被用于制作成专门的出版数据产品；②用户数据资源经多层次、多类别、多角度挖掘、计算、统计、分析之后，被用于出版选题和营销决策辅助；③交互数据资源经采集、存储、处理之后，吸收和采纳合理的建议，被用于出版数字化产品改进及出版社品牌提升；④出版治理数据，被用于优化出版决策、提升出版管理效能、作为出版管理辅助参考等（有关出版数据分级分类的具体内容详见相关章节）。数据资源被投入出版生产经营过程中的形式见图5。

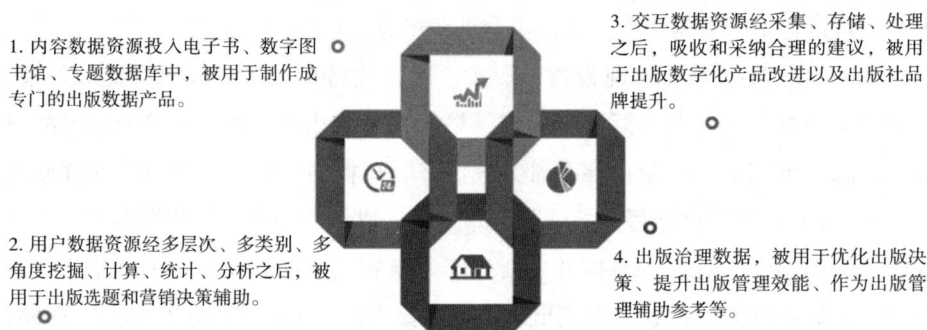

1. 内容数据资源投入电子书、数字图书馆、专题数据库中，被用于制作成专门的出版数据产品。

2. 用户数据资源经多层次、多类别、多角度挖掘、计算、统计、分析之后，被用于出版选题和营销决策辅助。

3. 交互数据资源经采集、存储、处理之后，吸收和采纳合理的建议，被用于出版数字化产品改进以及出版社品牌提升。

4. 出版治理数据，被用于优化出版决策、提升出版管理效能、作为出版管理辅助参考等。

图5　数据资源被投入出版生产经营过程中的形式

（3）出版业数据承载的内容具有特殊性。激活出版数据要素潜能，实现出版数据要素价值的关键在于识别、挖掘和建设蕴含于出版数据之中的内容，这一点和构建全媒体出版传播体系所要求的"内容建设为根本"是不谋而合的。在新质生产力的赋能下，全媒体出版传播体系被供给了出版数据要素，促进出版数据的分类分级，推动出版内容、用户、交互、治理数据体系构建，从而丰富了内容形式和载体，使得出版"从以知识为主要劳动对象，走向以知识、数据为主要劳动对象"[①]，催生出数据出版的颠覆性创新业态。其实，关于什么是"内容"，仍需要进一步明确。《关于推动出版深度融合发展的实施意见》（以下简称《实施意见》）强调"以内容建设为根本"，并给出了"内容供给、内容呈现、内容精品"三方面的具体举措，在我们看来，出版业数据资源中所蕴含的内容，

---

① 张新新，周姝伶.新质生产力推动全媒体出版传播体系构建：推动出版深度融合发展的新要素新动能新路径 [J]. 中国编辑，2024（6）：11-20.

从文化视角来看，包括表达和反映中华优秀传统文化的内容、表达和呈现革命文化的内容、表达和反映社会主义先进文化的内容；具体展开包括党的创新理论内容、社会主义现代化建设伟大成就的内容、弘扬中华民族精神的内容、重要文化典籍的内容、人文社科领域的精品内容、科技创新和科学普及类精品内容、文学艺术精品内容、网络出版类精品内容等。

（4）数据成为出版业关键生产要素，是对知识生成方式的革新与重塑，能够从要素底层实现出版业的产业创新，催生数据出版新业态。"数据价值潜力需要通过转化为信息、知识才能实现和释放"[①]。出版业恰恰是知识生产与传播的行业。由此，数据要素在出版业的要素潜能释放、要素价值实现具有最得天独厚的优势和潜力。首先，出版业直接生产知识，出版的本质是知识生产和传播，出版活动的实质是"编辑基于作品素材进行社会化知识生产和传播的过程"[②]。只不过，以往知识生成的主体主要是人类，无论是作为个体的人类还是作为群体的大学、机构等。其次，知识生产方式已经由个体、群体的智慧驱动转向数据驱动，AI 生成知识与人类生成知识已经形成了人机协作生成知识的新格局，由此，数据要素和知识要素在出版业实现了合流。传统出版时代，出版业的劳动对象是作品和版权素材，而其最重要的生产要素莫过于知识要素，出版业所有活动的开展都是围绕着知识的建构、形成、表达和传播而进行的。数据成为出版业关键生产要素，实现了出版业要素体系的进一步丰富和健全，将催生出数据出版新业态，从而实现"在劳动对象层面对出版业进行变革，从以作品、知识为劳动对象的出版变革为以数据为劳动对象的出版"[③]。值得深思的是，不似数字出版是数字技术赋能的出版新业态，数据出版是以数据为关键要素的出版新形态，前者是出版业科技创新的产物，后者则是出版业产业创新的结果。从科技创新走向产业创新，将是破解出版业一系列发展不平衡、不充分问题的关键所在。出版数据要素的内涵见图 6。

---

① 王超贤，张伟东，颜蒙.数据越多越好吗：对数据要素报酬性质的跨学科分析 [J]. 中国工业经济，2022（7）：44-64.

② 陈少志，张新新. 出版业文化质量的提升向度与路径探析：基于编辑工作的视角 [J]. 2023（7）：32-38.

③ 张新新，潘煌. 出版数字化转型走向数据化改革：出版业新质生产力劳动对象的质变 [J]. 出版广角，2024（8）：24-30.

1. 出版数据要素体现为数字形式，即以比特形式被计算机存储和处理

2. 出版数据要素是指被投入出版生产经营过程中的出版数据资源

3. 出版业数据承载的内容具有特殊性

4. 数据成为出版业关键生产要素，是对知识生成方式的革新与重塑，能够从要素底层实现出版业的产业创新，催生数据出版新业态

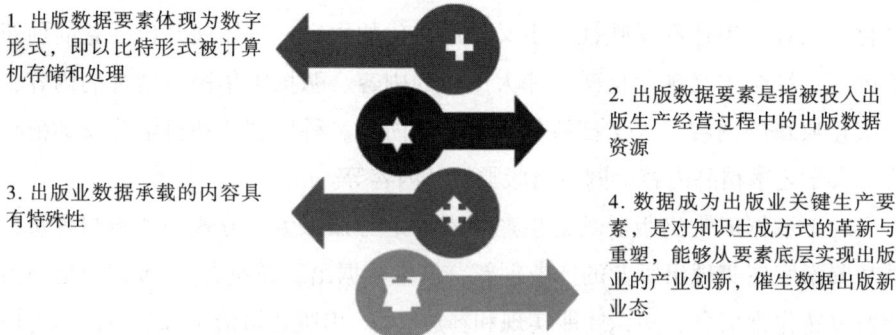

图6 出版数据要素的内涵

二、出版数据要素的多维"技术—经济"特征

在给出出版数据要素的概念界定后，我们进一步分析出版数据要素的特征。除前述低成本、大规模易获取性及广泛用途外，作为关键生产要素，出版数据要素还具有虚拟性、非竞争性和部分排他性、规模报酬递增、智能即时性等基本特征。

（一）虚拟性

出版数据要素的虚拟性，指出版数据以虚拟的、数字的、非实体的形式存在，以二进制编码形式存在于数据库、数字图书馆和互联网等数字空间。虚拟性包含以下3层含义。

（1）存在形式的数字化，即出版数据是以数字化的形式、主要以二进制"0"和"1"字符串的形式存在于虚拟空间的。这一点，是数据、知识、技术、管理等新兴生产要素和资本、土地、劳动力等传统生产要素的最主要差异，后者往往以有形的、实体的形式存在于实体空间。

（2）与数字技术的融合性。出版数据要素的虚拟性，意味着其常常和信息与通信技术（information and communication technology，ICT）有机结合、深度融合。出版数据要素与技术要素的深度融合，催生出数字图书馆、专题数据库、AR出版物、VR出版物等数据出版产品，而这是实现出版数据要素向出版数据产品演进升级的关键，也是出版数据要素价值实现至关重要的一步。

（3）与实体要素的渗透融合性。"数据要素虚拟性的存在意味着必须以其他要素作为载体才能发挥作用"[①]。换言之，出版数据要素作用的发挥，需要与其他生产要素进行渗透融合。例如，出版数据要素渗透劳动要素、与劳动要素的融合，对内能够"强化编辑数据理念，提升编辑数据素养和技能"；对外则有助于丰富数据编辑类型，推动设立 CDO、数据分析师、数据工程师等出版业编辑新岗位。又如，出版数据要素与资本要素的渗透融合，形成出版数据资本，这也是当下数据要素价值评估、认定、入表等热门研讨的事宜。出版数据要素虚拟性的含义见图 7。

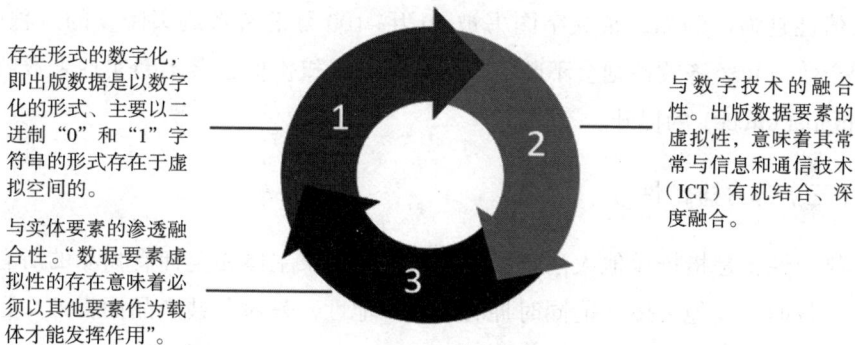

存在形式的数字化，即出版数据是以数字化的形式、主要以二进制"0"和"1"字符串的形式存在于虚拟空间的。

与实体要素的渗透融合性。"数据要素虚拟性的存在意味着必须以其他要素作为载体才能发挥作用"。

与数字技术的融合性。出版数据要素的虚拟性，意味着其常常与信息和通信技术（ICT）有机结合、深度融合。

图 7　出版数据要素虚拟性的含义

（二）非竞争性

出版数据要素的非竞争性，是指不因其他用户对出版数据的消费减少其供给，出版数据可以同时共享和共用，但不减少其他用户对该数据的使用；同时，出版数据的广泛、频繁使用非但不会减少其价值、反而会增加其价值，实现价值的扩充和倍增。由此，出版数据具备较高的使用效率，蕴含着潜在的巨大经济价值。①出版数据要素一旦形成，则不因其他用户对其消费减少供给、减损功能。在供给数量方面，理论上讲，从原始数据上升到数据资源后，作为要素投入生产经营过程中的数据是取之不竭、用之不尽的，可以反复多次甚至无数次重复使用，并不会因为被使用、消费了一次而减少供应。在功能减损方面，

---

① 徐翔，厉克奥博，田晓轩. 数据生产要素研究进展 [J]. 经济学动态，2021（4）：142-158.

不似纸质图书一旦被购买则该本纸质图书无法被第二个用户购买，电子书等数据出版产品可同时被数量众多的用户所阅读，被阅读之后的电子书并不影响第二个用户对其阅读、消费、检索、查询等功能正常使用。②出版数据可以同时共享共用，不减少其他用户对该数据产品的使用。数据出版产品的多主体、同时段、大规模共享共用性质，使得其不会减少其他用户的使用功能、使用限制。这一点，是传统生产要素支撑的图书出版产品所无法匹敌的，如一本纸质图书在同一时段内，只能被一位读者阅读使用，很难同时被第二位甚至是多位读者阅读。相反，一本电子书，则可面向数千数万甚至数百万用户同时进行开放阅读使用。③出版数据要素的使用范围越大、使用频次越多，则其价值越大、价值增值性越强。例如，某数字图书被 10 万~100 万消费者购买阅读的过程中，其社会效益和经济效益则会不断实现倍增，其版权价值也会不断实现乘数效应（multiplier effect）的提升。

（三）部分排他性

排他性，是指排斥他人消费的可能性，即当某主体完全拥有物品的所有权或使用权时，其他主体不能同时拥有；非排他性，是对公共产品而言的，是指某人消费时无法排除其他人同时消费的特性。①出版数据既不是排他性的生产要素，也不是完全非排他性的生产要素，而是部分排他性的生产要素，体现为：①出版数据资源的权利主体是多元化主体，而非一元主体。出版物作品的著作权、专有出版权、数据资源加工权、数据产品运营权分属于不同的权利主体。这一点，从"数据二十条"就可以看出，其指出要根据数据来源、生成的特征，分别界定数据生产、流通、使用中各方享有的权利，"建立数据资源持有权、数据加工使用权、数据产品经营权等分置的产权运行机制"，从而为激活数据要素价值创造、价值实现提供基础保障制度。②电子书、知识库、专题数据库等数据出版产品，在互联网、移动互联网传播的特征，扩大了出版数据资源的传播范围，客观上形成了出版数据要素使用中的非排他性。③对用户的部分排他。出版社往往又通过加密技术、数字版权管理（digital rights management，DRM）

---

① 蔡跃洲，马文君.数据要素对高质量发展影响与数据流动制约 [J].数量经济技术经济研究，2021（3）：64-83.

版权保护技术、数字水印技术等技术手段，把非授权用户排除在使用主体范围之外。④对其他竞争者的部分排他，出版企业往往对自己采集、加工、整理、形成和拥有的出版数据资源极为珍惜，不会轻易公开且不对其他出版社公开，把出版数据作为核心竞争力加以对待，由此形成了对其他出版社的"排他"。实践中，基于"部分排他性"而实现数据出版产品的盈利，恰恰是出版社的通行做法，如基于专业数据资源的内容优势，建设法律、医学、建筑、农业等领域的专题数据库，并向第三方出售使用许可，从而利用排他性实现数字化的出版收入。出版数据的部分排他性见图8。

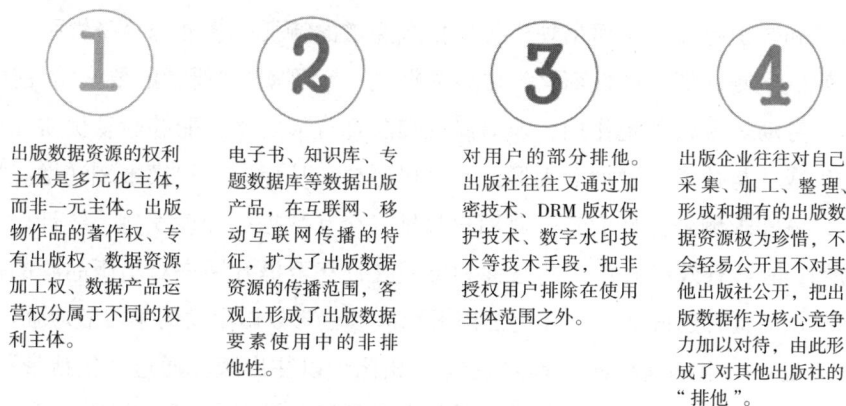

出版数据资源的权利主体是多元化主体，而非一元主体。出版物作品的著作权、专有出版权、数据资源加工权、数据产品运营权分属于不同的权利主体。

电子书、知识库、专题数据库等数据出版产品，在互联网、移动互联网传播的特征，扩大了出版数据资源的传播范围，客观上形成了出版数据要素使用中的非排他性。

对用户的部分排他。出版社往往又通过加密技术、DRM版权保护技术、数字水印技术等技术手段，把非授权用户排除在使用主体范围之外。

出版企业往往对自己采集、加工、整理、形成和拥有的出版数据资源极为珍惜，不会轻易公开且不对其他出版社公开，把出版数据作为核心竞争力加以对待，由此形成了对其他出版社的"排他"。

图8　出版数据的部分排他性

（四）规模报酬递增

生产要素规模报酬性质属于微观经济学的核心范畴，规模报酬性质由它的边际报酬决定。出版数据要素报酬性质存在三种情况：①当增加单位数据要素投入使得收益以更大比例增加时，即为数据要素报酬递增；②当收益实现同比例增长时，即为数据要素报酬不变；③当收益增长比例低于投入增长比例时，即为数据要素报酬递减。

数据要素报酬递增存在于"数据质量高、数据参与生产规模大、数据参与生产的供给侧，以及数据密集型产品的需求侧外部经济大、数据驱动的学习效应强"①等情形。出版数据要素报酬递增存在于以下四种情况：①拥有高质量的出版数据。出版企业拥有的高质量出版数据越高，则越容易实现规模报酬递增。出版数量质量高体现为三个方面，数据加工成本低。对出版原始数据进行清洗、标引、整理从而形成真实、完整、及时、有效、一致的高质量出版数据资源，所花费的人力、物力、财力成本较低；数据折旧率低的出版数据资源，其易用性、耐用性更强，数据质量更高；拥有经过专家标注的高质量的语料数据，这样的数据在出版垂直大模型构建方面往往能够发挥重要价值。②出版数据大规模参与生产经营过程。就出版企业而言，数据规模越大、数据类型越丰富，出版数据与编辑融合的越多，数据资源投入出版生产经营过程越多，则数据驱动的信息和知识越多，从而呈现出规模报酬递增的特征。③外部经济性强。一方面，就供给侧外部经济性而言，出版数据是"元要素""要素的要素"，能够给资本、劳动等带来外溢作用，能够渗透和融合有形要素，能够驱动优质知识要素的生成，与技术、管理等无形要素有机融合，从而促进规模报酬递增。另一方面，就需求侧外部性而言，对用户数据、交互数据的深度挖掘、统计、分析和应用，能够有效提升用户的黏性和忠诚度，甚至提升用户对出版品牌的依赖程度，从而提升边际效益，促进规模报酬递增。④数据驱动的学习效应强。"学习效应是数据报酬递增的关键源泉"。②相比于以往出版业通过"传帮带""干中学"来积累隐性的知识和经验，数据驱动知识生成的模式，指"基于海量数据的知识生产原料，从中挖掘出新规律、新知识，实现数据、信息走向知识生成的使命。"③近年来随着大数据技术不断应用于出版业，出版数据种类、数量和质量不断提升，数据存储和计算成本不断下降，由此，数据驱动学习的能力越来越强、时间越来越短、效率越来越高，数据生成知识的规模、速度、效益和质量均有了显著的提升，从而使出版初级要素实现报酬递增的可能性越来越大。

① 王超贤，张伟东，颜蒙. 数据越多越好吗：对数据要素报酬性质的跨学科分析 [J]. 中国工业经济，2022（7）：44-64.
② 同上.
③ 张新新. 生成式智能出版：知识生成原理、沿革与启迪 [J]. 编辑之友，2023（11）：36-44.

（五）智能即时性

智能即时性，指随着计算能力、深度学习、新一代 AI 技术的迅猛发展，出版业数据生成、传输、分析、处理的速度得到智能化、大幅度提升。出版业数据智能性，是数字经济对出版业发展的要求，也是智能出版、生成式智能出版、数据出版等出版深度融合发展新业态的题中之意。智能选题策划、智能编校排、智能印刷、智能发行营销等智能出版的各环节，都离不开数据的智能化支撑和辅助决策，同时也会智能化地生成各种出版业务数据。

出版业数据的即时性，指出版数据资源的生成、传输、分析和处理的效率得到全面、系统、显著的提升。例如，"基于海量无标注的出版数据、高质量人工标注的出版数据及基于人类反馈的强化学习算法"[1]，可以即时性、无延迟地解答用户的问题，生成新的文本数据；再如，应用视频大模型，"根据给出的文本指令，生成逼真、连贯、高清、具备可观时长的一镜到底视频"[2]，智能化、及时地生成所需要的视频数据，等等。

数据要素成为出版业的关键生产要素，还具备"低成本、用途泛在、大规模易获取"特性。这一点，也是出版数据要素较之传统的土地、资本、劳动等有形生产要素的根本区别之一，后者的成本、用途范围和获取难度明显高于出版数据要素。不过，就当下而言，出版数据成为关键生产要素，在前述几个方面还存在着不同程度的问题，需要从理念、实践和制度上进行攻克。①出版数据的成本，仍然和"低成本"标准有一定的差距。出版实践中的融合出版 ERP 缺位、传统出版和数字出版生产经营流程"两张皮""两股道"，致使内容数据资源的生成仍然需要通过额外的数字化加工工序，重新投入人力、物力和财力资源予以实现，这一点严重束缚了出版数据资源的生成、使用和处理。②出版数据用途的广泛性，在出版调治的各环节、各领域客观存在着不平衡、不充分的问题。出版数据要素被投入生产经营过程中，继而生产出满足人们数据化需要的数据出版产品，这一点已经达成共识并在实践中得到较为充分的印证；对

---

① 张新新，黄如花. 生成式智能出版的应用场景、风险挑战与调治路径 [J]. 图书情报知识，2023，40（5）：77-86，27.

② 张新新，孟轶. Sora 驱动下的融合出版新技术新业态新模式分析 [J]. 中国编辑，2024（4）：29-36.

出版治理数据的认知、挖掘、分析和应用，将数据要素用于辅助决策、管理和服务出版业，构建完善的"出版数据分级分类治理机制"[1]，则距离出版数据治理、敏捷治理还有着不小的差距。③出版数据的大规模易获取性，前述传统出版和数字出版流程、工具的割裂、分离，致使高质量、高水平的出版数据资源的制作、生成、采集的规模不大，同时存有一定的难度，尤其在制资源的同步生产问题较为突出。出版数据要素的多维"技术—经济"特征见图9。

出版数据要素的非竞争性，是指不因其他用户对出版数据的消费减少其供给，出版数据可以同时共享和共用，但不减少其他用户对该数据的使用。

生产要素规模报酬性质属于微观经济学的核心范畴，规模报酬性质由它的边际报酬决定。

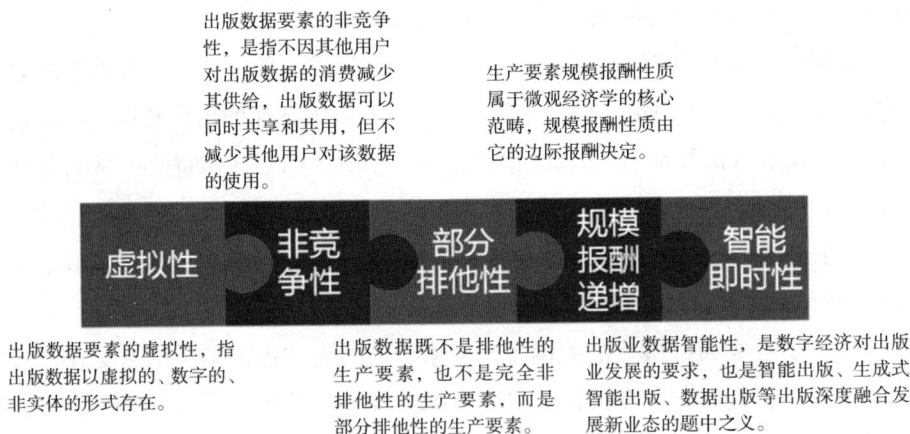

出版数据要素的虚拟性，指出版数据以虚拟的、数字的、非实体的形式存在。

出版数据既不是排他性的生产要素，也不是完全非排他性的生产要素，而是部分排他性的生产要素。

出版业数据智能性，是数字经济对出版业发展的要求，也是智能出版、生成式智能出版、数据出版等出版深度融合发展新业态的题中之义。

图9　出版数据要素的多维"技术—经济"特征

三、数据要素对出版业高质量发展的作用机制

把数据作为关键生产要素，是出版业适应数字经济发展的需要，是出版业价值体系扩充的需要，是推动出版治理现代化的需要，也是构建全媒体出版传播体系和推进出版业高质量发展的需要。

（一）丰富出版生产要素体系，提升出版要素体系质量

就出版业生产要素类型而言，出版业的资本要素包含纸张、油墨、印制设备、厂房等；出版业的劳动要素主要是指出版从业者，包含图书出版编辑、数字出版编辑等；出版业的技术要素是指投入出版生产经营过程中的技术资源，

---

① 张新新，刘骐荣.新质生产力赋能数据出版：动因、机理与进路 [J]. 出版与印刷，2024（2）：34-44.

目前主要体现为数字技术；出版业的知识要素，则是投入出版生产经营过程中的知识资源。而数据要素的加入，进一步丰富了出版业要素体系，使得出版业对要素的认知，由传统的、有形要素体系为主转变为有形要素与无形要素结合的复合型要素体系，由过去的以"土地、资本、劳动力"为主要的三位一体的要素体系，扩充为"土地、资本、劳动力、数据、技术、知识、管理"七位一体的要素体系，见图 10。

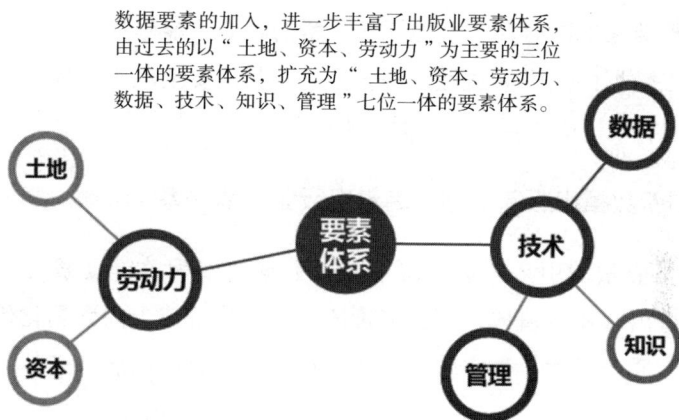

数据要素的加入，进一步丰富了出版业要素体系，由过去的以"土地、资本、劳动力"为主要的三位一体要素体系，扩充为"土地、资本、劳动力、数据、技术、知识、管理"七位一体的要素体系。

图 10 出版业的要素体系

就出版要素体系质量而言，数据要素的引入，能够有效提升出版要素体系质量。首先，新增了出版数据新要素，健全了出版资源体系结构，能够有效提升整个出版要素体系的抗风险能力。出版数据要素对发展出版业数字经济、迎接数字风险与挑战、弥补出版业数字鸿沟等具有至关重要的作用。其次，改造提升传统出版要素，能够赋能传统要素体系、提升传统要素质量：①数据要素与资本要素的结合，能够在数据辅助、数据驱动决策、数据支撑下有效地组织出版企业资本要素的配置，解决信息不对称、配置不协调、配置不成比例、配置不平衡等问题。②数据要素与劳动要素的融合，能够提升图书编辑、数字出版编辑的数据素养技能、智能素养技能及创新素养技能，提升编辑的数智素养，并进一步丰富 CDO、数据分析师等数据编辑类型。③数据要素与知识要素的融合，一方面能够驱动知识生产方式由智慧驱动走向数据驱动，提升知识生产的规模、效率和质量，满足大规模知识生产和消费的需要；另一方面，数据要素

"强化知识要素的溢出效应"①，推动知识溢出效应中的连锁、模仿、交流、竞争、带动和激励效应等各环节效果更突出。④数据要素与技术要素的融合，推动数字技术产业化，使得出版业的数字技术应用有着更为扎实、厚重的数据基础，从而能够更快找寻应用场景；同时进一步催生数据技术，围绕着数据采集、分析、计算、处理等各环节发展新的数据技术，促进数字技术体系的健全和完善。例如，出版垂直大模型的建设，除基于人类反馈的强化学习算法和超强算力外，更是离不开海量的出版数据语料库和高质量的人类专家标注的数据。最后，数据要素与有形要素的融合、与其他无形要素的融合，能够形成出版业的复合资源体系，并以数据的超强渗透性、融合性，与其他要素融为一体，形成新的出版资源，进而实现出版要素体系层面的质变。

（二）创新数据出版新业态，完善出版业价值体系

出版数据要素的引入，进一步催生以数据要素为关键要素的数据出版新业态，推动着出版业价值体系由直接价值、数字化价值走向数据化价值体系的扩充，形成纸质出版物、数字化出版物、数据化出版产品服务三位一体的价值体系。

出版业的价值体系目前主要由纸质出版物和数字化出版物创造，"种册件"所描绘的传统出版商业模式仍然是主流模式。纸质出版物所创造的营收和利润构成了整个出版业的中流砥柱，由此直接价值仍然是目前出版业价值体系的关键所在。

数字化出版产品服务所创造的价值，主要是指基于原版原式电子书或者基于出版物所拆分出来的专题数据库、知识库所创造的价值，经过十多年的发展，该部分产值已经在逐步提升。数字化价值是纸质书报刊所实现的价值基础之上的二次价值创造。头部的出版企业数字化收入、利润甚至达到或超过了出版社的50%，如人民法院出版社、知识产权出版社有限责任公司（以下简称知识产权出版社）等。

数据化价值，是纸质书报刊价值基础之上的第三次价值创造，是指"数据

---

① 白永秀，李嘉雯，王泽润. 数据要素：特征、作用机理与高质量发展 [J]. 电子政务，2022（6）：23-36.

作为新生产要素贡献的价值"，是在知识资源数字化、碎片化的基础上，进行多维度、立体化标引，经过知识关联、计算，通过数据模型构建及提供数据服务，所产生和输出的二次数据创造的价值。高数据密集度的数据化产品服务所创造的价值，即数据化价值，是未来出版业数据化转型的重点和关键所在，也是实现整个出版业产业创新的关键所在。

（三）打通融合出版数据底座，强化全媒体出版传播体系构建

全媒体出版传播体系，即"以内容建设为根本、先进技术为支撑、创新管理为保障的新型出版传播体系"[1]。出版深度融合发展是走向全媒体出版传播体系的必由之路和必经阶段。出版深度融合发展的"深度"体现在"理念融合、调节融合、治理融合"[2]等范畴，而能够实现理念、调节和治理融合的凝结点、关键点则是出版数据要素。其理由如下。

从微观来看，每1单位的"出版内容数据"[3]，其内部构成要素都包含两方面，一方面是传统出版的内容要素，另一方面则是新兴出版的数字技术要素。每1单位出版数据都是传统出版的"内容"＋"数字技术"应用结合的结果。出版数据所负荷的内容，是传统出版内容的再现和呈现；出版数据所应用的技术属于数字技术、数据技术的范畴。因此，每1单位出版内容数据，都是"内容建设"＋"先进技术"二者有机融合的结果。同理可得，每1单位的治理数据，则是"内容建设"＋"先进技术"＋"创新管理"三者有机结合、深度融合的结果。

从宏观来看，出版数据要素是衔接传统出版和新兴出版的桥梁和纽带。出版数据要素尤其是内容数据，本身就是传统出版内容数据化的产物，是对传统出版内容进行清洗、标注、加工、处理之后得到的高质量内容数据资源。同时，出版数据要素又是新兴出版的战略资源和核心资源，是数字出版、数据出版、智能出版等融合出版新业态的战略基础资源。几乎每一种融合出版新业态都是

① 张新新. 全媒体传播体系视域的融合出版自主知识体系框架分析 [J]. 编辑之友，2024（5）：5-13.
② 张新新，张璐颖. 全媒体传播体系视域的出版深度融合发展指标体系建构与分析：何为出版深度融合发展的"深度" [J]. 科技与出版，2023（11）：144-157.
③ 注：从数据类型来看，出版数据最重要的分类法莫过于内容数据、用户数据、交互数据、治理数据，该分类法意味着每1单位数据分别负荷着出版内容、用户内容、交互信息以及出版治理的内容。为更好地说明问题，我们不对用户数据和交互数据进行分析。

出版数据要素结合新兴数字技术的结果，如内容数据和增强现实技术的融合形成了 AR 出版物，内容数据和 VR 技术融合形成了 VR 出版物，内容数据和生成式 AI 技术的融合则形成了生成式智能出版产品服务。

综上，新兴出版是以数据要素为底座、基质的出版新形态，传统出版和新兴出版的融合源于数据资源的联通、共享和归一。数据是衔接传统出版和新兴出版发展的关键点、联结点和结晶点。

（四）完善出版治理方式，推动出版治理体系现代化

数据创造价值的本质是"数据驱动的决策优化过程"[①]。这个判断道出了数据在治理领域的意义和价值。"出版数据驱动的决策与管理，是出版数据要素价值实现的重要保障"[②]。就出版治理而言，最大的问题是解决信息不对称、条件不确定的问题，唯有如此，做出的决策方有可能是科学的、合理的。

就出版企业微观治理而言，数据要素被引入出版经营管理过程中，能够有效地减少信息不对称问题，推动决策主体尽可能做出科学、民主、合理的决策。数据被引入出版企业微观经营管理，①企业内部选题数据集的建立完善，可优化选题策划，基于以往的选题数据对新策划的选题进行论证和预测，以确保所策划选题的质量，提升选题策划环节的质量和效率；②出版社内部专业出版语料库的建设，可嵌入智能编校排系统，提升出版编校工作质量和效率；③出版物销售数据的采集、分析、计算和处理，能够有效地预测和指导出版物的印制数量和营销工作，提升印制发行环节的质量和效率。最后，就数字出版治理而言，其本身就依托数据资源进行经营和管理，因此具备数据驱动经营管理优化的天然优势。

就出版行业的宏观治理而言，数据要素引入出版治理，有利于创新数据治理新模式，推动敏捷治理模式的广泛应用。"数字治理是数字出版治理的一项基本原则，也是创新治理体系的重要构成部分；出版数据既是数字治理的重点对象，也是数字治理的重要工具"[③]。一方面，数据要素被引入出版常规治理体系，

---

① 王超贤，张伟东，颜蒙. 数据越多越好吗：对数据要素报酬性质的跨学科分析 [J]. 中国工业经济，2022（7）：44-64.

② 陈少志，李平. 新质生产力推动出版深度融合发展三维路径 [J]. 中国出版，2024（12）：21-26.

③ 张新新. 数字出版调治论 [M]. 武汉：武汉大学出版社，2024.

有助于解决信息、数据不对称的问题，改进和提升传统治理质量和效率，推动意识形态治理、规划治理、法律治理、财税治理、标准治理体系的科学性和合理性不断提升；另一方面，数据资源被引入出版创新治理体系，是创新治理体系的内在要素、关键要素。融合出版等新兴出版业态的敏捷治理模式，由基于出版数据采集、存储、管理等情景的捕捉阶段，基于数据分析、理解和应用的感知阶段及基于可行性方案的灵活回应阶段三个阶段构成，数据要素的采集、分析、计算、应用和处理贯穿新兴出版敏捷治理的全过程和各阶段。

（五）实现要素体系底座的创新，推动出版业高质量发展

出版业高质量发展，是蕴含文化自信、高质量增长和技术赋能三位一体的协同创新发展。[①] 创新是出版业高质量发展的根本性特征，创新性决定和规制着出版业发展的协同性。出版业的创新是以内容创新为根本、技术创新为支撑的出版全面创新体系，技术创新支撑和引领着出版内容创新、产品创新、服务创新、业态创新、模式创新、管理创新。

在出版业创新体系中，生产要素的创新起到根本性、决定性作用。数据要素的引入和应用，推动着"土地、资本、劳动"三位一体的有形要素体系，向着"知识、技术、管理、数据"四位一体的无形要素体系演进和创新。相比于知识、技术、管理等要素，数据是更为重要的关键生产要素。数据要素与劳动的结合，推动编辑数智素养和创新素养技能的不断提升，对内提升编辑数据化、智能化的素养和能力，对外促进 CDO、数据分析师、数据工程师等数据编辑类型的涌现；数据要素与资本的结合，能够有效降低出版生产过程中的资本投入，提升出版收益和产业链环节质量；数据要素与知识要素的融合，驱动知识生产方式由个体生产知识、群体生产知识走向 AI 生成知识、数据驱动知识生成；数据要素与技术要素的结合，催生出数字出版、数据出版、智能出版等融合出版新业态新模式；数据要素与管理要素的融合，推动出版管理走向出版治理和出版敏捷治理，从而创新出版治理体系和治理能力。由此，数据要素推动着整个出版数据要素体系创造式发展、创新性提升，从而为整个出版产业创新奠定要素基础和资源基础，为出版业高质量发展奠定要素基础和数据基础。

[①] 张新新. 出版业高质量发展的概念界定与基本特征 [J]. 编辑之友，2023（3）：15-24.

案例1：人民教育出版社

在数字化时代，数字要素已成为驱动出版业转型升级和高质量发展的重要力量。人民教育出版社（以下简称"人教社"）作为中国基础教育教材出版的领军者，通过积极整合数字要素，不仅提升了出版效率和服务质量，还拓宽了业务范围，实现了出版业的高质量发展。

人教社充分利用互联网和数字技术，构建了功能强大的"人教网"。自1999年上线运营以来，"人教网"为数以亿计的基础教育师生提供了培训、答疑、资讯等方面的网络增值服务。通过该平台，人教社能够及时发布最新的教材信息和教育理念，为广大师生提供便捷的在线学习资源和互动交流渠道。这种数字化服务模式的推出，极大地提升了人教社的市场影响力和用户黏性。

除"人教网"外，人教社还推出了"人教教师培训服务平台"。该平台于2012年上线运营，旨在响应国家推动的教育公平战略，为广大教师提供在线培训、教学资源共享等服务。通过该平台，教师们可以随时随地参加线上培训课程，获取优质的教学资源和教学案例。同时，平台还提供了丰富多样的教研活动，促进了教师之间的交流与合作。这一平台的推出，不仅提升了教师的专业素养和教学能力，还推动了教育资源的均衡分配。

在数字化转型的过程中，人教社还注重利用数字技术提升出版效率和质量。通过采用先进的数字化生产流程和管理系统，人教社实现了从内容创作、编辑加工到印刷发行等各个环节的数字化管理。这种数字化生产方式不仅缩短了出版周期，提高了出版效率，还降低了生产成本和运营风险。

此外，人教社还积极探索数字化运营新模式。例如，人教社依托"人教网"和"人教教师培训服务平台"，在特定的时期为广大师生提供了免费的中小学教材电子版和线上教学资源。这一举措不仅满足了广大师生的学习需求，还彰显了人教社的社会责任感和担当精神。

综上，数字要素在人教社的高质量发展中发挥了重要作用。通过构建数字化服务平台、提升出版效率和质量、探索数字化运营新模式等措施，人教社成功实现了从传统出版向数字化出版的转型升级。未来，随着数字技术的不断发展和创新应用的不断涌现，相信人教社将在数字化时代中继续保持领先地位，为中国基础教育事业的发展做出更大的贡献。

自"数据二十条"出台以来，数据要素的用途广泛性、低成本大规模易获取性推动着数据成为数字经济时代的关键生产要素。出版学探讨数据要素、数据出版的成果并不多，因其需要具备经济学、法学和财务会计等领域跨学科知识，更因为需要研究者具备出版数字化转型、数据化改革的亲身实践经验。本书权且抛砖引玉，对出版数据要素的概念予以界定，即"以比特形式被计算机存储和处理，并被投入出版生产经营过程中的数据资源"，并分析其虚拟性、非竞争性、部分排他性、规模报酬递增、智能即时性五个方面的基本特征，最后就出版数据要素在出版业生产要素体系、出版业价值体系、全媒体出版传播体系、出版治理体系及出版业高质量发展五个维度的意义和价值进行了探讨。有关出版数据要素尚需要进行系统、全面、深刻研究，如出版数据的分级分类、出版数据资源产品化、出版数据资产化、出版数据交易、出版数据治理等，绝非一两篇阐述就能表达清楚的。期待学界、业界同人能够躬身于出版数据要素、数据出版领域的研究，真正产生"文章成系列、著作集大成"的出版科研效应。

案例 2：华东师大出版社

一、数据驱动选题

华东师大出版社利用大数据分析平台，收集教育领域的各类数据。例如，从在线教育平台获取不同年龄段学生的学习难点、热门课程搜索词等数据；从教育类社交媒体群组和论坛收集教师、家长关注的教育话题。

通过对这些数据的分析，华东师大出版社发现近年来中学数学教育中，关于数学思维拓展和数学文化传播的内容受到广泛关注。于是策划了一系列中学数学文化类图书，如《数学史与初中数学学习》等。这些图书精准地满足了市场需求，一经推出便受到教师、学生和家长的欢迎。

二、AI 辅助选题趋势预测

该出版社引入 AI 算法，对教育出版市场的长期趋势进行预测。算法分析了过去几十年教育政策变化、教育技术发展（如在线教育的兴起、VR 在教育中的应用趋势等）与图书销售数据之间的关系。

基于预测结果，该出版社提前布局新兴教育领域的选题。例如，预测到随着 AI 教育在中小学的逐步普及，相关的教材和辅助读物将有较大市场需求。因此，提前策划并组织编写了《人工智能启蒙》等教材，抢占了市场先机。

案例3：知识产权出版社

一、中国知识产权大数据与智慧服务系统（inspiro 系统）

（1）数据整合优势。整合了国内外专利、商标、著作权、标准等九大类知识产权数据资源，收录专利数据超过 1.4 亿条，覆盖 100 多个国家和地区；商标数据超过 6 000 万条，覆盖多个国家和地区；标准数据 105 多万条，还包括知识产权案例、地理标志、植物新品种、集成电路布图设计和企业商情信息等。打破了知识产权"信息孤岛"，减少了用户在不同数据库间切换的时间和经济成本，填补了国内知识产权数据库在资源整合方面的空白。

（2）智能检索功能。拥有 31 种检索模式，检索字段超 600 个（专利方面 200 多个），并开发了可视化检索、扩展检索、思维导图检索等特色模块，通过智能匹配检索字段，帮助用户准确匹配知识产权信息，提升检索体验。同时，预设多种统计字段和统计模板，通过自建库功能，满足用户对数据的个性化加工和深度分析需求。该系统的用户包括政府机构、创新企业及科研院所等，如宁夏回族自治区知识产权服务中心利用该系统开展专利信息服务工作，美的集团股份有限公司借助该系统形成企业知识产权战略分析报告。

二、摩知轮商标智能检索和管理平台

（1）数据支持。主要数据由国家知识产权局直属单位知识产权出版社提供支持，是一款 AI 可视化商标大数据专业检索及智能分析平台。提供 AI 撰写、商标检索、图形查询、公告查询、分析对比、监控预警、实务案例、图谱展示、流程管理等综合服务，可极大提高企业商标管理水平和代理机构的业务处理效率。

（2）多语言版本。推出中英双语版后，便利了涉外代理机构及国际客户了解中国商标数据，为国内外企业的商标管理和检索提供了便捷的工具。

三、数字出版产品交易平台相关产品

（1）《安逸游中国之成都行》数字出版产品。包含数字标识、知识文库、文创电商三个部分。用户可通过平台专用微信小程序浏览资源、科普、资讯等栏目，如大熊猫相关的学术性和普及性图书推荐、明星熊猫的萌趣图片、熊猫主题的精彩视频等，还拥有数字标识和大熊猫安逸文创休闲定制服装等特有权益。

（2）《麒麟镇守双国宝》数字出版产品。以"泸州老窖双国宝"文化元素为核心素材，用户可通过微信小程序浏览泸州老窖酒文化数字图书馆，了解泸州酒城的历史沿革、文化与艺术价值、酒文化相关知识等，具有数字标识和购买泸州老窖定制酒权益等特有权益。

（3）《庆赏升平》数字出版产品。用户可通过微信小程序浏览中国传统文化数字图书馆专属知识库，了解升平署、《庆赏升平》的渊源、文化与艺术价值等，并采用多元化形式展示国粹艺术，拥有数字标识和购买庆赏升平文创产品定制权益等特有权益。

第五节　新质生产力三要素优化组合的质变

新质生产力以劳动者、劳动资料、劳动对象及其优化组合的质变为基本内涵。"优化组合"的形式包括劳动者和劳动资料之间的优化组合，劳动者和劳动对象之间的优化组合，劳动资料和劳动对象之间的优化组合及三者之间的优化组合，并且要实现优化组合的质变，并非需要量的相加，而是质的提升。

一、出版业劳动者与劳动资料优化组合及质变

实现高素质劳动者与高水平劳动资料有效匹配，是新质生产力视域出版业劳动者与劳动资料优化组合的有力体现。所谓优化组合的优化，即优化劳动者与劳动资料，使两者实现高素质、高水平的跃升；所谓优化组合的组合，则是将优化后的出版业高素质人才与先进生产工具形成有效连接，从而形成出版业新质生产力，对应解决出版业所存在的技术不足、要素配置不均、发展僵化、数据化改革、智能化发展等现实问题。

要使出版业高素质劳动者与高水平劳动资料匹配，首先要让高素质劳动者对应使用高水平劳动资料。考虑到熟练使用一词较为模糊，不仅在定性上要视为两者之间的有力配合、赋能产业，可能还要在定量上以一定指标指数，用以有效评估两者之间的匹配程度，以此称为"熟练使用"。具体内容如下。

（1）高素质劳动者负责研制、熟练使用融合出版 ERP。在出版工作中，能够支持纸质书、电子书、数据出版产品的生产、发行与上线；与内外校对、美编等进行协同出版；同一作品或版权素材的传统出版物、数字出版产品、融合出版产品三者同时生产、上市，同时线下发行与线上营销。融合出版 ERP 这一系统性工程之所以仍未推进，是鉴于此前出版始终是以"机器适应人"为模式推进的，在实际出版中改动多次。因此，在劳动者与劳动资料优化组合中，高水平劳动者要肩负融合出版 ERP 系统的研制、熟练运用这一艰巨任务，甚至以"人适应机器"的模式尝试推进融合出版 ERP 系统。

（2）熟练掌握出版专业语料库嵌入型智能编校排系统。高素质劳动者要将知识体系和目前智能编校排实现深度融合，最终建成以知识体系为内核的专业语料库嵌入型智能编校排系统。

（3）熟练使用出版垂直领域大模型。出版垂直领域的大模型目前仍未有行业代表。出版业高素质劳动者，①应当带头争取有关国家重点研发计划，以资金、人力等强有力的出版企业为阵地，参与出版垂直领域大模型的转向研制工作。②应灵活运用市场化大模型，研讨出版 prompt 与出版流程不同领域适用的大模型。③着眼于出版向影视、有声读物等多模态的转向，在熟练使用出版垂直领域大模型、非垂直领域大模型的基础上推进融合出版 ERP 系统。

（4）熟练使用数据化转型技术设备。在出版业数据化进程中，高素质劳动者不仅需要积极建设出版业自身内容数据、用户数据、交互数据乃至治理数据，还要参与出版业数据化转型所需新质生产工具的应用。

劳动者与劳动资料的优化组合，在关注出版业基础性、关键性技术突破的同时，还需要注重掌握以上这一"出版＋"关键性系统的编辑人才、出版企业家等人才的培养与引进方式，注重以产业应用为落脚、产学研一体化为模式，开展针对出版数据化改革的系列劳动资料的使用培养计划，将此与出版人才激励措施、人事调动等行政管理挂钩。同时，重视可能随高水平劳动资料运用产生的新技术、新经济结构、新业态等对出版业的影响，以敏捷治理对此展开及时响应、灵活调整。另外,不论是传统出版流程,还是新型出版流程,都应以新技术的投入进行灵活调整。在劳动者与劳动资料优化组合中,还需要找到出版业务升级的根本点,从高素质劳动者对新型生产工具的使用,逐渐转向以新型生产工具铸就新型出版模式、产生新型出版业务,以"+AI"向"AI+"的思维转变,通过掌握 AI 与出版业务的底层逻辑,最终找到出版业务升级的根本点。①

二、出版业劳动者与劳动对象的优化组合及质变

出版业新质生产力视域下劳动者与劳动对象的优化组合,需要建立在编辑数据素养技能的应用与敏捷治理的引入上。数据素养技能的应用决定出版数据化建设的进程,敏捷治理的引入决定出版业数字化、数据化、智能化的发展沿革成效,以此为构建全媒体出版传播体系提供厚实保障。出版业新质生产力视域下劳动对象的多样化质变倒逼劳动者素养技能全方位的质变,其前提须提升编辑数据素养技能与引入出版业敏捷治理,两者共同助力出版业走向数据化改革。

(一)劳动者与劳动对象优化组合的先决条件:编辑数据素养与技能提升

编辑数据素养技能,其内涵可表示为"编辑群体处于大数据环境中,其信息素养的延伸与拓展,"②表现为"掌握出版业数据分析、出版业数据管理等行为的技能,将出版业所拥有的海量知识进行数据化处理,构建出版数据中台,加速出版数据产品化进程,打造高质量数据出版产品。"高素质劳动者所掌握的数据素养技能,集中表现为对出版数据进行分析处理,赋能行业预测走向,探究行业背后规律,指导选题策划;挖掘发现数据背后的数据、生成知识背后的知识,为用户提供个性化、定制化知识决策服务,从而优化出版流程、引导出版业进一步向知识服务业转型。

出版企业在实现产业链、供应链向数据化、智能化转型升级过程中,对数据分析、数据产品策划、数据科学等专业技能人才的需求激增。同时,数据要素的共享性能够降低人才市场的信息不对称,为出版人才流通提供了可能。应当说,出版数据要素化的过程,体现出出版从业者对数据要素的把控,是对出

① 王炎龙,黄婧,王子睿. 新质生产力赋能出版业的质态、要素与体系研究 [J]. 中国编辑,2024(4):22-28.
② 周小莉. 新时代编辑出版人素养进阶的动力、困境与出路 [J]. 中国编辑,2022(6):60-66.

版从业者开展数据化建设的一大考验，皆与编辑数据素养技能挂钩。①数据要素凭其渗透性、非竞争性等特点，驱动出版业人力资本更新创造，实现编辑数据素养技能提升；②数据要素与编辑数据素养技能之间形成双向动态趋势。一方面，编辑凭借数据素养所包含的数据理念、数据分析力、数据产品策划与制造力等，加速出版数据产品化进程与出版深度融合发展；另一方面，数据要素作用于出版业产生的乘数效应，倒逼编辑数据素养技能的提升。

（二）劳动者与劳动对象优化组合的呈现

新质生产力视域下出版业劳动者与劳动对象的优化组合，有以下两点呈现。

（1）劳动者精准识别并有效把握新型劳动对象，将之体现于出版业的产品与服务中，用以提升出版业效能。往日的出版业未能正确挖掘图书价值，在于其未能将数据作为劳动对象，仅以数据库的形式植入，依然停留在浅层的形式数字化阶段。2023 年，国家数据局的成立、"数据二十条""数据要素 ×"等信号的释放，预示着出版业将大力走向数据化改革，意味着将数据作为劳动对象、大力开发数据产品，解决数据的确权、数据产品的评估、数据资产的入表，完善出版业数据要素市场配置，精准提供出版业知识决策，完成出版业数据的资源化、产品化、资产化的风向标正指引着出版业。武汉理工数字传播工程有限公司则通过整合出版图书产业链上下游不同渠道的数据资源，打造智能化数据平台，为出版单位洞悉市场趋势与用户需求提供了有效进路。因此，有效把握新型劳动对象、将其体现于出版业的产品与服务，是劳动者与劳动对象优化组合的呈现。

（2）引入出版业敏捷治理，有效应对生成式 AI 技术对出版业的隐含风险，确保数据安全、政治安全。出版业数据编辑、CDO 等主体将数据作为劳动对象，是劳动者与劳动对象优化组合的要义。数据在为出版业提供有效决策的同时，也面临着数据泄露、毁坏等风险，可能造成整个业态的瘫痪，甚至影响政治安全。于此，引入出版业敏捷治理，是对"高素质劳动者 + 数据"这一劳动者与劳动对象优化组合的保障。出版业敏捷治理是对高素质劳动者与管理要素的直接体现。出版业敏捷治理依靠的是企业组织架构、企业制度的改革、企业人才的能力，下至编辑个人，上至出版社、出版集团的管理者，大至整个出版团队。首先，高素质编辑能够感知出版业环境变化，进而凭借高水平劳动资料做出快速反应；其次，高素质管理者的声望、影响力、执行力等，能够有效带动出版企业的敏捷治理；最后，整个出版团队从上至下，以融合出版 ERP 为依托，依靠上下高效合作沟通、决策共享的方式，提升出版业敏捷治理的敏捷性、治理力。应该说，出版业劳动者与劳动对象优化组合的同时，也在促进劳动者与劳动资料、劳动资料与劳动对象两组的优化组合。

三、出版业劳动资料与劳动对象的优化组合及质变

出版业劳动资料和劳动对象的优化组合包含"技术 + 数据"范式、"技术 + 管理"范式及"技术 + 知识"范式。

（一）"技术 + 数据"范式：数智技术释放出版数据价值

承载不同内容的出版数据是当前乃至未来出版业的核心竞争力。新质生产力视域下出版劳动资料与劳动对象的优化组合，应聚焦于如何运用生成式 AI、大数据等数智技术加速出版数据价值的释放，凸显出版数据的直接、倍增、渗透机制作用。

①以高质量出版数据为本，展开对高质量出版数据的获取、转化、交易的讨论。高质量出版数据需要出版单位有序推进数据化改革，共同为完善出版数据要素市场、规范出版数据全国统一市场做贡献。②以技术为要，充分发挥先进技术驱动作用，充分体现革命性技术的突破赋能作用，优化以数据等新兴生产要素为劳动对象的配置，充分体现创新型组合作用。③以出版产业为基，筑牢革命性技术突破之本。数据要素与技术要素的融合，能够推动数字技术产业化，使出版业的数字技术应用具备更扎实的数据基础，能够更快寻找应用场景，同时进一步围绕数据采集、分析、计算、处理等环节催生新的数据技术，促进数字技术体系的健全和完善。[①]

（二）"技术 + 管理"范式：数智技术提升创新管理的敏捷性和治理力

以技术为引擎的劳动资料与劳动对象的优化组合，还有一对范式是"技术 +

---

① 辛谏，黄馨月，孙瑾，等.出版数据产品化：出版数据要素价值释放的关键 [J]. 数字出版研究，2024，3（4）：30-37.

管理"，同样引入出版业敏捷治理这一议题，探讨高水平劳动资料与新质劳动对象之间的关系。

出版业新质生产力的形成强调"因社制宜"理念，各出版社应以自下而上的治理方式，塑造各主体协同参与的治理意识。新技术与管理要素的优化组合，应聚焦于通过新技术推进出版业做好"提前感知""快速响应""灵活调整"三方面。作为以"革命性技术突破"为首要触发条件的出版业新质生产力，其驱动下产生的敏捷治理，与高水平劳动资料之间依旧存在紧密性联系。在提前感知方面，敏捷治理强调利用数字技术来构建高效运行的治理系统，通过迭代技术工具，协同多方利益主体优势，打破层级及部门壁垒，及时感知市场需求；在快速响应方面，当出版单位感知外部环境变化时，以融合出版 ERP 为合作中点，及时对选题计划进行调整，降低跨部门沟通成本；在灵活调整方面，须根据变化的形势灵活调整出版物印制数量、发行渠道，针对性制定出版物营销计划，并不断调整营销方式。其中所涉及的一切操作空间，皆与出版单位所掌握的高水平劳动资料挂钩。

（三）"技术 + 知识"范式：数智技术催生数据驱动知识

在以往传统出版发展的模式和路径中，出版业主要与知识打交道，是知识的生产与传播行业，知识要素对出版业而言并不属于新型劳动要素的范畴。[①] 而随着 ChatGPT、Sora 等文生文、文生图、文生视频等生成式大模型的落地应用，知识这一要素进行转向升级——"数据驱动知识"。新质生产力视域下出版业劳动资料与劳动对象的第三组范式"技术 + 知识"，正是通过数据要素发挥其"生成效应"，与知识要素的融合驱动知识生产方式由个体生产知识、群体生产知识逐渐走向 AI 生成知识、数据驱动知识。

出版的最终形态是知识服务，数据出版是出版业新型劳动对象作用的结果。其中，出版数据与数智技术合作形成的数据驱动知识，是数智技术的介入与知识升级的体现。一方面，技术赋能使出版业的知识服务功能进一步放大。数智驱动知识将构建起技术、知识、场景、用户有效连接的服务生态，从而进一步强化出版业的知识服务功能；另一方面，促使知识应用实现升级。知识是出版

---

① 张新新，刘骐荣. 新质生产力驱动出版高质量发展的三个着力点 [J]. 中国出版，2024（12）：8-14.

机构在建立社群阅读空间、追求内容与社群精准匹配、设定准入门槛、促进社群文化良性发展等方面的关键要素。以数智驱动知识为媒介，打造数据出版知识空间社群，向社群推送符合圈层生活方式的知识，能够形成高辨识度、高凝聚力的文化社群。[①]

四、出版业新质生产力三要素之间的优化组合及质变

出版业新质生产力视域的劳动者、劳动资料、劳动对象三者之间优化组合的质变，是"科技—数据—人才"三维融合的质变，其质变路径以政策支持数据基础设施建设为前提，之后有序开展出版人才队伍建设、鼓励研制出版关键性技术、丰富数据要素供给。

（一）"出版科技—数据要素—人才队伍"的三维融合

出版业新质生产力劳动者、劳动资料、劳动对象三者之间优化组合的质变路径，是"出版科技—数据要素—人才队伍"三维一体的融合。首先，新质生产力正是因关键性革命性技术的突破而催生，数字出版作为出版业新质生产力重要体现，通过"数字科技—出版"原态而幻化出各种数字出版行为。[②]同时，出版史也是一部技术变迁史，技术构成了出版子系统之一，是推动出版业高质量发展不可撼动的一环。其次，高质量的数据的驱动、敏捷治理的引入，影响着出版新型劳动工具的使用质量，是承接出版科技、出版人力资本的中间环节。最后，人才作为出版创新的第一资源，出版业高素质劳动者影响着对出版业新型生产工具的掌握程度，进而波及劳动者、劳动资料、劳动对象三者之间优化组合的质变。

（二）劳动者、劳动资料、劳动对象三者的优化提升

1.要大力支持人才队伍建设，建立健全出版业人才机制

出版业始终是内容的产业，内容质量的建设关乎出版业发展的生命线。出

---

① 郭嘉.媒介融合语境下数据出版知识空间建构研究 [J].编辑之友，2024（8）：54-59.

② 张新新."数字科技—出版"原态：基于海德格尔本体论解释学的数字出版本体思考 [J].出版科学，2024，32（3）：21-31.

版人才队伍质量，关乎出版技术是否能有效开拓出版应用场景，是调动劳动资料、运用劳动对象的先导。出版业新质生产力三要素优化组合的质变，首先要以培育人才队伍为先，着力打造一支高素质的出版劳动者队伍，能够熟练使用数智技术、精准识别数据、管理等劳动对象，从而优化传统出版流程、提升出版效能。当前，能够同时具备传统出版素养能力与数智素养能力的人才还难以推进出版业数据化改革，新质生产力三者优化组合质变的路径。在人才队伍建设方面，如何将已有编辑队伍进行整体数智素养能力的提升与不同学科的人才，特别是大数据、计算机科学与技术专业背景的人才纳入出版从业者才是当前亟须开展的工作。具体来讲：①应当引导出版业从业者树立自我意识，促进自我在编辑出版业务能力、学习新技术的数字化适应力、恪守职业道德的自制力、自我提升的内驱力等方面的提升；②出版企业承担企业责任，完善编辑数智素养能力的职业培训的人才培养体系与人才引进体系，完善股权、薪酬等分红制度，确保正向激励出版人才；③鼓励社会参与，搭乘"政产学研"体系，发挥政策引导、高校培育、产业应用、科研创新对出版人才的牵引作用，增强学科交叉培养能力，促使不同专业背景的人才加入出版业劳动者范畴，让出版劳动者能够学有所成、学有所用、学有所归。

2. 要积极鼓励自主研制技术，发挥科技创新驱动作用

新质生产力视域下出版业三者优化组合的质变路径，要打好出版基础、关键技术核心攻关，鼓励研制出版新技术，发挥科技创新驱动出版业高质量发展的作用。①出版业基础与关键性技术的突破，应专攻研制出版新型生产工具，以加速融合出版 ERP 的研制与应用为主导方向，以此推进人机交互，进一步形成适配新质生产力的新型生产关系。②加速出版业科技创新的成果运用，构建"核心技术攻关＋关键产品开发＋产业生态培育"的出版业高新技术产业体系，推动出版数智技术的产品转化与落地。③提升出版业科技服务水平，上新更加丰富的知识服务平台，彻底连接人与知识，为更多用户提供个性化、多元化的知识决策服务。

3. 要丰富数据要素供给，把握出版业转型升级要点

把握出版业新型生产要素，是出版业适应数字经济发展、扩充价值体系、推动出版治理现代化、构建全媒体出版传播体系、推动出版业高质量发展的需要。因此，在推进出版业转型升级的进程中，关键要点是持续丰富要素供给、进一步把握数据、管理等新型劳动对象。其中，数据与应用场景匹配、使用时效匹配、数据准确以及数据完整，是发挥数据要素应用、分析、决策的四大前提，在出版业转型升级、生产力要素优化组合的节点上，丰富数据要素的供给成为出版业生产力要素优化组合的题中应有之义。

丰富出版数据要素的供给，应当遵循"出版数据资源化""出版数据产品化""出版数据资产化"三步骤。①通过平台化加大对内容资源、用户资源、交互数据、治理数据的汇聚，为出版数据要素化奠定基础；②加速出版数据产品化，把握用户需求、数智技术、应用场景三大关键要素，供给高质量的出版数据产品；③在审慎推进出版数据资产入表的原则上开展出版数据资产化，深入推进完善出版数据确权授权机制，建立健全出版数据资产评估和定价体系，跟踪和应用最新的数据管理和分析技术以及大力培育出版业数据要素市场生态体系，[①] 由此完成出版数据要素的高质量供给。

（三）小结

新质生产力推动出版业高质量发展的第四个着力点，即出版业劳动者、劳动资料、劳动对象三者优化组合的质变，应建立在塑造出版业高素质劳动者、锻造高水平劳动资料、锚定高质量劳动对象的先决条件之下，建立在推进数智基础设施建设，着力攻坚出版人才队伍建设、鼓励研制出版关键技术、丰富出版数据要素供给三方面，为培育出版业新质生产力、出版深度融合发展、出版业高质量发展提供现实可能。

---

① 张新新，缪之湘.出版数据资产入表：内涵意义、现实挑战与路径探讨[J].数字出版研究，2024，3（4）：38-48.

第二章

出版业新质生产力的形成动因与实践路径

新质生产力具有高渗透性和高适应性。在数智技术的革命性突破，数据要素的创新性配置及深度数字化转型升级共同驱动下，具有出版业特色与优势的新质生产力不断形成，并且通过新质劳动者数智素养培育、新质生产要素价值挖掘、新质劳动工具引入等实践路径，最终带来出版业整体业态的创新与突破式发展。

从 2023 年 9 月习近平同志在黑龙江考察时首次提出"新质生产力"，到 2024 年"新质生产力"被定位为政府工作报告的"十大重要任务之首"，再到党的二十届三中全会要求"健全因地制宜发展新质生产力体制机制"，可知"新质生产力"正在从概念向实践推进，从单一产业向各行各业渗透，它是推动高质量发展的内在要求和重要着力点。[①] 在这个过程中，各产业内部需要形成具有自我特色、自我优势的新质生产力，出版业高质量发展同样需要培育自身的新质生产力，[②] 以实现摆脱传统经济增长方式、生产力发展路径的最终目的。于是，找寻出版业中能够促成新质生产力的内生动因与实践路径成为至关重要的研究问题。出版业新质生产力形成的动因与实践路径见图 11。

---

① 习近平在中共中央政治局第十一次集体学习时强调　加快发展新质生产力　扎实推进高质量发展 [N]. 人民日报，2024-02-02（1）.

② 周蔚华，熊小明. 出版业在发展新质生产力中的功能及实现路径 [J]. 中国编辑，2024（6）：4-10.

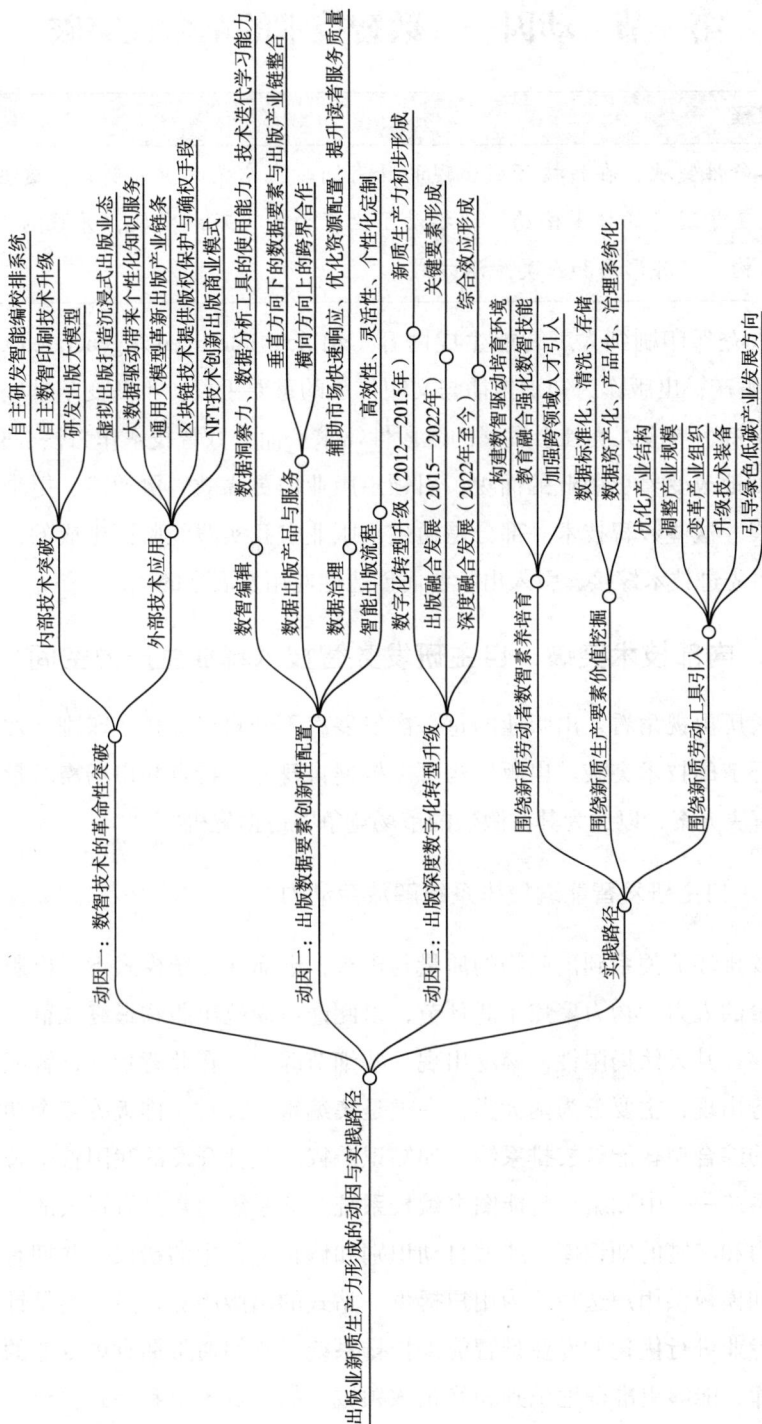

图 11　出版业新质生产力形成的动因与实践路径

第一节 动因一：数智技术的革命性突破

> **名词解释**
>
> 技术革命性突破：在科技领域出现的具有划时代意义的重大创新，这些创新不仅改变了现有的技术格局，还推动了生产力的飞跃式发展，并深刻影响了社会结构、经济形态和人类生活方式。

从古登堡印刷到人工智能生成内容（artifical intelligence generated content, AIGC）生产，出版作为知识传播与文明传承的重要手段，不断变革其底层核心技术以支持、响应人类社会发展的阶段性需求。而今数智技术作为核心驱动力，正在深刻地改变着出版业的面貌，引领出版业向更高效、更智能、更个性化的方向发展。这些数智技术一部分是通过出版业自我实践经验而生成的，另一部分则是将先进技术嫁接、引入出版业而创造性应用发展来的。

一、内部技术突破：自主研发数智技术释放生产力空间

从长历史视角看，出版业的每一次发展离不开自身编校、印刷、发行等各流程与环节的技术突破。出版机构可以根据自身业务特点和市场需求量身定制数智化解决方案，以此为其在激烈的市场竞争中占据先机。

（一）自主研发智能编校排系统解放劳动力

编校排环节关系到出版物的质量与声誉，继而在传统模式下，出版机构会投入大量的人力、物力聚焦于此环节，以此谨慎规范出版物最终成稿。但是人工劳动存在其天然局限性，容易出现一些细节疏忽。在此背景下，智能编校排系统顺势出现，主要分为两大类：一类是集编辑、校对、排版等多个功能模块于一体的综合型智能编校排系统，如知识产权出版社开发的我国首个智能图书编校排系统——中知编校智能图书编校系统。该系统通常具有强大的自然语言处理能力和丰富的知识库，能够自动识别和修正文稿中的错误，并拥有多种排版样式和模板供用户选择，为用户提供一站式的出版服务。另一类是针对特定领域或专业进行优化的专业型智能编校排系统。它们通常拥有更专业的知识库和规则库，能够更准确地识别和修正该领域内的专业术语和格式要求。在智能

编校排系统的支持下，出版业内容生产力迎来了极大解放，继而可以将更多的劳动力、劳动资料转移到其他环节。

（二）自主数智印刷技术升级实现绿色高质量

传统印刷技术依赖物理印版和印刷机，需要经过制版、上墨、压力传递等步骤的精准调控才能将出版物内容传递至承印物上，其印刷周期较长且对纸张、油墨等资源消耗偏高。对比之下，数智印刷技术则是直接将数码信息印刷在介质之上，核心技术包括喷墨、电子照排或激光热敏等方式。在印刷精度上，高保真分色技术可以将原稿的色彩和细节准确还原，尤其在复杂图片和色块渐变方面表现突出，如惠普 Indigo 数字印刷技术独特的数字成像技术。最终使得印刷品呈现的细节更加清晰、色彩更加鲜艳，满足了高端市场对于高品质印刷的需求。在印刷速度上，数智印刷技术可以做到快速响应、即时打印且具备连续生产能力。喷墨技术更是未来数字印刷的新趋势，2024 年德国德鲁巴（DRUPA）印刷展会上柯尼卡美能达株式会社首次展出了 B2 高速 UV 喷墨印刷机，速度达到了 6 000 张 /h。在印刷成本上，数智化印刷可采用按需打印的方式，减少了库存积压的风险。一方面数智印刷设备通常具备精确的材料控制功能，能够根据实际需求精确控制墨水或纸张的使用量。这不仅节省了材料成本，还减少了浪费。在印刷灵活性上，数字印刷技术具有高度灵活性，能够满足不同客户的多样化需求。无论是个性化定制、短版印刷还是可变数据印刷，数字印刷都能轻松应对。这种灵活性使数字印刷在包装印刷、商业印刷、出版印刷等多个领域得到广泛应用。整体而言，自主数智印刷技术将出版业往绿色化高质量发展更推进一步。

（三）自主研发出版大模型推进生产率提升

伴随着 AIGC 浪潮，出版业自身也在进行大模型应用的开发与实践。这些大模型从功能领域来看，包括两大类：一类是全流程支持大模型，如方正星空出版大模型和华知大模型，它们提供从出版到书籍知识库，再到读者交互服务等多环节的底层能力，支持出版业的全链条创新。另一类是垂直领域大模型，其集中于某一特定领域，如古联（北京）数字传媒科技有限公司联合南京农业大学信息管理学院推出的"荀子"古籍大语言模型；中图科信数智技术（北京）

有限公司研发的针对农业、水利、出版知识服务等领域的大模型。在这些大模型的协助之下，整个出版业生产效率得到极大提升，一方面，自动化流程使得人工干预减少，整体出版时间缩短，出版物能够更快地进入市场；另一方面，批量处理能力可以支持多个出版项目同时展开继而协助出版社尽快地占据多元市场。

可见，内驱技术革新为出版业迎接数智化时代铺垫了对接基础，为出版业形成新质生产力铺垫了底层基础。自主研发数智技术释放生产力空间见图 12。

图 12　自主研发数智技术释放生产力空间

二、外部技术应用：多维数智技术引入

除内部技术革新外，出版业领域外的技术也在或主动或被动地介入该产业，给出版业新质生产力的形成带来了技术共鸣，也是在外界数智技术的促动下，出版业形成了诸多颠覆性产品形式与服务内容。

（一）虚拟出版打造沉浸式出版业态

人类虚拟出版，最初以声音出版符号开启，[①] 当下虚拟出版最大的实践性实则为虚拟出版技术的实践性突破。[②] 例如，VR、AR 及混合现实（mixed reality，MR），这些技术将传统出版内容转化为虚拟场景或互动体验的一种新型出版形

---

① 万安伦，刘浩冰. 论虚拟出版传播的符号转向 [J]. 出版发行研究，2020（11）：38-43.
② 万安伦，刘浩冰. 论虚拟出版时代编辑出版教育的学术逻辑和实践路径 [J]. 出版广角，2020（2）：12-16.

式：①基于 VR 的出版物，突破了传统出版物的二维限制，向读者提供了一个三维虚拟世界，在其中读者身临其境，可以和周围虚拟环境、虚拟角色进行双向互动体验，这极大地提升了读者的代入感与沉浸感。此类出版物广泛应用于儿童读物、知识科普等领域，如由北京少年儿童出版社有限公司与北京易视信科技发展有限公司互动合作推出的《恐龙世界大冒险》丛书。②基于 AR 的出版物，将虚拟信息叠加到现实世界，使得读者可以在不脱离现实环境的情况下获取丰富的虚拟内容，并且通过旋转、缩放、移动等一系列复杂操作获得视觉、听觉、触觉等多重感官刺激。③基于 MR 的出版物，结合了 VR 与 AR 的技术优势，不仅能将虚拟对象融入真实世界，还能实现两者之间的实时交互。例如，安徽出版集团有限责任公司出品的《安徽考古》一书在让读者身处古人类生活场景的同时完成他们生存技能的体验学习。

（二）大数据驱动带来个性化知识服务

传统出版业的生产流程相对封闭和固化，很难将读者纳入选题策划和内容生产环节，但大数据应用不同。对出版社而言，一方面借助大数据就可以通过分析群体读者偏好情况，获得市场对出版物的切实需求所在，从而优化选题、内容创作，提升市场占比；另一方面大数据技术在将"读者"转化为"用户"并进行精准双向营销上发挥着巨大的作用。[①] 大数据可以量化分析读者阅读行为与兴趣，精准地洞察每个读者的现实需求并推测其未来需求，从而为其建立灵活的个性化档案，提供细粒度的个性化服务。

（三）通用大模型革新出版产业链条

以生成式 AI 为代表的通用大模型的突破引发了多个行业的产业革命，出版业也不例外。通用大模型推动了出版物内容生产模式创新，其可以帮助作者快速生成创意、润色文字，极大地减轻了创作负担；优化了出版流程，一键输入即可完成自动化生成、校对、排版等多重任务，在提高出版流程效率的同时降低了人工成本；改善了市场营销策略，大模型可以快速分析读者数据，并给出相应的营销策略或者出版物优化建议；提升了阅读体验，一方面互动式阅读成

---

① 武怡华. 技术赋能：试论出版融合新趋势 [J]. 中国出版，2023（21）：32-35.

为可能，读者可以通过问答形式深入了解作品内容，或是沉浸在由 AI 驱动的虚拟故事世界中；另一方面可以享受从读书到听书的多样阅读感官体验。

（四）区块链技术提供版权保护与确权手段

区块链有三大优势，即去中心化、不可篡改及可溯源，这无疑与出版物版权保护适配度极高。加之，从 2020 年年底开始"当事人通过区块链等方式保存、固定和提交证据"这条就被写入了相关法律意见中，[①] 更是为区块链参与出版业版权保护提供了依据。具体而言：①确权环节，区块链的分布式账本可以使版权数据被存储在多个节点之上，并借助哈希值固定出版物数据内容；②用权环节，智能合约可以对版权交易和分配的各项细节进行记录，并能够根据前期设置的规则与条件自动触发授权与分配操作，继而提高版权交易的透明性和高效性；③维权环节，区块链所记录数据一旦生成就无法被篡改，并且通过哈希值对比进行版权链追溯，这为版权维权提供了强有力佐证。

（五）NFT 技术创新出版商业模式

非同质化代币（non-fungible token，NFT）是一种数字资产凭证，[②] 在其支持下数字藏品发行与交易商业模式在我国势头兴盛：①限量版数字藏品订阅在向消费者提供个性化体验权益的同时将其吸引成长期会员；②跨界品牌联动将艺术品、音乐、时尚等行业相互串联，为出版商带来更多曝光率的同时向消费者提供了更丰富的选择；③建设 NFT 社区向粉丝提供相互交流、互动的空间，提升他们对品牌的忠诚度与归属感。

综上，来自出版业内外的双向数智技术创新已然综合成了促进出版业创新发展所需的新质生产力，并高效作用于出版产业链的前端与后端。外部技术应用：多维数智技术引入见图 13。

---

① 最高人民法院. 关于加强著作权和与著作权有关的权利保护的意见 [EB/OL]. 2020-11-16. https://www.court.gov.cn/fabu/xiangqing/272221.html.

② 张琪，江高岸. NFT 数字出版发展隐忧与治理策略 [J]. 中国出版，2024（16）：57-61.

1. 虚拟出版打造沉浸式出版业态
2. 大数据驱动带来个性化知识服务
3. 通用大模型革新出版产业链条
4. 区块链技术提供版权保护与确权手段
5. NFT 技术创新出版商业模式

图 13　外部技术应用：多维数智技术引入

第二节　动因二：出版数据要素创新性配置

名词解释

生产要素创新性配置：在生产过程中对生产要素（如劳动者、劳动资料、劳动对象等）进行创新性地组合和优化配置。这种配置不是简单地堆砌生产要素，而是要通过技术创新、管理创新等方式，实现生产要素的质的提升和量的扩张，从而提高全要素生产率，推动生产力的快速发展。

数据是新生产要素，在出版业高质量发展中将发挥显著的乘数效应，发挥放大、叠加及倍增作用。[1]通过数据要素的创新配置可以推动出版业新质生产力的发展，并协同推进出版业新趋势、新方向。

一、数智编辑：数据要素催生新质劳动者

出版的核心生产力是劳动者即出版人，而编辑则是最重要的出版人。[2]伴随着数据要素对出版业的影响加深，如何处理这些数据便成为出版人要面对的关键问题，于是数智编辑应运而生，它指的就是利用大数据、AI 等技术对出版内

---

[1]　辛谏，李翠玲.数据要素 × 出版：出版数据要素乘数效应分析：基于出版供给侧的视角 [J].数字出版研究，2024（4）：132-140.

[2]　方卿，李佰珏.新质生产力视角下编辑数智素养的内涵、价值和培育 [J].出版与印刷，2024（2）：2-13.

容进行智能化编辑与管理的专业人员。

相比于传统编辑，数智编辑需要处理包括出版物内容、编辑流程环节及读者反馈的内部数据；市场需求、读者阅读偏好行为及现有竞品分析等外部数据；社交媒体、搜索引擎、行业研究报告呈现的第三方数据等。为了处理这些数据，数智编辑需要：①具备敏锐的数据洞察力，能够感知、挖掘出读者需求数据及市场动态数据背后的含义，精确定位出版物选题和读者群体；②具备熟练的数据分析工具的使用能力，能够对反馈的各类数据进行统一处理并对数据结果进行精准分析；③具备技术迭代学习能力，面对不断丰富的数据要素及数据处理技术，要不断掌握新技术、选择适配的技术完成数据要素处理与配置。而这些数智素养能力无疑是给现阶段编辑群体提出了挑战，也给当下的数据要素配置提出了挑战，如数智技术应用瓶颈制约数据要素价值的充分发挥；"数据孤岛"现象使得不同数据之间壁垒高筑，难以实现出版业内部的数据共享与交流继而导致数据资源浪费；数据产权相关边界尚未界定清晰，数据交易过程存在诸多法律风险等。数据要素配置带来了以上挑战，但挑战既是压力，又是动力。在面对挑战的过程中，数智编辑也可抓住数据配置的机遇，如注重跨界数据融合、数智素养人才培养、推展数据要素配套升级等。

二、数据出版产品与服务：数据要素调节出版产业链

当前，我国已进入以数字经济为代表的"新经济"时代，其中的关键就在于数据要素对实体经济特别是传统产业的信息化支撑与改造。[①] 对于出版业来说，善于将数据要素渗透到产业链条中并围绕数据生产相关产品与相关服务才有可能形成出版产业的创新与升级发展。这种渗透可以从两个方向进行，①垂直方向下的数据要素与出版产业链整合。此时出版商不仅需要拓展电子书籍等虚拟出版产品，还需要在出版物内容开发、数字加工及平台建设等环节进行全面布局，以实现出版全产业链闭环。②横向上数据要素与出版产业链的整合，即出版商同互联网科技企业、电子设备制造企业等进行跨界、跨领域合作。它们一方提供内容创意，另一方提供数智技术支持，共同打造出版新产品、新体

验。具体而言，数据要素在出版产业链的调节包括：①在数据产品与服务前端，也就是选题策划与内容创作环节，可以通过精准的数据分析与挖掘收集读者市场分布热点与偏好趋势，从而确定选题方向，并在出版物创作过程中加入数据驱动为内核，通过数据线索发现新故事、新场景，从而创作更具吸引力的作品。②在数据产品与服务中端，即编辑加工与营销环节。依据读者反馈数据，编辑可以更精准地进行编辑加工，并借助数智技术高效率完成出版物的校对与修订，缩减出版流程时长，使得出版物能够第一时间内进入市场获得市场先机。③在数据产品与服务末端，即销售发行与读者反馈环节。不断返回的读者评论、满意度等数据又一次成为出版企业管理库存，优化产品销售渠道与合作方的重要依据，并可为下一轮出版物创作提供方向。可见，围绕出版产品与服务的数据要素促成了出版产业链的良性循环运作。

三、数据治理：数据要素带来出版敏捷治理

数据要素最大的特征就是可以源源不断地供给，而这在给出版业产生不竭动力的同时给出版业带来了数据治理的挑战。如何有效进行出版业多类数据的管理与监控，保障基本的数据安全性、合规性，并在此基础上发挥数据的最大价值成为出版业数据治理的核心。此时，出版业内部可以采用以数据治理数据的方式，通过敏捷治理在充分利用数据要素优势的同时规避数据带来的各类风险。所谓敏捷治理，是"以顾客为中心，具有柔韧性、流动性、灵活性的行动或方法。"[①]对出版业而言顾客即为读者或者用户，而具有涵盖数据要素的灵活治理方式就是以数据来洞悉读者、服务读者：①数据要素辅助市场快速响应。在日趋竞争激烈的文化市场中，出版社需要具备对市场纷繁变化做出及时反应的能力。数据要素作为敏捷治理的重要支撑，可以辅助出版社实现市场动态的实时监测，及时调整、优化出版策略。②数据要素优化出版社资源配置。在面对数智化转型的必然趋势时，出版社如何合理配置自身所有资源，提高出版效益是其敏捷治理的关键。而数据要素在此时发挥着关键作用，它可以帮助出版社梳理历史经营数据并发现其中问题，以及重新制定科学方案整合资源，发挥资

---

① 韩兆柱，申帅杰.敏捷治理：人工智能治理新模式 [J]. 华东理工大学学报（社会科学版），2024，39（1）：105-119.

源最大优势。③数据要素提升读者服务质量。出版业敏捷治理的核心是围绕读者、了解读者、服务读者。数据可以发现读者对出版物的潜在不满，数据可以指导出版社未来方向，还可以维护后续读者社群。

四、智能出版流程：数据要素重塑出版流程

数据要素可以重塑出版流程，从多方位革新传统出版，实现出版线性流程到智能闭环的最终形态。

传统出版的线性流程每个环节的独立性较强，需要前一个环节完成后才能开启下一个环节，这就导致出版周期的延长。并且在出版过程中，如果某个环节出了问题，就会使得前后流程都受到影响，而无法做到即时的调整与优化。但在数据要素的介入下智能出版流程改善了以上弊端，通过人工智能与大数据的结合，一种高效、灵活且个性化的出版流程逐渐贯穿出版业。①高效性体现在人机协同打破线性化出版步骤实现了各环节之间的无缝衔接，甚至有些流程可以并行。在编校的同时可以进行排版，在排版的同时可以进行发行推广策略准备。②灵活性体现在当出版流程中某个环节出现问题时，智能系统可以在快速识别后快速修复或提供多种选择方案供编辑选择，以此保障出版流程的顺利持续。③个性化定制体现在智能闭环出版一边可以根据市场收集的数据提供读者所需的出版物产品，一边可以通过持续反馈的阅读体验再次进行用户画像谱绘继而给用户提供其偏好的内容。在这种持续循环反馈的过程中，每个环节都在将数据反馈给流程系统，系统又根据这些数据进行整个智能出版流程的顺利运行。出版数据要素创新性配置见图 14。

1. 数智编辑：数据要素催生新质劳动者

2. 数据出版产品与服务：数据要素调节出版产业链

4. 智能出版流程：数据要素重塑出版流程

3. 数据治理：数据要素带来出版敏捷治理

图 14　出版数据要素创新性配置

案例4：人民交通出版社

下面对出版数据要素创新性配置在车学堂平台的应用进行分析。

数据作为新生产要素，在出版业高质量发展中正发挥着显著的乘数效应。特别是在数字化出版、新媒体及创新型业务领域，数据的创新配置成为推动新质生产力发展的关键。人民交通出版社旗下的车学堂平台，作为交通出版领域数字化转型的典范，充分展示了数据要素在出版业中的创新应用。

一、数据要素在车学堂平台的创新性配置

1. 数智编辑的应用

车学堂平台利用大数据、人工智能等技术，推动编辑工作的数智化转型。数智编辑不仅处理传统的出版物内容、编辑流程环节及读者反馈的内部数据，还深入分析市场需求、读者阅读偏好行为、现有竞品分析等外部数据，以及社交媒体、搜索引擎、行业研究报告等第三方数据。这些数据的综合应用，使得车学堂平台能够精准定位用户需求，优化编辑流程，提升内容质量。

例如，车学堂平台通过数据分析发现，学员对于安全驾驶和防御性驾驶技巧的需求较高，于是平台精选和建设了超过100个真实典型交通事故案例，聘请专家精心打造场景化考试题库和防御性驾驶VR系统，有效提升了学员的驾驶技能和安全意识。

2. 个性化学习推荐

基于用户行为数据和学习记录，车学堂平台能够实现个性化学习推荐。通过算法分析学员的学习偏好、进度和难点，平台能够智能推荐相关的学习资源和练习题，帮助学员更高效地、有针对性地学习。这种个性化的学习体验，不仅提升了学员的学习效率，也增强了平台的用户黏性。

3. 智能监管与评估

在监管方面，车学堂平台充分利用数据要素，实现了从学员注册、登录、学习、签退全过程的智能监管。通过人脸智能比对、二维码验证等先进技术，平台能够确保每一位学员学时真实有效完整，实现了监管全过程、全天候、可视化和实时化。同时，平台还提供了丰富的数据分析工具，帮助管理部门实时掌握驾校培训情况，提高规范化管理水平。

4. 优化运营与服务

数据要素的创新配置还体现在车学堂平台的运营与服务上。平台通过数据分析，能够精准定位用户需求和市场趋势，为产品开发和运营策略提供有力支持。同时，平台还提供了 712 小时的人工实时服务和 712 小时的人工智能服务，确保用户在使用过程中能够及时获得专业的帮助和支持。

二、数据要素创新性配置对车学堂平台的影响

1. 提升内容质量

通过数据分析，车学堂平台能够精准把握用户需求和市场趋势，从而优化内容策划和编辑流程。这不仅提升了平台的内容质量，也增强了内容的吸引力和竞争力。

2. 优化用户体验

个性化学习推荐、智能监管与评估，以及优化运营与服务等举措，使得车学堂平台能够提供更加便捷、高效、个性化的学习体验。这种优质的用户体验，有助于提升平台的用户满意度和忠诚度。

3. 推动业务发展

数据要素的创新性配置为车学堂平台的业务发展提供了有力支持。通过精准定位用户需求和市场趋势，平台能够开发出更加符合市场需求的产品和服务，从而推动业务的持续增长和创新发展。

三、结论

综上，数据要素在车学堂平台的创新性配置，不仅提升了平台的内容质量，优化了用户体验，还推动了业务的持续发展。未来，随着技术的不断进步和数据的不断积累，车学堂平台将继续深化数据要素的创新应用，为出版业的数字化转型和高质量发展贡献更多力量。

第三节　动因三：出版深度数字化转型升级

名词解释

产业深度转型升级：产业在面临国内外经济环境深刻变化时，通过提升产业素质、升级置换和重组产业要素，形成新的产业结构，以满足产业长远发展的需要。这一过程不仅涉及劳动者、劳动资料和劳动对象的优化组合，更以全要素生产率的大幅提升为核心标志。其特点在于创新，关键在于质优，本质则在于构建先进生产力。

从 20 世纪末开始，数字出版的理念就在出版业内热度高涨，诸多大型出版集团也开始尝试数字化试水。这股热潮一直持续到 21 世纪 10 年代产生了量变到质变的效果，出版数字化转型升级，正式开启并在此后促动出版业全方位的创新迭代。

一、数字化转型升级（2012—2015 年）：新质生产力初步形成

2012 年《国家"十二五"时期文化改革发展规划纲要》出台，明确指出要"发展壮大出版发行……印刷等传统文化产业，加快发展文化创意、数字出版等新兴文化产业"，[①] 随后《2013 年新闻出版改革发展工作要点》强调加快出版与科技的深度融合；2014 年《关于推动传统媒体和新兴媒体融合发展的指导意见》将媒体融合提升至国家战略。而这些都为出版业数字化转型提供了强有力政策支持，使得数字技术应用同出版业初步融合：电子书兴起，在满足读者便捷阅读需求的同时降低了出版成本；在线销售平台逐渐成为主流，各大出版社开始同电商平台寻求合作，在满足读者便捷购买的同时扩大了出版社销售渠道和市场机会；数字内容开发丰富，音频视频内容在丰富读者阅读体验的同时拓展了出版业务范围。

在这个过程中，数据驱动起到重要决策支持作用。出版社开始逐步通过读者数据及市场数据的收集，来分析读者需求及未来市场分布趋势，并以此为依据来制定更为科学化的出版策略，从而为自身在激烈的市场竞争中赢得相对优

---

① 中国政府网.中办国办印发国家"十二五"文化改革发展规划纲要 [S/OL]. 2012-02-15. https://www.gov.cn/jrzg/2012-02/15/content_2067781.html.

势。也就是在这个时期，出版业开始呈现出与以往不同的丰富产品种类及持续的用户规模拓展，生产效率、规模等方面都得到了显著提升，这便成就了出版业新质生产力的初步形态。

二、出版融合发展（2015—2022 年）：新质生产力关键要素形成

在这一阶段，中国网络信息化建设全面开花，数字基础建设不断夯实完善，数字红利开始释放出效果。2016 年被称为"知识付费元年"，各种知识社区、问答平台、在线课程等知识付费服务、产品如雨后春笋般涌出。此时，传统出版企业，尤其是专业出版社，因其强大的作者资源、内容储蓄及知识生产经验，具备了迈向在线知识服务这一蓝海市场的先天优势。于是，出版业进一步探索数字技术与其之间的深度融合：① AR 与 VR 技术一方面对传统出版物内容进行了再开发，另一方面提供了新的出版物产品体验形态，沉浸式成为这一时期的关键特征。②在社交媒体整合之下出版社的营销渠道再一次被拓宽。出版社可以借助社交平台构建品牌社区，一方面实现自我出版品牌的推广，另一方面加强与读者群体之间的联系互动，从而构建自己的出版品牌社群生态。③个性化定制服务得以实现，出版社可以通过读者数据分析为个体有针对性地提供定制化服务，包括推荐他们偏好的书籍与阅读方案，并根据他们的需求制定专属数字出版内容。

此时，出版业与技术、数据等新质生产力关键要深刻捆绑，并为付费模式逐步兴起提供了前期条件。于是，要素之间相互促进、相互融合，并在创新商业模式的基础上加速出版业升级转型。出版业进一步探索数字技术与其之间的深度融合见图 15。

三、深度融合发展（2022—　　）：新质生产力综合效应形成

2022 年"文化数字化"被提升至国家战略层面，为出版业的数字化转型升级提供了方向性指导。这个阶段最大的特征就是智能化技术成为推动出版业发展的最核心动力。它一方面表现在数字化理念广泛渗透社会生产生活之中，数字原生、数字人、AIGC 等新型概念构筑起的数字生态成为出版企业数字化转型的大趋势；另一方面是在数字生态环境作用下，整个出版业流程的全面数智化，各种智能手机、元宇宙空间也均成为出版产品的丰富承载。

(A) 1. AR与VR技术一方面对传统出版物内容进行了再开发，另一方面提供了新的出版物产品体验形态，沉浸式成为这一时期的关键特征。

(B) 2. 社交媒体整合之下出版社的营销渠道再一次被拓宽。出版社可以借助社交平台构建品牌社区，一方面实现自我出版品牌的推广，另一方面加强与读者群体之间的联系互动，从而构建自己的出版品牌社群生态。

(C) 3. 个性化定制服务得以实现，出版社可以通过读者数据分析为个体有针对性的提供定制化服务，包括推荐他们偏好的书籍与阅读方案，并根据他们的需求制定专属数字出版内容。

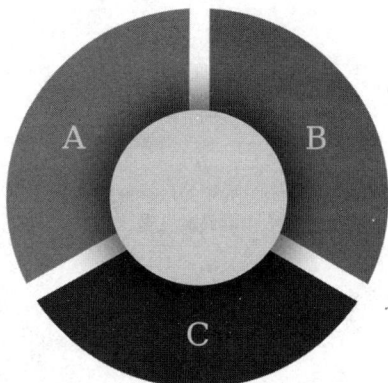

图 15 出版业进一步探索数字技术与其之间的深度融合

在这个阶段，①技术深度融合，出版机构不光引入大数据、云计算、人工智能等前沿技术，更是将其合理地应用于出版业的生产、发行等各环节，智能推荐、智能校对已然成熟。此外区块链技术被引入用于确权与维权，物联网技术被用于出版流程管理，实现了设备之间数据共享、互联互通。实时库存、智能控温等为远程管理提供方便。②应用场景丰富拓展，"出版业 × 教育"、文旅、娱乐等多个领域业态融合。其中，教育领域，数字教材、在线课程、虚拟实验室等教育资源纷纷被推出，丰富了教育内容且提高了学生的积极性；文旅领域，虚拟旅游、数字博物馆、在线阅读等活动形式被推出，游客可以在享受美景、美物的同时感受历史文化价值；娱乐领域，出版机构通过同影视、动漫、游戏产业的跨界合作，推出诸多授权作品或衍生产品，丰富了市场供给，实现了出版物价值放大化。③产业结构优化。生产分发环节依靠数字化转换与整合，有声书、元宇宙出版等多种新型出版形态得以实现，并在电商直播等线上渠道的支持下不断丰富读者阅读体验和购买体验。与此同时，产业链前后端被延伸，上游出版社与内容创作者的合作形式更可靠、更多元；下游与渠道商、技术商的合作更为紧密，出版业整体效益得到提升。

以上可以看出，当下在智能技术的促动下，出版业正迎来全方位、全媒体的出版传播体系，新质生产力引发的综合效应得以显现，并促动着新质生产力的下一步迭代。出版深度数字化转型升级见图16。

★ 1.数字化转型升级（2012—2015年）：
新质生产力初步形成

★ 2.出版融合发展（2015—2022年）：
新质生产力关键要素形成

★ 3.深度融合发展（2022—　）：
新质生产力综合效应形成

图16　出版深度数字化转型升级

第四节　出版业新质生产力的实践路径三维分析

在数智技术、数据要素及产业转型这三股力量的促使下，出版业新质生产力逐步形成且不断作用于出版业。

一、围绕新质劳动者数智素养培育的数智技术路径

当下数智技术快速渗入出版业，这意味着这一新型生产工具若要在出版业得以发挥作用，就必须有相应的人才队伍予以支持。于是出版业对从业者的需求变成了具备数字化技能、数据分析能力、内容策划与项目管理能力的复合型人才。[①] 为了达到这一目的，出版业需要做到：①构建数智驱动培育环境。培育新质劳动者尤其是新质编辑团队的前提是了解他们，此时就可以通过传感器、物联网等技术手段采集学习者的行为数据，精准定位其学习需求，提供个性化的学习路径支持；再通过人工智能技术对学习者的学习进度进行跟踪，通过仿真教学、在线实践的方式协助他们掌握基本的数智技术操作；还需要建设统一的出版业新质劳动者学习资源库或平台，实现数智知识的共享与优化配置。②通过教育融合强化数智技能。一方面，高等教育与出版数智素养培育需要融

---

① 陈少志，李平.新质生产力推动出版深度融合发展三维路径 [J].中国出版，2024（12）：21-26.

合。在高校出版专业培育中可以通过开设人工智能、新媒体技术、大数据、云计算等课程提升专业领域学生的数智技术使用与数据分析管理能力。通过校企合作的方式，为出版业新质劳动者后备役提供实践平台，让其所学能够真正地应用于实际工作。另一方面，行业教育与出版数智素养培育需要融合。在行业教育与培训过程中，开设智能制造、电子商务、数字营销等培训课程，提升现有专业从业者的数智能力，使其养成终身学习习惯以应对变化多端的技术环境。③加强跨领域人才引入以提升创新活力。可以通过产学研项目合作，共同培养跨领域、跨学科的复合型人才，或者通过直接招聘、引入的方式吸引有丰富经验和专业技能的人才加入出版业，使传统出版编辑的专业素养与新型劳动者的专业技能碰撞出火花，激发行业新活力。

二、围绕新质生产要素价值挖掘的数据要素路径

数据要素作为出版业发展的底层关键要素之一，不仅赋能出版价值链各节点的数智化转型，更是推动全要素生产力提升的关键所在。在数据要素的驱动下，出版业可以实现高效资源配置，继而增强可持续发展能力。为了充分发挥数据要素的价值含量，出版业内部需要构建一个较为完善的数据要素体系，包括：①数据标准化，即制定统一的数据标准和规范保障数据采集、管理、使用的一致性，以便后续高效利用；②数据清洗，即对内容、销售、读者反馈、市场竞争等相关原始数据予以整理，以提升数据质量和准确性，方便后续使用；③数据存储，选择适合的方式与技术以确保数据安全与可访问性，保障数据长期配置。

在此体系之下要充分挖掘数据这一新质生产要素的潜在价值可以朝着三个方向进行：①数据资产化。出版社通过对数据的有效管理和利用，将所掌握的数据资源有效整合使其成为可参与市场交易的重要资产类型，这种方式将纯粹数据变成了有价值的信息和知识，是未来出版社的核心竞争力所在。②数据产品化。出版社可以通过对海量数据的加工、整理将数据用于产品或直接成为产品，这些产品包括电子书、有声书、数字资源库等。面对当下个性化需求市场的日益壮大，未来读者将会更加注重为其量身定制的出版产品。③数据治理系统化。健全的数据治理系统是出版业新质生产力运作的稳固基石，它在确保数

据真实、安全的基础上提高数据利用效率。尤其当不同部门调用数据资源时，系统性治理方式能够提升出版机构内部协作效率，数据要素也可以在第一时间得到充分开发。

三、围绕新质劳动工具引入的产业转型路径

出版业在自身转型升级的过程中不断借助新质劳动工具，在这个相互促进的过程中，新质劳动工具具体实践表现为：①优化出版产业结构。现阶段的 AI 等前沿技术推动了网络文学、数字音乐、沉浸式体验等多种新兴产业业态的形成，使得出版业产业结构朝着数字化、网络化、智能化方向迈进。②调整出版产业规模。在数智化手段的辅助下，出版业内容实现了有效资源整合和优化配置，这方便了出版企业之间协同合作，也有利于通过兼并重组、战略合作的方式提升整体竞争力；出版市场也进一步被细分化，应对个性化需求能帮助提升非主流市场的占有率；出版跨界融合也成为新趋势，行业间、企业间的合作给出版业带来新的市场空间与增长点。③变革出版产业组织。为了更好地和新质生产力相融合、相适应，传统产业组织模式被摒弃，扁平化管理、项目制运作等企业组织模式得以运行。这些模式既能激发编辑、员工的积极性，又能为出版企业发展提供动力。④升级出版产业技术装备上。产业发展需要基础技术设施的支撑与配合，此时新质劳动工具给出版业带来对内与对外两方面的技术升级。对内实现流程再造，引入智能编校排技术系统，实现编辑全流程升级；引入大数据分析，深度挖掘数据资源，寻找读者市场并为机构精准出版策略提供服务。对外借助 VR、AR 新型技术设备，实现出版物呈现形态的丰富化、立体化；借助电商平台、社交媒体、直播模式拓宽销售渠道，打造产业网络化布局。⑤引导出版业绿色低碳产业发展。相比于传统出版工具，以数智化为特征的出版新质劳动工具带来的最终产业指向是绿色低碳。其中，对纸张、油墨等方面的环保材料与工艺应用是初步尝试；电子书、数据库等数智化出版物形态是减少碳足迹从而绿色出版的最有效方式。此外，伴随着绿色出版理念的不断深化，新质劳动工具在未来仍旧会协助出版业绿色可持续发展。出版业新质生产力的实践路径见图17。

Ⓐ 1. 围绕新质劳动者数智素养培育的数智技术路径

Ⓑ 2. 围绕新质生产要素价值挖掘的数据要素路径

Ⓒ 3. 围绕新质劳动工具引入的产业转型路径

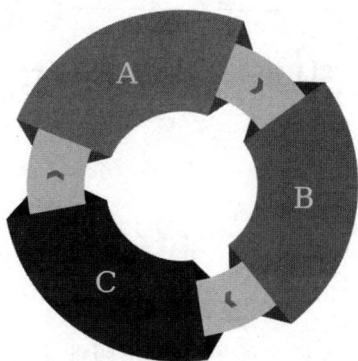

图 17　出版业新质生产力的实践路径

第三章

出版业新质生产力的核心标志

　　新质生产力的发展对出版业全要素生产率的提升提出了更为紧迫的要求。本书遵循"内涵意蕴—理论机理—策略构建"的研究思路，首先界定出版业全要素生产率的内涵和价值，在此基础上，提出新型生产工具是出版业全要素生产率提升之基、新质劳动对象是出版业全要素生产率提升之轮、出版业人才资本是出版业全要素生产率提升之翼三个理论，并就新型生产工具智能化、新质劳动对象创新化和新质劳动者高质化进行分析，最后立足"出版科技—要素质量—人力资本"三个维度，提出构建出版业全要素生产率提升的具体策略。

　　"新质生产力，以劳动者、劳动资料、劳动对象及其优化组合的质变为基本内涵，以全要素生产率提升为核心标志"[①]。为进一步探讨出版业新质生产力的内涵与价值，有必要对出版业新质生产力的核心标志，即出版业全要素生产率这一议题进行分析。

　　改革开放以来的 40 多年间，我国出版业发展已取得长足进步，但自 2010 年以来，出版业产值规模始终维持在千亿元左右，要素、投资在不断加大，产出却基本稳定，这意味着出版业的全要素生产率并不高，并且要素质量、要素贡献率、要素配置效率等方面仍存有一定的问题。《关于构建更加完善的要素市场化配置体制机制的意见》（以下简称《意见》）提出要"促进要素有序流动，提高要素配置效率"，党的二十大报告也指出要"着力提高全要素生产率"。显然，提升全要素生产率已然成为实现包括出版业在内的各领域产业高质量发展的关键。

　　根据《出版业"十四五"时期发展规划》（以下简称《规划》），我们需要"优化提升人才、技术、数据、知识产权等出版要素资源质量，完善要素市场化

---

① 加快发展新质生产力　扎实推进高质量发展 [N]. 人民日报，2024-2-2（1）.

配置机制，增强要素配置效能和保障能力，提高出版业全要素生产率"。出版作为文化领域的有机组成部分，如何实现全要素生产率的提升，是新时代出版业必须回答且回答好的重要课题。全要素生产率，是一个复杂的范畴，它不是同一具体形式的劳动，也不是主张机器创造价值。学界认为全要素生产率是经济增长的核心[①]。自2023年，习近平同志在黑龙江考察时首次提出新质生产力一词以来，新质生产力引发了社会各界的广泛探讨，无疑是当前最大的热点。那么，从新质生产力的视角出发，作为一种生产力的新质态，新质生产力能否赋能出版业全要素生产率提升呢？换言之，新质生产力视域下的出版业全要素生产率是什么？新质生产力与出版业全要素生产率之间存在何种逻辑机制？新质劳动者、劳动资料和劳动对象及其优化组合如何提升全要素生产率？下面将对此进行阐释与分析。

第一节　新质生产力视域的出版业全要素生产率的内涵价值

要实现出版业的高质量增长，就要通过质量变革、效率变革和动力变革的路径来加以实施，其中，"质量变革是主体，效率变革是主线，动力变革是基础"[②]，关键在于提高全要素生产率。

一、出版业全要素生产率的丰富内涵

那么，何为全要素生产率呢？了解全要素生产率的含义首先要了解什么是生产率。生产率在马克思主义经典著作中，被认为是劳动者生产某种使用价值的效率或能力，与价值量成反比。在《现代汉语词典》中，被解释为劳动生产率或者生产设备在生产过程中的效率。在西方经济学中，生产率指由原材料变成产品过程中的效能和效率表现。生产率类型多样，按生产要素分，生产率可以分为劳动生产率、资本生产率、能源生产率和原材料生产率。按测定方式分，生产率可以分为静态生产率和动态生产率。按生产要素分，生产率又可以分为

---

① 龙建辉，程亮，卢山. 全要素生产率综述：结构分解、影响因素与产出贡献 [J]. 科技创业月刊，2015，28（21）：13-15.
② 刘世锦. 推动经济发展质量变革、效率变革、动力变革 [J]. 中国发展观察，2017（21）：5-6，9.

单要素生产率、多要素生产率和全要素生产率。

其中，全要素生产率是指"各种要素集合所产生的生产率之和，与各单个要素投入之间的差额"[①]，是"各要素（资本、劳动等）投入之外的技术进步（变化）对经济增长贡献的因素"[②]；换言之，"劳动、资本要素以外对（经济）增长起作用的要素可用全要素生产率来概括"[③]，这些要素包括数据、技术、知识、管理等新兴要素。全要素生产率的"全"并非是指所有要素的生产率，而是指经济增长中"不能分别归因于有关的有形生产要素的增长的部分"[④]，换言之，新兴的无形的生产要素是全要素生产率的范畴。

罗伯特·索洛（Robert Solow）1957 年提出计算全要素生产率的方法是用产出增长率扣除要素增长率（土地、劳动、资本等）所得到的残差（当时主要是技术进步等），即为全要素生产率，又称"索洛残差"法。《意见》明确提出五种生产要素，其中**"土地、劳动力、资本"**属于传统生产要素，而**"技术、数据"**属于新兴生产要素，由此，出版数据、出版技术等新要素所带来的生产率即出版业全要素生产率。

一直以来，出版业经济增长和发展主要依赖要素驱动和投资驱动，依靠资本、劳动力等传统生产要素支撑，而数据作为新兴的劳动对象、数智技术作为新兴的劳动资料，它们对出版业高质量发展的驱动作用始终没有充分发挥。出版业高质量发展要求出版业经济增长须"从投入型增长转变为效率型增长，即由过去主要依靠要素投入、投资规模扩大实现经济增长，转变为依靠技术进步、资源优化配置等来实现高质量增长"[⑤]。就出版业而言，提高全要素生产率的途径主要包括推动出版技术进步、优化出版资源配置、提升出版要素质量、完善出版要素市场化配置制度、强化出版要素配置效能等。下面仅就技术、数据、人才这三种要素推动出版业高质量发展、提升全要素生产率来进行分析。

---

① 洪银兴.资源配置效率和供给体系的高质量 [J].江海学刊，2018（5）：84-91.

② 易纲.关于中国经济增长与全要素生产率的理论思考 [J].经济研究，2003（8）：13-21.

③ 洪银兴.全要素生产率和集约增长 [A].全国高校社会主义经济理论与实践研讨会第 10 次会议.1996.转引自陈德华 等.论经济增长方式的转变 [M].成都：西南财政大学出版社，1997.

④ 石枕.怎样理解和计算"全要素生产率"的增长：评一个具体技术经济问题的计量分析 [J].数量经济技术经济研究，1988（12）：68-71.

⑤ 张新新，孙瑾.要素·结构·功能：出版业高质量发展经济维度分析：基于提高出版经济活动质量的视角 [J].数字出版研究，2023，2（4）：47-56.

（1）技术进步是出版业高质量增长最重要的内生动力，是绿色增长的转换动力，也是出版业全要素生产率提高的最重要因素。出版业高质量发展的内涵是"蕴含文化自信、高质量增长、技术赋能'三位一体'的协同创新发展"①。由此，技术要素、技术子系统是高质量发展出版业的内生要素、内生子系统。出版业高质量发展，需要摆脱以往的主要依靠要素投入、投资驱动的动力机制，转换为依靠创新驱动的动力机制，这个"创新"则是指以出版科技创新为支撑的出版全面创新体系。技术进步，尤其是数智技术进步、数智技术赋能所带来的增长，是提升出版业全要素生产率的核心所在、主体所在。技术进步催生出版新形态、新产业，即数字出版，指"以数字技术将作品编辑加工后，经过复制进行传播的新型出版"②。

（2）数据作为出版业的新质劳动对象，作为出版业的新兴生产要素，是深入推动出版深度融合发展、提高出版业全要素生产率的关键所在、未来所在。要提升出版业全要素生产率，就要注重数据要素资源质量，提高数据要素配置效率，完善出版要素市场化配置体制机制，建设内容数据、用户数据、交互数据及出版治理数据，形成出版数据建设、数据产权、数据流通交易、数据收益分配、数据要素治理等一系列完整的出版数据产业链。"强化出版数据思维、确认数据资源价值、发掘和运用数据这一数字经济的新型生产要素的过程"③，是出版业高质量发展的过程，也是出版深度融合发展的过程。在这个过程中，还将催生数据出版这一更具变革意义的出版新业态，数据出版是以数据为生产要素的出版，是出版数据活动所构成的新型出版。相比于数字出版的数字技术赋能属性，数据出版则是从劳动对象的高度变革了从古至今的出版业。正如笔者近期撰文所指出的那样，数据出版是"从内容要素的维度界定，是以数据为中心的新兴出版业、以出版数据活动为研究对象的新兴出版学，探索和研究的是出版数据的投入、应用、传播和治理活动。"④

（3）积累出版业人力资本，重视高质量出版人才培养，提升编辑数智素养

① 张新新.出版业高质量发展的概念界定与基本特征 [J].编辑之友，2023（3）：15-24.

② 张新新.数字出版概念述评与新解：数字出版概念 20 年综述与思考 [J].科技与出版，2020（7）：43-56.

③ 方卿，张新新.推进出版业高质量发展的几个面向 [J].科技与出版，2020（5）：6-13.

④ 张新新，刘骐荣.新质生产力赋能数据出版：动因、机理与进路 [J].出版与印刷，2024（2）：34-44.

与技能，是出版业全要素生产率提升的引领性因素，在提高出版业全要素生产率中起到决定性作用。"现代的经济增长大多取决于人力资本的兴起。"[①] 人力资本，是指高质量的劳动要素，是指"经过教育和培训形成的人的知识和技能的存量，相当于马克思理论中复杂劳动的概念。"[②] 出版业的人力资本积累，包含出版企业家、编辑数智素养与技能，以及出版人才流动等，涵盖出版编辑的类型、机制和素质等基本范畴。

名词解释

出版业全要素生产率：指出版业资本、劳动要素以外对出版经济增长起作用的新兴无形要素，包括数智技术、出版数据及出版人力资本等。出版业全要素生产率是剔除劳动、资本要素贡献后的"残差"，也是出版业经济发展水平、要素综合贡献效率及出版科技创新能力的集中体现，是判断出版业经济增长质量和发展潜力的重要指标。

出版业全要素生产率见图 18。

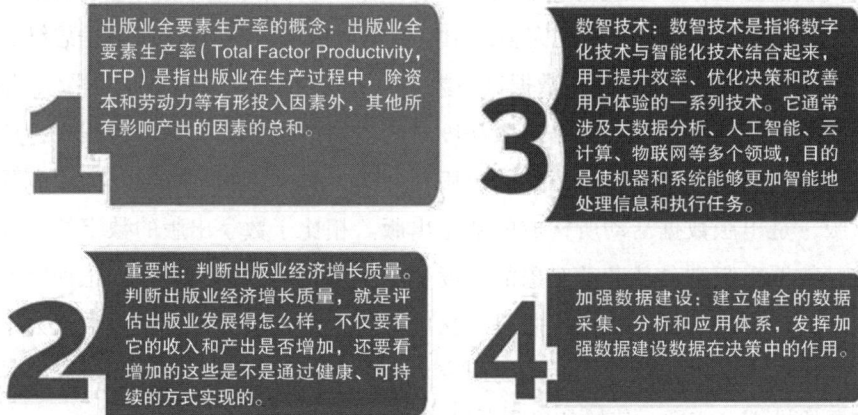

1 出版业全要素生产率的概念：出版业全要素生产率（Total Factor Productivity，TFP）指出版业在生产过程中，除资本和劳动力等有形投入因素外，其他所有影响产出的因素的总和。

2 重要性：判断出版业经济增长质量。判断出版业经济增长质量，就是评估出版业发展得怎么样，不仅要看它的收入和产出是否增加，还要看增加的这些是不是通过健康、可持续的方式实现的。

3 数智技术：数智技术是指将数字化技术与智能化技术结合起来，用于提升效率、优化决策和改善用户体验的一系列技术。它通常涉及大数据分析、人工智能、云计算、物联网等多个领域，目的是使机器和系统能够更加智能地处理信息和执行任务。

4 加强数据建设：建立健全的数据采集、分析和应用体系，发挥加强数据建设数据在决策中的作用。

图 18 出版业全要素生产率

二、出版业全要素生产率的价值意蕴

基于新质生产力的视角，开展出版业全要素生产率的研究，具有以下几方

---

① 皮凯蒂. 21 世纪资本论 [M]. 北京：中信出版社，2014.

② 洪银兴. 资源配置效率和供给体系的高质量 [J]. 江海学刊，2018（5）：84-91.

面的意义。

（1）出版业全要素生产率反映出版业新质生产力，即出版业全要素生产率的提升是出版业新质生产力形成和发展的标志。出版业新质劳动生产力，由"新质劳动者、新质劳动资料、新质劳动对象及其优化组合"[①]构成。其中，新质劳动者指向编辑数智素养、CDO、出版企业家、编辑流通机制等；新质劳动资料指向数智技术，是出版业全要素生产率的直接体现；新质劳动对象，指向出版业的数据要素供给、交易和使用，最终有助于提升出版业全要素生产率。简言之，提高出版业全要素生产率的重点在于切实提升出版业劳动者的综合素质，充分发挥信息、知识、标准、数据、技术等新要素的贡献，以新兴无形要素的投入使用来拉动出版业的高质量发展。

（2）提升出版业全要素生产率，是推动出版业高质量发展的内在要求。出版业高质量发展的根本路径在于推动出版质量变革、出版效率变革和出版动力变革，在于提升出版业的文化质量、经济质量和科技含量，在于提升出版效率和效能，在于推动出版业由要素驱动、投资驱动发展转向创新驱动发展，以出版全面创新体系推动出版业发展。而要实现上述"三大变革"，其核心在于提升出版业的劳动、资本、土地、数据、技术等要素质量，在于提高出版业的全要素生产率。由此，提升出版业全要素生产率，充分挖掘数据、技术、人力资本等新兴无形要素的价值贡献，是推动出版业高质量发展的内在要求、必然要求和题中应有之义。

（3）提高出版业全要素生产率，是推动出版深度融合发展、构建全媒体出版传播体系的必然要求。融合出版的当代最新表达是出版深度融合发展，其最终目标是健全和完善全媒体出版传播体系。新质生产力全要素、全领域、全环节、全主体、全时空赋能出版深度融合发展，"推动融合出版的多维发展、破维发展、跨维发展和全维发展，助力构建要素完备、结构优化、功能先进的全媒体出版传播体系。"[②]出版业全要素生产率的提升，作为出版业新质生产力的核心标志，①在全要素赋能方面，注重数据、技术、人才等新要素的供给，从而为出版业生产过程提供类型更多、质量更高的生产资源；②在全领域赋能方面，

① 张新新，刘骐荣.新质生产力驱动出版高质量发展的三个着力点 [J].中国出版，2024（12）：8-14.

② 张新新，周姝伶.新质生产力推动全媒体出版传播体系构建：推动出版深度融合发展的新要素新动能新路径 [J/OL].中国编辑. https://link.cnki.net/urlid/11.4795.G2.20240507.2108.002.

数据、技术、人才渗透并赋能于融合出版的文化子系统、经济子系统、技术子系统及管理子系统，分别提供出版数据要素、出版数字经济、出版创新科技、敏捷治理工具等，全面加持和赋予融合出版系统；③在全环节赋能方面，对选题策划、编辑校对、复制发行等各环节的赋能，以高质量数据、数智化技术、高素质编辑推动共建"数字化协同生产、以群体智能为理念先导、以知识体系构建为核心的"[①] 智能出版流程再造；④在全主体赋能方面，出版业全要素生产率的提升要求与之相适配的具有高数智素养与技能的编辑群体，呼唤 CDO、数据工程师等融合出版编辑新类型，同时加速了融合出版编辑的引进、使用、培养、擢升与退出机制的实施进程；⑤在全时空赋能方面，文本大模型、音频大模型、视频大模型、生成式人工智能及元宇宙等，对推动全媒体出版传播体系的构建能够起到全时空破维发展的积极作用。

第二节　出版业全要素生产率提升的理论机理

新质生产力"以全要素生产率提升为核心标志，特点是创新，关键在质优，本质是先进生产力"[②]。新质生产力赋能出版业全要素生产率提升，其内在的逻辑机理包括：一是新型生产工具是出版业全要素生产率提升之基，新质生产力为出版业供给数智工具、推动技术进步，从而提高出版业全要素生产率；二是创新对象是出版业全要素生产率提升之路，新质生产力为出版业提供数据关键要素，提升出版要素资源质量、优化出版要素配置以提高出版业全要素生产率；三是高质量人才是出版业全要素生产率提升之翼，新质生产力提供新质劳动者，通过提升出版业人力资本水平来提高出版业全要素生产率。

一、新型生产工具是出版业全要素生产率提升之基

在新质生产力赋能出版业全要素生产率提升中，劳动资料智能化的作用尤为明显。劳动资料是生产力中的客体性要素，是劳动者在劳动过程中用于改变

---

① 张新新，刘华东. 出版＋人工智能：未来出版的新模式与新形态：以《新一代人工智能发展规划》为视角 [J]. 科技与出版，2017（12）：38-43.

② 加快发展新质生产力　扎实推进高质量发展 [N]. 人民日报，2024-2-2（1）.

或影响劳动对象的一切物或物的综合体。对出版而言，传统劳动资料具体指校对系统、印刷机器、发行软件等，与新质生产力相适配的新型劳动资料，则是出版过程中一系列智能编校审系统、智能印刷设备、智能营销发行软件等具备"高级、精密、尖端"[①]特性的先进软硬件系统。

数智技术作为新型生产工具、新兴出版要素，对出版业全要素生产率提升的机理体现如下：①作为出版业内生要素、内生子系统，为出版业经济增长、高质量发展和走向高级有序的增长提供新的要素、新的子系统，从而提升出版业协同发展的程度。②数智技术有效解决了信息不对称问题，打破了出版业发展过程中的"信息孤岛"，能够有效解决供给和需求信息的上下游流动问题，推动出版企业从"以产定销"走向"以销定产"。③数智技术作为一种新生产要素，被投入出版生产过程中，与内容资源、资本、劳动等要素相结合，有利于提高出版要素供给质量，提升出版要素配置效率。④数智技术与出版业的深度融合，催生出版技术服务这一出版新业态，直接起到以出版技术进步推动出版业经济增长、提升出版业全要素生产率的效果。智能技术对出版业全要素生产率提升的影响见图 19。

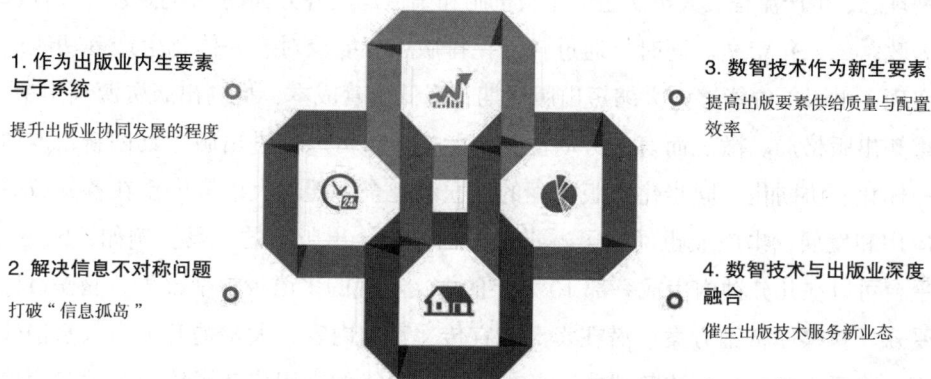

1. 作为出版业内生要素与子系统
提升出版业协同发展的程度

3. 数智技术作为新生要素
提高出版要素供给质量与配置效率

2. 解决信息不对称问题
打破"信息孤岛"

4. 数智技术与出版业深度融合
催生出版技术服务新业态

图 19　智能技术对出版业全要素生产率提升的影响

下面结合出版物形态、出版技术、出版服务来具体加以分析。

（1）劳动资料智能化改进出版物形态，推动出版业满足用户的数智化阅读需要。出版业在转型升级中，通过集成大数据和人工智能技术，劳动资料从传

---

① 周文，许凌云.论新质生产力：内涵特征与重要着力点[J].改革，2023（10）：1-13.

统的生产工具转变为智能化的生产参与者①。这种智能化的劳动资料转变,使得出版内容能够与不同的终端结合,进行针对性的技术开发与呈现。通过采取"一个内容,多个产品"的 OSMU 形式,出版物可以在不同的终端上以不同的形态呈现在读者面前,从而在产品形态方面提升出版业全要素生产率,实现图书内容价值最大化。例如,电影《指环王》改编于英国托尔金所创作的长篇奇幻小说 *The Lord of the Rings*;此外,游戏巨头 EA 也开发了"指环王"游戏三部曲,将电影中的精彩场面以游戏的形式真实重现。目前该书已被翻译成六十多种语言,并衍生出电影、电视剧、广播剧、游戏等产品。

(2)劳动资料智能化提供新型生产工具,为传统出版和数字出版深度融合发展提供工具支撑。2024 年,政府工作报告提出要"加快发展新质生产力""深化大数据、人工智能等研发应用,开展'人工智能 +'行动"②,"人工智能 + 出版"推动我国出版业向着智能出版的方向迈进。宏观而言,劳动资料智能化能促进传统出版与数字出版的深度融合发展,为出版深度融合发展提供最新、最先进的工具支撑。借助新一代智能技术,研发融合出版一体化 ERP 系统、建设出版数字化新基建、建立数字出版智库等工具,打破传统出版和数字出版在发展理念、生产流程、人员队伍、体制机制和渠道建设等方面的"两张皮"③"各自为政"二元化壁垒。同时,通过自动化排版、智能校对、一体化生产等功能的实现,出版单位能够大大缩短出版周期,降低运营成本,提高出版资源利用率,重塑出版格局。微观而言,劳动资料智能化出版可以促进出版工具创新,推动一体化、协同化、同步化出版流程的建立和健全。随着大语言模型在各领域的应用和发展,出版业也涌现了一批"人工智能 + 出版"的工具。例如,Insight平台可以在几分钟内生成一部 10 万字的中文小说的多语种评估报告,涵盖目标受众、新媒体营销方案、潜在卖点和宣传文案等内容,大幅提升了出版营销效率,降低出版单位的决策成本。此外,人工智能的应用代替了体力劳动和简单

---

① 徐政,张姣玉.新质生产力促进制造业转型升级:价值旨向、逻辑机理与重要举措 [J].湖南师范大学社会科学学报,2024,53(2):104-113.

② 中国政府网.政府工作重磅!加快发展新质生产力 [EB/OL].(2024-3-05)[2024-4-10]. https://www.gov.cn/zhengce/jiedu/tujie/202403/content_6936388.htm.

③ 张新新.基于出版业数字化战略视角的"十四五"数字出版发展刍议 [J].科技与出版,2021(1):65-76.

脑力劳动，使无人经济、机器换人等大量出现，显著提升资源配置效率。

（3）劳动资料智能化推动智能知识服务发展，促进出版服务社会、服务大局能力的提升。出版服务包括新闻推荐、知识图谱构建、智能机器人和知识服务等多种服务形式，其中，知识服务尤为重要，智能知识服务更是未来出版业的应用场景之一。所谓智能知识服务，是以用户需求为核心，依托高质量资源、智能平台和智能管理体系，构建的新型出版形态。具体而言，通过智能化手段，突破出版边界，实现跨领域融合，在新的技术范式基础上，智能知识服务不仅能够精准匹配用户需求、定制个性化知识服务产品，还能提供知识内容数智化跨平台、全场景应用解决方案[①]，有助于重组有限资源，将知识以集约化方式进行出版，从而提升一线资源配置效率。例如，ChatGPT 为用户提供了全新的知识获取方式，减少了用户对传统获取知识途径的依赖，降低了获取知识的门槛，使个体和非权威的声音广泛传播，实现了智能知识服务的去中心化与去权威性[②]。

综上，出版劳动资料的智能化是新质生产力推动出版业全要素生产率提升的逻辑机理之一。其不仅显著提高生产效率、优化产品质量，还深度激发出版业的创新活力，为出版业迈向高质量发展奠定牢固基础。

二、新质劳动对象是出版业全要素生产率提升之轮

"数据"逐渐成为除土地、资本、劳动力、知识、技术与管理外的第七种生产要素。[③]对出版业而言，知识作为核心要素、数据作为关键要素、技术作为内生要素，从而推动劳动对象质变及其与劳动者、劳动资料优化组合的质变，形成和发展出版业新质生产力，促进出版业全要素生产率的提高。

（1）**知识作为核心要素**，在出版生产方式中扮演着举足轻重的角色，其重要体现就是知识产权。出版业生产力作为精神生产力的一种，"以往所面对的劳

---

① 童晓雯，袁小群. 智能化出版知识服务转型升级的技术实现路径研究 [J]. 数字出版研究，2024，3（1）：78-84.

② 王婷瑜，张新俏，杜智涛. 权力的解构与强化：ChatGPT 重建知识生产秩序 [J]. 数字出版研究，2024，3（1）：43-50.

③ 李诚浩，任保平. 数字经济驱动我国全要素生产率提高的机理与路径 [J]. 西北大学学报（哲学社会科学版），2023，53（4）：159-167.

动对象主要是知识、作品、版权素材"①，是以知识单位、作品、选题为劳动对象的，通过编辑劳动的投入，使其变成满足人们学习和阅读需要的精神产品。但随着知识产权保护水平的提升，出版业在生产方式上进行深刻的反思，认识到传统出版生产方式过于侧重物质资源的投入和产出，而忽视了知识、创意等无形资源的价值。在知识产权价值的引导下，出版业开始更加重视对知识的挖掘和利用，实现出版方式的全面升级。知识作为一种无形要素，如何充分挖掘其要素潜能，如何在出版业经济增长中激活更大、更充分的价值贡献，如何以知识价值来提升出版业全要素生产率，是发展出版业新质生产力所要探索和遵循的重要机理。此外，文字、图片、音频视频水印等技术带来的知识产权保护水平的提升，也有效遏制了竞争对手对创新行为的模仿，进一步激发出版单位创新热情，促使其加大研发投入，加速科技成果转化，最终提升出版业全要素生产率。

（2）**技术**作为出版业高质量发展的内生要素，有利于提升出版业科技含量，对出版业高质量发展起到科技赋能的积极作用，从而通过推动出版科技进步来提升出版业全要素生产率。发展出版业新质生产力，提高出版活动的科技含量，要在遵循技术赋能机理的基础上，基于先进的赋能理念，推动出版元素和科技元素的深度融合，构建出版业高质量发展的技术赋能驱动体系和应用体系，切实提高出版产品制作、生产和传播过程的技术含量。随着新兴数智技术融入出版领域，区块链、人工智能、大数据、虚拟现实、增强现实、混合现实等高新技术更是加快了出版生产方式的变革。科技创新拓展了出版的生产方式、产品形态与传播渠道，新产品、新场景、新空间层出不穷，成为新质生产力发展的引爆点与增长极。②

（3）**数据**作为推动数据出版发展的核心对象，作为促进出版业数字经济发展的关键要素，其"优化组合、叠加聚合、放大倍增"③效应的发挥，能够深刻

---

① 张新新，刘骐荣. 新质生产力赋能数据出版：动因、机理与进路 [J]. 出版与印刷，2024（2）：34-44.

② 郭万超. 论新质生产力生成的文化动因：构建新质生产力文化理论的基本框架 [J]. 山东大学学报（哲学社会科学版），2024（4）：25-34.

③ 夏义堃，蒋洁，张夏恒，等. 发展新质生产力的信息资源管理学科回应与思考 [J]. 农业图书情报学报，2024（1）：4-32.

变革出版业生产方式和治理方式，是发展出版业新质生产力、提升出版业全要素生产率的重要着力点。数据是指利用一定的信息技术手段所形成的对信息的数字化记载，出版内容数据、用户数据、交互数据、治理数据对其他生产要素的乘数效应，能够研发新型产品与服务，促进数据出版这一融合出版新业态的产生和壮大。同时，出版数据以其低成本性、高流动性、外部经济性和规模报酬递增等特点，对出版过程中的各部门产生辐射带动作用，从而有助于提升出版业全要素生产率。此外，有关出版核心数据、重要数据和一般数据的认知、建设和应用，是未来深入推进出版融合发展、推动出版业高质量发展的核心议题。

综上，出版劳动对象的多样化、高质量是新质生产力推动出版业全要素生产率提升的逻辑机理之一，其强调生产要素在出版业高质量发展中的重要性，不仅极大拓展了出版生产范畴，而且深刻改变了其生产方式，为全面提升全要素生产率注入了活力。

三、出版业人力资本是出版业全要素生产率提升之翼

劳动者不仅是生产力中的主体性要素，也是融入劳动资料、劳动对象之中的渗透性要素[①]，同时还是生产力中最活跃、最具有能动性和创造性的要素，是出版业新质生产力的决定性要素。"人力资本积累是经济增长的源泉，是现代经济增长的决定因素和永久动力"[②]。但每种生产要素并非是均质的，不同物质资本的技术含量和效率不同，不同劳动的人力资本存量也不同，出版业单纯的劳动力投入并不是人力资本的投入，而只有经过培训教育产生的编辑的知识和技能才能形成出版业人力资本的积累，而人力资本积累可以引领出版业全要素生产率提升。

一直以来，出版业全要素生产率不高的原因在于资源错配，其中，投资驱动阶段把投资偏重在物质资本而非人力资本，导致比例错配，致使出版业创新能力不足。这一点，在启动中央文化企业数字化转型升级"三步走"工程（2013—2015 年）之初，就有所考量，当时提出是否在数字出版人才培养方面进行投入，但鉴于缺乏量化、可评估、可操作的项目考核指标，最终提出的出版

---

① 张天宇.劳动焕"新"新质生产力呼唤新型劳动者 [J]. 中国工人，2024（3）：22-29.

② 洪银兴.资源配置效率和供给体系的高质量 [J]. 江海学刊，2018（5）：84-91.

业数字化转型方案还是围绕"基建、资源、平台"等物质资本展开，而没有在出版业人力资本积累和储备方面进行着力。

随着新质生产力的快速发展，一大批更高效、更智能、更安全、更绿色的新型出版生产工具将出现，这对出版劳动者提出了更高的素养要求。邹韬奋先生认为，"无论何种事业，能干的还要愿意干，否则难有责任心，愿意干的还要能干，否则难有效率"①。出版业人力资本的积累，从要素供给的角度来看，需要以提升编辑数智素养与技能为核心，以出版企业家人力资本培育和出版人才流通机制为两翼，培育人力资本服务的新动能，进而提高出版业全要素生产率。

（1）出版劳动者要具备数字素养。数字素养是数字社会公民学习、工作、生活应具备的数字获取、制作、使用、评价、交互、分享、创新、安全保障、伦理道德等多方面的素质与能力的集合②。在数字化转型成为全球趋势的今天，数字素养的高低已逐渐成为衡量国家软实力的重要标志，这对包括出版业在内的社会各领域的劳动者来说，其数字素养的水平，将直接影响全要素生产率提升。一方面，数字素养与科技水平相辅相成。出版从纸质化、网络化向数字化、智能化转变，大数据、人工智能、区块链等越来越多的数字技术不断应用于出版领域，通过融合出版一体化 ERP 系统、智能编校排系统、出版领域垂直大模型等，实现了流程智能再造和出版模式创新。相比于传统出版业，不仅可以达到降本增效的目的，还能在大幅释放出版生产力和内容价值的同时，使从业人员得以从烦琐、机械的工作流程中解脱出来，投身于更具挑战性和创新意义的工作，进而开启行业的"第二增长曲线"③，从总体上倒逼劳动者提高素质。同时，新质生产力将科技创新摆在了发展的核心位置，这意味着新一代信息技术将持续得到研发与应用，出版劳动者通过不断学习掌握新兴技术，可以更有效地进行出版资源的整合、内容的创新及市场的拓展，进而推动出版业全要素生产率的持续提升。此外，出版劳动者只有在具备较高数字素养的基础上，方能自如地运用数据要素、推动技术赋能，洞察市场需求和读者偏好，实现出版业

---

① 陈挥.中国出版家·邹韬奋 [M].北京：人民出版社，2017.
② 中央网络安全和信息化委员会印发的《提升全民数字素养与技能行动纲要 2022—2035》[EB/OL]. (2021-11-05)[2024—4-10]. https://www.cac.gov.cn/202111/05/c_1637708867754305.html.
③ 周文婷，刘莹.科技赋能出版新业态：生成式出版的内涵特征、实践进路与发展反思 [J]. 出版广角，2024（3）：70-74.

价值释放和创造①，进而提升出版业全要素生产率。出版劳动者数字素养的重要性见图 20。

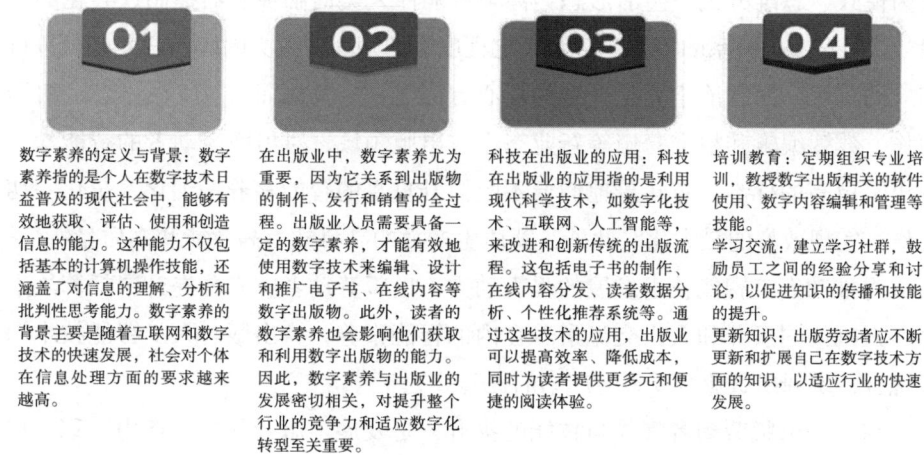

图 20　出版劳动者数字素养的重要性

（2）出版劳动者要具备数据素养。近年来，我国率先将数据作为新生产要素正式纳入中央文件。以数据产品的研发、数据要素的应用、数据价值的挖掘和数据方式的传播为核心使命的数据出版，必将实现出版深度融合发展与高质量发展的创新业态。因此，在出版深度融合和高质量发展阶段，出版劳动者的数据素养尤为重要。数据素养是指以有计划的方式处理数据的能力，并能够在各自的背景下有意识地使用和质疑数据，这包括收集、探索、管理、整理、分析、评估和应用数据的技能。一方面，出版业全要素生产率的提升以数据要素为支撑。在出版内容的价值创造过程中，数据要素发挥倍增效益的作用，能够显著提升资本、劳动等有形要素的生产效率，继而促进出版业全要素生产率提升，为出版业高质量发展提供强有力的支持。另一方面，出版劳动者数据素养的提升，更利于将数据化理念贯穿出版全产业链，通过"协同""融合"和"复用"效用提升出版业全要素生产率。

（3）出版劳动者要具备智能素养。随着 ChatGPT、Sora 等相关人工智能工

---

① 张新新，刘一燃. 编辑数字素养与技能体系的建构：基于出版深度融合发展战略的思考 [J]. 中国编辑，2022（6）：4-10.

具的出现，一个全新的媒介环境正在逐步构建，引领人类的媒介化生存进入一个新纪元。人工智能技术在为人类生活带来诸多新便利的同时，形塑着人类的行为模式、思维方式、生活形态，甚至可能使人类面临被机器控制、异化的风险[①]。面对人机关系的重大变革及一定程度上的颠覆，人类的媒介素养必须进行相应的升级，而智能素养是升级的核心方向之一。具体而言，算法推荐、机器写作、数智编辑和精准营销等新业态进入出版领域，对出版劳动者的智能素养提出了更高的标准，意味着他们要不断提升自身的智能素养，细化、量化一切工作，实现效率的最大化。此外，新质生产力的高科技、高效能和高质量特征，正成为推动人工智能技术发展的强大动力，出版劳动者应充分提升包括算法素养、人机协同素养和人机交流素养在内的智能素养，将出版与人工智能技术深度融合，实现出版业全要素生产率的提升。

综上，出版劳动者素养与技能的提升，是发展出版业新质生产力、积累出版业人力资本的核心抓手，是推动出版业全要素生产率提升的逻辑机理之一；出版业人力资本与新型生产工具、新质劳动对象共同构成了出版业全要素生产率的理论机理基础。

第三节　基于新质生产力的出版业全要素生产率提升的策略构建

长期以来，我国出版业在粗放型增长模式下实现了快速发展，但是这种模式伴随着高投入、高消耗、高污染的现象，这些现象导致出版资源短缺，难以转型升级，对出版业可持续发展带来了严峻挑战，在资源环境硬约束日益趋紧的背景下，将出版业高质量发展动力机制由要素驱动、投资驱动转变为创新驱动，显得刻不容缓。发展出版业新质生产力，提升出版业全要素生产率，需要在"出版科技—要素质量—人力资本"三个维度进行协同。

[①]　彭兰.智能素养：智能传播时代媒介素养的升级方向 [J].山西大学学报（哲学社会科学版），2023，46（5）：101-109.

一、推动出版科技进步，助力劳动资料智能化，优化出版资源配置

出版科技创新，是出版业高质量发展的战略支撑，引领和带动出版产品创新、服务创新、模式创新、业态创新和消费创新。出版科技创新和出版要素创新配置、出版业深度数字化转型升级共同催生了出版业新质生产力，推动着出版业全要素生产率的提升。以出版科技创新发展出版业新质生产力、提升出版业全要素生产率的策略和路径如下。

（1）确立数智科技作为出版业内生要素。技术要素是出版业高质量发展的内生要素，数智技术子系统是出版业深度融合发展的子系统，技术要素赋能出版业文化子系统、经济子系统、管理子系统，从而推动整个出版业发展由低级有序走向高级有序，推动出版业的质量、效率和动力变革，推动出版业全要素生产率的提升。

（2）强化出版业数智基础设施建设。出版业数字化、数据化、智能化基础设施建设，能够有效打破知识、信息、数据之间的壁垒，推动供需互动，以供给侧引领需求侧，以需求侧牵引供给侧，是推动出版经济发展行稳致远的关键抓手。出版业数智基础设施建设要在前瞻规划、合理布局、整体协调的基础上，整合国家、社会、企业多元主体力量，适度超前发展算力设施，重点放在行业数据基础设施方面，有效统筹效率和安全，确保出版数据安全与发展的兼顾与平衡。

（3）推动出版业基础性、关键性技术突破。出版业基础关键技术突破要把着力点放在出版物产权价值评估与确权应用技术、出版业数据资产权属管理与透明服务网络关键技术等领域；出版业关键技术的突破要在融合出版 ERP、出版数据中台、出版垂直大模型、智能印刷技术、智能编校排技术等方面取得实质性突破，以基础性、前沿性关键共性技术突破引领出版整个产业变革与深度融合发展。

（4）加速出版业科技应用创新。相比于关键技术突破，出版科技应用场景更为重要、更为务实，更具有丰富的情境和更庞大的出版机构用户基础。近年来，大数据、区块链、增强现实、虚拟现实、生成式人工智能等技术不断应用于出版业，为出版业科技应用提供了源源不断的突破性技术资源，也催生了一

系列数字出版技术应用场景。

（5）提升出版科技服务水平。出版科技服务，作为一种新的出版服务、出版业态，是数智科技深度作用于出版业所形成的创新性出版产品，也是出版劳动资料（生产工具）智能化的体现，是出版科技资源与内容资源、数据资源、管理要素资源等协同配置的结果，是高质量、高效率出版要素配置的产物。出版科技服务除依托以往的北京北大方正电子有限公司、同方股份有限公司等出版技术提供商外，如人民法院出版社"法信"平台、商务印书馆有限公司等也在陆续对外提供出版数据、出版 App 研发等出版科技服务。出版科技创新引领出版业高质量发展见图 21。

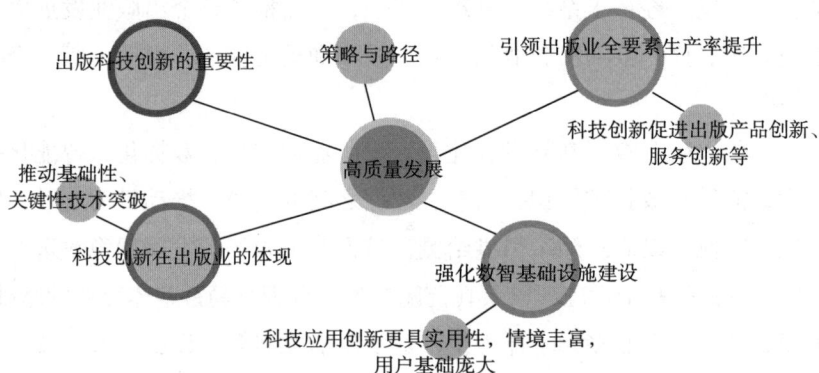

图 21　出版科技创新引领出版业高质量发展

综上，积极研发应用出版新型生产工具，推动出版技术革新与产业升级，对于提升出版业全要素生产率具有重要意义，是全要素生产率提升的首要驱动力。

二、提升出版要素资源质量，激发劳动对象多样化，强化出版要素配置效能

技术进步不仅深刻影响着出版劳动者和出版生产工具，还在潜移默化中改变着出版劳动对象。出版业的高质量发展，要面向数据、知识、管理等关键要素，通过要素重组提高资源配置效率。新质生产力要求充分激发智力、劳动、

技术、数据、管理、知识和资本等生产要素活力[①]。具体来讲，可从以下 3 方面着力。

（1）激活出版数据要素。激活出版数据要素潜能，发掘出版数据要素价值，是发展出版业新质生产力、提升出版业全要素生产率的关键所在、未来所在。出版数据要素乘数效应的发挥，对出版企业而言，首先，须确立出版数据要素理念，明确出版数据尤其是内容数据是重要的生产要素，是关键的生产要素，是未来出版业发展的枢纽；其次，应建立健全包含出版数据资源采集、数据加工、数据产品化、数据产品营销、数据资产建设在内的一整套数据出版流程；最后，应基于数据治理的理念，在出版数据治理的基础设施、关键技术、体制机制等方面取得实质性突破，确立敏捷治理框架以创新出版管理机制。

（2）强化出版技术要素。强化出版技术要素的应用，激活出版技术要素在提升出版业全要素生产率方面的价值。出版技术要素提升全要素生产率的两条基本路径是：①直接途径，出版科技直接作为生产资源被投入出版产品服务研发过程，在劳动、资本之外提供技术要素生产率，提供高于多要素生产率的出版业全要素生产率。②间接途径，一方面，出版科技要素作用于出版数据，为出版数据要素潜能激活、价值发掘、产品研发、资产评估入表等提供技术支撑，协助出版数据要素价值的实现；另一方面，出版科技要素作用于劳动者，数智技术赋能图书出版编辑、数字出版编辑和融合出版编辑，使其具备数智化适应力、胜任力和创造力，提升出版业编辑的数智素养和技能，为出版业积累高质量的人力资本。

（3）提升出版业知识要素贡献率。知识要素在出版业全要素生产率提升方面的具体路径可包括：①明确知识产权价值，确立内容定价机制。出版业本身就是知识生产与传播的产业，如何以知识产权为核心，形成以内容价值、内容定价为中心的出版物定价机制，从而释放知识产权价值，充分发挥知识要素的价值，是今后一段时间内需要探索和改革的议题。②探索版权应用场景，充分发挥版权价值。出版深度融合发展，多模态知识呈现方式，引起版权由整体化走向碎片化、叠加化、倍增化的趋势，适应上述趋势，版权应用机理、场景和路径亟待建立和健全。③保护知识产权，营造良好的版权环境。互联网、数字

---

① 张新新. 出版业高质量发展的概念界定与基本特征 [J]. 编辑之友，2023（3）：15-24.

化对出版业的冲击，首当其冲是版权保护问题，如何营造知识产权领域的立法、执法、司法、守法、普法良好环境，确保知识产权得到足够尊重和有效保护，是提升出版业知识要素贡献率的前提和基础。

三、积累出版业人力资本，以人力资本积累引领出版业全要素生产率提升

"创新创造能力突出、引领发展本领显著、数智素养与技能卓越"[①]，是新质生产力对出版业新质劳动者提出的新要求，也是与全要素生产率提升相适配的出版业人力资本新标准。

（一）应不断提升编辑数智素养与技能，设立适应全要素生产率提升的职称岗位

编辑数智素养与技能的提升，宜发力于以下三点：①在出版企业发展规划层面，编辑数智素养与技能是以创新能力为导向的出版人才评价体系的题中之意，数智素养与技能应成为出版企业人力资源发展规划的重要组成部分，要鼓励编辑数智技能的价值发挥和贡献，以适应出版业数字化、数据化、智能化的发展趋势，对编辑数智素养、数智技能的培训、教育须成为常态化的规划议题和内容。②在出版行业标准层面，应尽快建立健全出版从业者数智素养与技能行业标准规范，就编辑的数智化适应力、胜任力和创造力进行规范，并出台相应的实施细则，以有效考评编辑数智素养和技能。这一点，笔者曾于 2023 年撰写草案并提交审核，遗憾的是未得到肯定答复。应该说，目前该项工作已刻不容缓。③在国家和地方出版专业技术人员职称制度改革方面，应推进完善职业技能等级认定，把数智素养、数智技能纳入考评范畴，写进职称考试教材，健全编辑完善数智素养和技能评定的长效机制。

（二）培育和发展出版企业家人力资本，弘扬出版企业家精神

新质生产力的特点是创新，弘扬出版企业家精神、培育出版企业家人力资

---

① 方卿，张新新.出版业高质量发展目标之创新发展：以新质生产力推动出版业高质量发展 [J].编辑之友，2024（2）：29-35，53.

本，是出版业发展新质生产力、提升全要素生产率的又一重要路径。出版深度数字化转型，机遇与挑战并存，数字出版从业者唯有按照"创新发展、专注品质、追求卓越、主动履责、干事担当、艰苦奋斗、以切实行动积极投身国家重大战略"[①]的优秀企业家精神去思考、去实践、去奋斗，方可切实推进出版业深度融合发展，建成和完善全媒体出版传播体系。出版企业家在主导出版要素资源配置、构建高质量出版供给体系方面起着至关重要的引领性作用。

培育出版企业家人力资本，需要在两方面着手。一方面，培育出版企业家的创新能力。坚持以内容创新为体、以出版科技创新和管理创新为翼，构建出版科技创新引领下的出版全面创新体系，是培育出版企业家创新能力的重要内容。另一方面，激发出版企业家的担当精神。出版企业家的担当精神体现为：①积极投身国家重大战略，锚定建成出版强国远景目标，推动出版产业和出版事业高质量发展；②促进出版深度融合发展，构建全媒体出版传播体系；③提升出版活动文化质量、经济质量和科技含量；④培育面向未来、面向世界、面向大众的出版人才队伍等。

（三）加速出版人才合理流动，发挥高素质出版人才的价值贡献

出版人才的合理流动，是在培育出版业人力资本之外，通过引进出版业人力资本的方式，来实现出版企业人力资本的积累和壮大。出版业人力资本的培养属长期效应，出版人才引进则属于近期效应，能够在较短的时间内完成出版人力资本的积累。实践证明，出版业发展新质生产力，须因社制宜、因地制宜地进行。出版集团、龙头企业、头部出版企业在发展新质生产力方面，具有新质劳动资料、新质劳动对象和新质劳动者及优化组合的天然优势，由此，高素质出版人才由一般性出版企业走向高质量出版企业，实现人力资本向全要素生产率高的企业迁移，有助于后者进一步发展新质生产力，提高全要素生产率。创新创造力在出版业的发展示意图见图 22。

---

① 张新新. 加速推进传统出版与新兴出版动能接续转换：2017 年数字出版盘点 [J]. 科技与出版，2018（2）：27-32.

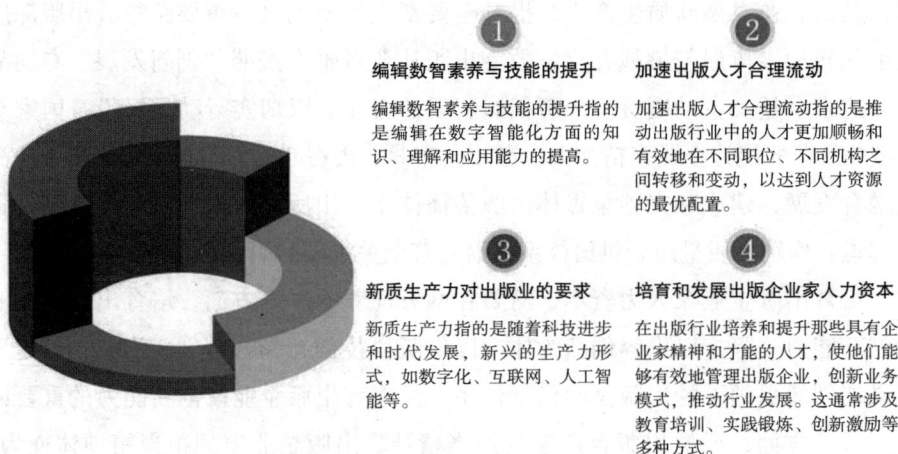

① 编辑数智素养与技能的提升

编辑数智素养与技能的提升指的是编辑在数字智能化方面的知识、理解和应用能力的提高。

② 加速出版人才合理流动

加速出版人才合理流动指的是推动出版行业中的人才更加顺畅和有效地在不同职位、不同机构之间转移和变动，以达到人才资源的最优配置。

③ 新质生产力对出版业的要求

新质生产力指的是随着科技进步和时代发展，新兴的生产力形式，如数字化、互联网、人工智能等。

④ 培育和发展出版企业家人力资本

在出版行业培养和提升那些具有企业家精神和才能的人才，使他们能够有效地管理出版企业，创新业务模式，推动行业发展。这通常涉及教育培训、实践锻炼、创新激励等多种方式。

图 22　创新创造力在出版业的发展示意图

四、小结

全要素生产率的提升与新质生产力的发展息息相关，新质生产力贯穿全要素生产率提升的全过程。本章在提出出版业全要素生产率内涵价值的基础上，分析出版业全要素生产率的理论机理，构建"出版科技—要素质量—人力资本"的三维协同策略，着力推动新型生产工具智能化，激发新质劳动对象的多样化，提高新质劳动者的数智素养，实现资源配置的优化，从而提升出版业全要素生产率。

关于出版业新质生产力，除需要全要素生产率提升外，还有诸多议题值得深入研究，如数据出版新业态、CDO、出版业发展质量问题、出版业创新动力机制问题、新质生产力要素的优化组合问题等，上述议题将在后续章节中逐一予以分析和探讨。

案例 5：电子工业出版社

一、悦读·悦学系统

"悦读·悦学"系统是一款依托电子工业出版社自身优质的数字化资源构建的，为高校图书馆、科研院所、企业等机构用户提供多媒体数字资源的在线展示、搜索和阅读/播放等服务的多媒体数字资源服务系统。该系统打破了单一纸书模式，提供电子书在线阅读与学习服务，同时具有丰富的多媒体资源，增强教与学的互动性，适用于PC端。

其中，"悦读"系统提供电子书服务，"悦学"系统提供多媒体教学资源库服务系统。在检索分类方面，系统采用权威的中图法分类，方便用户检索和查询图书。同时，系统通过对用户阅读兴趣的区分，提供个性化的推荐。

"悦读"系统现有电子书2.65万余册，随着电子书越来越重要，系统已逐步实现纸电同步。"悦学"系统现有教案、课件、视频、动画、实验、音频、图片、案例等资源13 000余个，知识条目信息100 000余条。"悦读"与"悦学"系统采用自建关联算法，增强了各类型数字资源之间的关联度，不仅实现了系统内全类型、跨资源之间的检索，还基于用户学习行为，为用户推荐优质相关内容的数字资源。

二、E知元（电子社在线学习平台）

"E知元"是基于电子工业出版社优质内容资源，以知识元为基础，通过学科体系建立知识地图（即知识图谱），从而辅助用户以点带面学习相关知识并提高业务技能的知识产品。该产品有知识导航、热度搜索、知识地图、专题知识、知识元检索等核心功能，适用于PC端与安卓版手机端、Pad端。

产品目前有电子技术（二期完善）、物联网（一期建设）、互联网＋（一期建设）3个专业学科资源包，即将建设智能制造、集成电路等专业学科资源包。目前产品涵盖知识元10 000余个、知识条目20 000余条、知识图标40 000余个、知识关联10 000余条、电子电路设计包500余包、电路标准4 000份、相关期刊7家、论文30 000余篇。

同时，为了方便学习，"E知元"还对用户学习进行实时跟踪，通过"热度排行"模块，学习者可以了解其他用户热搜的知识领域。在"专题知识"模块，学习者可以了解到更多种类的拓展知识内容，有效为学习者提供知识元的深度学习功能。

第四章

发展出版业新质生产力的核心要素

　　新质生产力自提出以来，推动着出版业朝着高质量发展迈进。在其赋能下，出版业通过"出版＋×"，形成包括教育、社交、娱乐、文旅的新业态；在"人机协同"新模式的推进下，实现了生产加工高效化、服务个性化、管理保护智能化；借助数据驱动，实现思维、产品、途径的创新，依靠技术驱动完成绿色升级、共享升级，最终得以实现出版全方位质的革新。

　　2023 年 9 月，习近平同志在黑龙江考察时指出："整合科技创新资源，引领发展战略性新兴产业和未来产业，加快形成新质生产力"[①]，这是"新质生产力"概念首次被提出。相比于传统生产力，其更侧重科技创新，能够催生"新产业、新模式、新动能"[②]，这与出版业高质量发展不谋而合。根据《出版业"十四五"时期发展规划》要求，改革创新是推动出版业高质量发展的根本动力。在改革创新的过程中，新质生产力则是推动该方向实现的关键所在，为出版业带来了更多深度融合发展契机。

　　现阶段在新质生产力的促动下，我国出版机构普遍加强了融合发展的统筹谋划[③]。各出版单位、主体，均在借助抖音、小红书等社交媒体进行布局，随之而来的是出版业的整体转向。此时，所谓新质生产力，是以智能为核心的，以算法、大数据、AIGC 等技术为重点的，是站在高端人工智能的新型生产力样

[①] 新华网.习近平在黑龙江考察时强调　牢牢把握在国家发展大局中的战略定位　奋力开创黑龙江高质量发展新局面 [EB/OL]. (2023-09-08). http://www.news.cn/2023/09/08/c_1129853312.htm.

[②] 人民日报.加快发展新质生产力 扎实推进高质量发展 [N].2024-02-02. http://paper.people.com.cn/rmrb/html/2024-02/02/nw.D110000renmrb_20240202_1-01.html.

[③] 张新新，周静虹，等.全媒体传播体系视角的出版深度融合发展指数研究：再论何为出版深度融合发展的"深度" [J].科技与出版，2024（3）：75-89.

态^①。在其支持下，出版业才有可能在产业、模式、动能上有所突破，最终实现创新且高效的高质量发展。

第一节 "出版+×"：新质生产力促动出版跨界融合新产业

跨界融合是新质生产力带来的重要趋势之一。在传统出版时代，出版业同广电传媒之间有着较为清晰的界限，但现如今在大数据、云计算、人工智能的推动下，出版业不仅突破了大传播内部细分边界，更是同其他行业深度融合形成"出版+×"全新产业迭代。

一、新质生产力多方位革新"出版+教育"

①在教学内容上，智能技术能够依据每个学生的学习风格和特性进行个性化的教育内容定制，做到真正意义上的因材施教。例如，麦克米伦出版公司收购了基于机器学习的教育服务平台提供商 Intellus Learning，为学生提供经济实惠的个性化学习体验^②。②在教材出版上，借助 AR、VR，教育出版可以有新的展现形式，如基于元宇宙空间的互动教材、动态教材等，能够将抽象、复杂的概念以生动的方式呈现出来，让学生切实进入学习情境中，从而彻底突破传统班级制教育中口传身授的局限性。③在课程开发上，在线课程可以实现一周（24×7）的不间断学习支持，并且出版机构借助智能辅导系统，可以根据学生学习表现获取真实效果数据，以此辅助教学内容、方法等方面的下一步改进。

二、新质生产力深度捆绑"出版+社交"

两者的融合是数字化时代文化产业创新发展的一大缩影。它们的融合基础在于社交关系，融合支撑来自智能技术不断丰富的出版传播形态。于是，它们共同创造了全媒体交互式内容出版。集文字、图片、视频、3D 感知等多模态内容于一体，不仅能够吸引用户的注意力，还能提供更加直观、立体的信息展示

① 米加宁，李大宇，董昌其.算力驱动的新质生产力：本质特征、基础逻辑与国家治理现代化 [J].公共管理学报，2024（2）：1-14，170.

② 张世钦.机器学习赋能编辑出版 [EB/OL]. (2018-01-30). http://www.cbbr.com.cn/contents/502/32402.html.

方式。在出版传播的同时，构筑社交化阅读平台。读者可以在阅读的同时分享自己的心得、评论，还能同其他读者进行交流和讨论。这种即时性的社交阅读，不仅能够增强读者的归属感和参与感，还能帮助出版机构更好地了解读者的需求和反馈。此外，在线直播、问答等方式，能够让读者直接与作者进行交流和互动，增强读者对作者和作品的认同感和亲近感。

三、新质生产力互利整合"出版＋娱乐"

一方面，为了迎合时下年轻人的关注与习惯，出版内容会添加一定的娱乐元素使其生动有趣，另一方面，娱乐业也不断从出版内容中汲取灵感，创作出更多具有文化内涵和深度的作品，两者之间的桥梁则是新质生产力所提供的。在数智化技术的支持下，以互动小说、有声读物、广播剧等为代表的新型出版产业市场崛起。其中，最大的颠覆来自生成式人工智能（GAI）的应用，AI写作、AI编曲、AI影视等在为娱乐内容创作不断提供新素材的同时，加速了相关出版效率的攀升。这直接带来三方面的产业迭代：①开拓粉丝内容共创，尤其在网络文学、网络游戏领域，机器使得粉丝有机会加入内容共创环节，并且内容的交互性极大提升。②助推海外出版市场。在"出版＋娱乐"产业领域内，通过跨界合作、资源整合和数字化转型等方式，企业可以更加灵活地应对全球市场的变化，拓展国际业务。例如，智能翻译的突破，可以协助娱乐出版内容快速适应不同国家和地区的语言、文化习惯，打破原有的语言壁垒，极大地降低人力翻译成本。又如，AI短剧出海热潮，AI换脸、数智人视频生成等技术都使得影视出海更为便捷。③深化国内外数字版权产业发展。新质生产力辅助下的出版素材与内容的爆发式增长，一方面为出版物影视化、游戏化提供了更为丰富的IP，继而使得IP价值开发最大化；另一方面借助智能技术对出版物形态的数字转化优势，可以实现对外交易的便捷化。新质生产力互利整合见图23。

四、新质生产力大力提升"出版＋文旅"产业效率

伴随着物质生活水平的提高，出版业与文旅业之间的互相需求度也不断提高。对于文旅业来说，出版物作为文化传承的载体，通过生产文字、图片等多模态内容产品，可以对旅游资源、景点、文化进行有效宣传；对于出版业来说，文旅资源素材是极佳的出版素材来源，因此两者融合可以让游客与读者同时兼

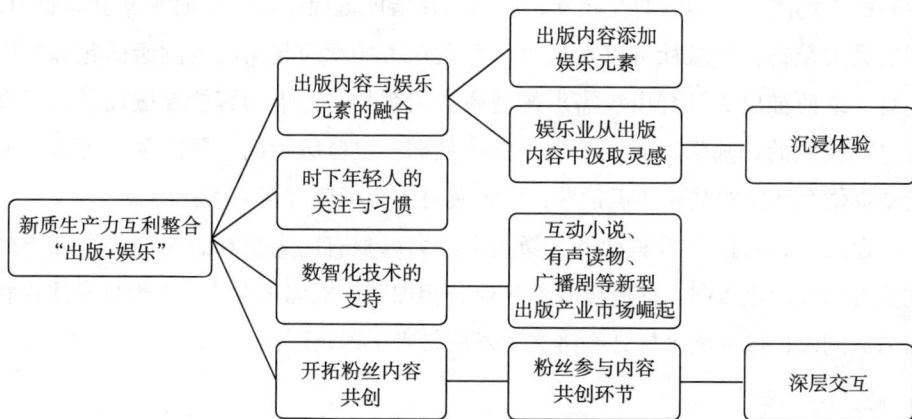

图 23 新质生产力互利整合

具双重身份，了解旅游地的文化内涵和地域特色。两者具体融合体现在：①内容质量，通过数字化技术，使得文旅出版物能够以高分辨率重现自然景观及社会历史文化遗产，大幅提升出版物的阅读感、体验感。②产品创新，借助智能编辑系统，将文字、图片、音频、视频等多模态媒体元素有机融合，形成更加生动、立体的内容呈现。例如，通过 AR、VR 等技术，将旅游景点的历史文化以三维立体、互动体验的方式呈现给读者。③个性化旅游服务，这是传统出版、旅游服务难以做到的，通过物联网技术的组合，在提供个性化旅游路线的同时，可以提供个性化旅游文化套餐，带动与之相关的书籍、音乐、影视等文化产品的消费。例如，安徽出版集团有限责任公司打造的"中国黄山书画小镇"就是在构筑商业街区的同时，打造书画艺术作品创作新平台、书画艺术研学旅行示范营地等，带动观光游向休闲度假文化游转型[①]。

五、新质生产力创造性发展"出版 + 健康"

出版业与健康行业看似存在着一定距离，但两者之间却存在着诸多融合发展潜力，这一潜力则主要依赖新质生产力的挖掘。出版业作为内容的生产者与传播者，可以提供丰富的内容素材与渠道；健康行业则拥有专业的技术知识与

---

① 黄山市人民政府网.宏村镇 金戈铁马鏖战急 [EB/OL]. (2022-07-01). https://www.huangshan.gov.cn/zxzx/qxdt/8376583.html.

明确的市场需求。①借助互联网，可以构建智能健康平台，实时更新健康资讯；②借助大数据，出版社可以发掘更多受大众市场欢迎与关注的健康话题和实用信息，继而推出更符合市场需求的健康类出版物；③借助智能穿戴设备，可以通过其提供的如睡眠、血压等生理健康数据，以健康指南、预防手册等形式向受众提供个性化的健康知识指导，增强实时内容阅读与互动体验。

总之，在智能技术驱动下，新质生产力以独有的力量和影响力，正在不断改变着出版产业版图，促成出版业从业务相加转向资源相融[①]。在为自身注入新活力的同时，也为整个社会经济文化发展带来了深远影响。

第二节 "人机协同"：新质生产力提供出版嬗变新模式

出版本质上就是知识生产和知识传播[②]。从古希腊时代的当众朗读，到古登堡印刷术对于知识传播的推进，人类出版实践的历史中有三种不同的"出版方式"类型，即作为表演的出版、作为赞助/题献的出版、作为机械复制的出版[③]。每一种出版方式，都有其对应的核心生产力和生产传播方式。当以智能为驱动的新质生产力参与当下的出版领域时，其必然遵从 AI 一开始被提出时的目的，即为了制造出可以表现人的智能行为的机器，进而用机器去模仿人、替代人，进而解放人[④]。于是，现阶段出版业的最终目的也必然是借助智能技术解放出版活动的人力消耗，重构出版各环节的现存模式，为出版行业发展带来质的改变。

一、新质生产力赋能人机协同高效生产加工模式

以 ChatGPT 为代表的通用大模型自 2022 年一经推出，便迅速颠覆了传统内容生产领域的一系列实操，它可以生成、编辑、迭代用户创造性和技术性的写作任务[⑤]。如果说传统的机器生产依旧是偏向模板式的内容创作，那么以大模型

---

① 白晓晴."智能+"数字出版发展图景与革新方向 [J]. 中国出版，2024（2）：25-30.

② 方卿，王一鸣. 论出版的知识服务属性与出版转型路径 [J]. 出版科学，2020（1）：22-29.

③ 李唯梁，李天骄. 数字出版的想象：基于"出版方式"沿革的路径 [J]. 现代出版，2024（3）：66-82.

④ 黄莹. 可供性视角下出版人工智能：多重角色与平台架构 [J]. 编辑之友，2022（6）：21-25.

⑤ 罗明东，周安平. 出版业发展新赛道：从数字出版走向智慧出版 [J]. 中国出版，2024（4）：3-8.

为基础的机器生产在某种程度上是真正意义上的人机协同内容生产。

（1）知识内容创作环节协同。传统出版条件下的知识内容大多以文字、图片、纸质书籍的方式出现，而新质生产力介入，使得知识内容的承载形态得到了丰富。音频、视频、动画等多媒体元素被轻松融入出版物中，并且配合空间维度的需求，内容的生产逐渐开拓出从二维到三维元素供给。在这个过程中，人机协同主要体现在：①内容策划与选题。选题策划是出版工作的首要环节，往往决定着出版物的基本品质与格调[①]。在该阶段，编辑主观性逐渐被数据客观性所取代，通过大数据分析，可以筛选出更容易落实、更符合市场预期的出版主题。②内容辅助生产。智能工具可以辅助基本创作素材的整理及初步内容的自动化生成。尤其对于一些数据密集型的知识内容，如研究论文和行业数据报告等，智能机器以其强大的数据收集和整理、分析能力极大地节省了人力在此阶段的耗费，并可以通过可视化图表的呈现，提升内容阅读的直观性、易读性。此外，AIGC还不断与垂直行业进行交叉，将人机协同的内容生成不断落到细分行业。例如，2023年阅文集团发布的国内首个专注于网络文学这一垂直领域的大语言模型"阅文妙笔"及其应用产品"作家助手妙笔版"[②]，更是将人机协同推向了共创分享。通用大模型对传统内容生产领域的影响见图24。

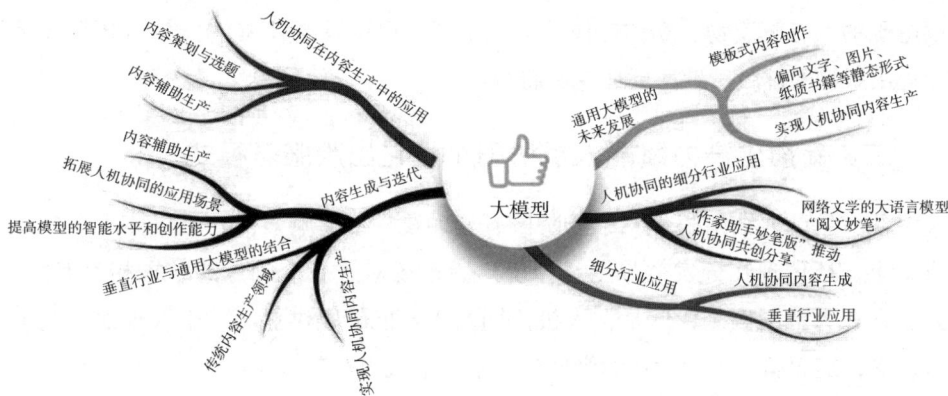

图 24　通用大模型对传统内容生产领域的影响

---

① 李强辉. 出版产业视域下的 AI 赋能与冲击研究 [J]. 科技与出版，2024（4）：71-79.

② 2023 年中国网络文学发展研究报告 [EB/OL]. (2024-02-07). http://literature.cssn.cn/xjdt/202402/t20240227_5735047.shtml.

（2）校对与编辑环节协同。不同于传统的编辑出版流程，新质生产力促动下的数字化、智能化和自动化的新流程成为主流，极大地提高了出版效率和质量。①在校对过程中，智能机器可以协助查重，不仅可以对已有知识、文献的重复率进行统计，还可以针对 AIGC 进行检测，在接纳智能技术介入生产的同时，也在用新质生产力进一步推进学术规范，避免更深层的学术不端的出现。此外，内容的正确性、科学性，敏感词的检测，引文的规范化等各方面都可以借助智能工具开展，还可以对语句词汇进行替换，对结构进行调整，继而切实节省编辑初步校对所耗时间与精力。例如，方正智慧出版云服务，基于方正数据库可以进行文本校对，还可以对图片、视频、音频等多模态内容进行校对，并能准确识别其中涉及政治敏感、敏感人物、黄、暴恐、不良导向等方面的违规内容①。②在编辑排版过程中，人机协同的自动化排版工具可以根据编辑主体的指令与需求，自动调整文本字体、字号、字间距等基本操作，并添加图片、表格等多模态元素。同时，智能机器可以根据出版机构设计规范及受众的阅读、浏览习惯，通过页面布局、颜色搭配等操作，自动生成符合审读逻辑、视觉审美的版面设计，并提供多种版式、形式的选择，在给予编辑基础服务的同时，提供充分的自主性。

整体而言，新质生产力使出版业摆脱了制作数量的硬性限制，出版物可以以电子书、有声读物、立体影像的形式出现，更可以通过 3D 打印、VR 等技术使得出版物的排版、设计更加专业而新颖。

二、新质生产力赋能人机协同个性化出版服务模式

新质生产力在出版分发服务阶段有着颠覆性的影响效能，不仅体现在分发方式上，还体现在分发效果上。传统出版市场对于受众画像的掌握相对有限，并且存在大范围偏差，但是在人机协同之下，能够提供更为"千人千面"的出版产品，继而满足当代大众的个性化需求与下沉市场需求。

1. 个性化内容定制

在互联网时代，市场需求不断丰富，个性化内容定制出版应运而生。这种

---

① 方正智慧出版云服务 [EB/OL]. https://book.founderss.cn/?eqid=f21fecf900031a0f0000000364769 5c7#/homepage.

个性化出版模式，具有高市场精准性特征，在大数据与云技术的介入下得以放大，从而有望成为出版企业精益变革的突破口[①]。这种定制化一种是可以做到类型定制化，即通过市场数据分析出版市场畅销产品类型是哪些，再进行定制类型出版；另一种是内容的定制，智能系统可以通过搜集、分析读者的阅读、浏览偏好，对出版内容中的细节，如人物设定、情节、词汇等进行量化分析，并通过这些分析，利用自然语言生成技术，生成特定的故事情节、章节内容等，随时响应市场变化与读者需求。

2. 个性化推荐与营销

在碎片化时代，知识内容如何快速地被浏览、被吸收是出版业不得不转变分发思路的前提。传统出版分发模式无论是在物流还是渠道上都存在着较大的人力需求，而基于智能技术尤其是算法推荐的分发能够有效地解决这一成本压力。

在分发渠道方面，智能分发已然成型，通过互联网平台，如电子书商店、在线阅读平台、流媒体服务等，出版物传播效率得到提升。在出版机构与第三方平台的数据通道建设上，出版主体可以借助算法勾画用户的地理位置、年龄、性别、职业等一系列基础画像，并且可以通过用户点赞、评论的数字痕迹深层分析用户隐藏偏好标签。在分发对象画像立体化、丰富化的基础上，出版产品推荐才有可能切中用户核心需求，进行个性化的推送。

此外，个性化内容推荐与个性化营销相互捆绑，在推荐过程中对用户画像挖掘的实质就是对营销对象的挖掘。以算法为基础的新质生产力通过制订更加精准的销售策略，有针对性地设计个性化营销策略，推送定制化广告、优惠及活动，能够让出版机构最大限度地吸引用户群体。同时，可以根据受众反馈，优化定价策略，根据不同群体进行合理合规的差异化定价方案。现阶段，出版机构纷纷转向短视频社交平台，就是借助了平台的算法推荐技术及其带来的流量红利，与网络红人、意见领袖等合作，可以迅速扩大出版物的影响力和销售量。此外，数智人技术的不断成熟，使得出版个性化推荐与营销的生产力成本进一步被解放，宣传效果能大幅度提升。

---

① 姚永春，吴咏红. 定制出版编辑策划的特点与模式研究 [J]. 出版科学，2021（6）：28-36.

3. 个性化智慧服务

现阶段通用大模型的一大特点在于,人在提问的同时也在驯化机器。因此其提供的相关增值智慧服务也不断丰富,并且能够形成带有用户自身特征的智慧服务。例如,智能知识服务可以及时回应读者或受众需求,提供个性化的解决方案,并主动向读者发送阅读建议;可以结合阅读、浏览习惯,进行健康阅读提醒,协助良好阅读习惯的形成;可以通过文字、语音等交互探讨,引导受众的深度思考,增强受众对内容的理解与吸收。以文科知识文库为例,其有别于其他大模型的地方在于它以龙源期刊网为知识生产来源,提供的是智库型知识服务,能够进行文章续写、智能解答多种操作;以智能助手 Kimi 为例,其主要对网络搜索资源进行整理。它们可以帮助用户有侧重地构建自我知识图谱,在增强用户黏性的同时,扩展盈利机会。

三、新质生产力赋能人机协同智能化管理保护模式

在智能驱动力下,出版管理与保护模式也朝着人机协同路径迈进,其中最主要的应用就是智能化的库存管理与智能化版权保护两方面。

（1）智能化库存管理方面,依靠 AI 技术可以优化出版物的库存管理和分发流程。①物联网技术,可以通过射频识别（radio frequency identification，RFID）标签、传感器等设备实时监控、追踪库存状态,包括出版物的数量、位置、温度、湿度等信息,实现对出版物的精准管理与保存。并配合机械臂、自动导引车等设备,实现自动取货、搬运、分拣等流程,极大提高仓储作业效率,减少人工劳力,降低人工错误。② AI 技术,可以在机器学习的帮助下,对历史数据、实时数据进行提前分析、预测,可以协助增减出版物规模;可以实现自动化采补;可以通过算法设置库存预警线,保障各时期供应。③云计算技术,可以协同供应、分销、零售平台数据并协助数据存储,在实现实时数据信息交流的同时,通过风险识别系统保障数据的安全性与完整性。整体而言,在智能化库存管理下,出版物的库存周转率与客户满意度都将得到大幅度提升。

（2）智能化版权保护方面,①自动化登记系统,能辅助版权主体进行自动化版权申请表格填写,生成版权证书。②版权识别与监测技术,如图像识别技术、音频分析、OCR 技术等可以对出版物进行多模态内容自动识别,自动比对

判断其是否存在侵权行为。这种监测尤其适用于社交媒体平台的实时监测，可快速识别在线侵权行为，并自动进行相关侵权的告知、申请，帮助版权主体及时止损，降低侵权扩大化。③数字水印技术，其被嵌入在数字内容中，不可见但可被提取，可以用于版权追踪和版权证明，防止盗版行为的产生。④区块链，其作为一种分布式账本技术，可以对内容进行加密处理，其不可篡改性与可追溯性为版权信息的存储与管理提供了一个安全且透明的方式，并可对版权交易、版权流转进行全程跟踪。

综上，在新质生产力的促动下，出版生产、加工与管理各方面都解放了人力，实现了较高的人机协同，达到了出版领域劳动者、劳动资料、劳动对象的优化组合。

第三节 "数据+技术"组合拳：新质生产力塑造出版发展新动能

在新质生产力的赋能下，出版业各生产要素都有了质变提升，形成了创新驱动力，促动整体行业形态的进一步迭代。在这过程中，数据与技术两者尤其发挥着关键作用。前者为产业全端提供资源，后者为产业链整体升级提供支撑。

一、数据驱动出版业全端创新

出版数据是新质生产力赋能下出版产业的核心要素，它在改变了传统出版流程的同时，渗透进出版的各个环节。

（1）数据驱动出版决策思维创新。决策的前提是市场洞察，而数据是协助捕获市场空白的重要依据。通过对读者购买行为、阅读偏好、社交媒体互动交流等数据的收集与分析，出版企业可以收获最科学、精准的蓝海版图，继而进行有针对性的市场投放。与此同时，面对激烈的市场竞争，不仅需要对自身数据进行了解，还需要洞悉商业对手的出版策略、产品特点及市场表现等数据，从而规避不必要的市场风险。在知己知彼的过程中，数据对出版决策的支持体现出三大特点：①促使出版决策科学化，传统出版决策往往凭借经验，而以数据为基础的出版决策方式更为客观、有效。②促使出版决策精准化，对数据的深层挖掘可以知晓其背后的成因与规律，继而更为针对性地捕捉市场深度需求。

③促使出版决策实时化。动态的数据辅助了动态决策的可能，实时数据收集、分析，可以协助出版商及时关注到市场变化，继而形成快速响应方案。

（2）数据驱动出版内容产品创新。①从产品形式来看，数据打破了传统出版的纸质载体形式，将音频、视频、动画等多模态、多维度元素纳入其中，使得产品的生动性、丰富性增加。同时，在数据跨媒体融合的过程中，可实现同一 IP 的图书、电影、电视剧、游戏等多类型开发。②从产品内容来看，在数据驱动下，出版产品可以更好地迎合读者需求和市场需求，个性化服务、互动式体验都将提升产品内容的可读性、易读性。③从产品制作来看，借助数据可以优化内容细节，精细化生产流程。对于生产进程各环节的实时数据跟踪，可以协助了解产品生产质量、进度等，继而对生产过程中的各类问题进行预警与预防。

（3）数据驱动出版推广途径创新。读者需求的多样性需求，迫使传统出版推广模式无以为继。在新质生产力的促动下，数据协助出版业变革推广途径：①用户画像是数据驱动推广的核心，除用户年龄、兴趣等基础画像数据外，这些数据背后的数据同样成为市场推广的重要依据。②大数据市场分析是数据驱动推广的重要路径，通过分析销售数据，出版机构能够发现哪些类型的出版物更受读者欢迎；通过分析社交媒体数据，出版机构可以了解读者对某一话题或作者的关注度和讨论热度，从而制定针对性的推广方案。③新媒体平台是数据驱动推广的关键渠道。社交媒体、短视频平台，动态发布、直播互动等一切新媒体渠道，都可以在推广过程中存留、获取、分析互动数据，包括静态数据与动态数据，他们均可提高推广的曝光度和影响力。决策思维创新、内容产品创新、推广途径创新见图 25。

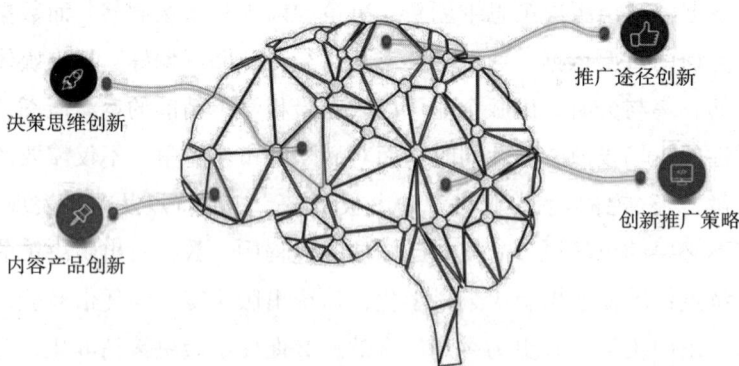

图 25　决策思维创新、内容产品创新、推广途径创新

二、技术驱动出版业全新升级

在技术，尤其是 AIGC、元宇宙、VR 和 AR 等智能技术的支持下，出版业朝着知识绿色升级、共享升级的可持续发展方向迈进。

1. 技术驱动出版绿色升级

党的十八大以来，绿色发展成为指导我国经济社会运行的重要理念；党的十九大明确指出建立绿色发展指标体系，习近平同志更是在党的二十大报告中强调推动绿色发展，促进人与自然和谐共生。而出版业作为典型的能源消耗密集型行业，其生产具有高能耗、高排放、高污染等"非绿"特征[①]，显然不利于环境与人类群体的可持续生存。在这种前提下，推进出版业从粗犷型发展到绿色发展的计划应运而生。

（1）绿色生产，纸质出版物优先选择更为绿色环保的再生纸资源，同时开发更为多元的非纸质出版物形式，如电子书，VR、AR 影像等，推广数字化阅读，减少纸张、油墨等资源消耗，降低碳排放。

（2）绿色内容，出版业可在算法、大数据的支持下，对环保、节能减排、可持续发展等主题进行深度挖掘，推出绿色科普读物，在出版的同时达到社会引导与教育功能。

（3）绿色供应管理，在运输、仓储、装卸各个环节皆通过智能技术提高效率，减少能源损耗。例如，优化物流运输路线，减少碳排放。

2. 技术驱动出版业共享升级

出版物的主要价值在于内容[②]，传统出版的内容是由作者、出版机构来把关的。但是伴随着互联网平台的兴起，出版专业性在某种程度上被打破。自媒体、社交平台降低了出版物生产、传播的门槛，人们可以通过各种渠道"出版"自己的作品。同时，用户基于自己的兴趣、爱好，形成了某些领域内的"用户联

---

① 李又顺. 碳达峰碳中和目标下中国绿色出版的发展策略 [J]. 鄱阳湖学刊，2022（6）：19-27，123-124.

② 王勇安，张艺瑜. 人机协同知识共享共创破解出版内容资源匮乏难题 [J]. 科技出版，2023（9）：12-19.

盟"，但是这一联盟并没有形成用户内容生产系统[①]。他们缺少专业性的指导和运作，致使知识共享的空间和效果并不理想，仍旧局限在一定范围内，这显然不利于知识传播，不利于促进人们自由发展终极目标的形成，但新质生产力提供了以下创新契机。

（1）生产过程中的共享。AI 技术可以拓宽资源共享范畴，通过线上平台整合闲置资源，如作者稿件、翻译资源等，实现资源再利用、再分享；可以通过智能在线协作编辑系统、项目管理系统，实现协同工作，在节省人力成本的同时打破地域和时间的限制，使得各方都能够参与生产过程中，提高整体出版进度与效率。

（2）传播过程中的共享。以 AIGC 为代表的大模型技术，可以通过机器学习和算法喂养将人类知识进行集成化总结，形成群体智能知识。这些知识在后台进行专业化处理与整理，使得机器在交互过程中获得判断分析标准，同时可以在人机交互的过程中被广泛传播出去，两者叠加便可以对用户提供几乎是涉及全网的个性化知识服务，继而实现个体对知识共享与个性化需求的双重满足。

而这些共享都可以通过区块链技术、智能合约的形式予以保障。借助区块链哈希函数算法打造数字出版发行管理平台，并在此平台同智能合约技术对相关内容予以确认，再用"公钥"账户形式对相关用户予以授权，继而达成一个安全、透明，自动且有偿的共享环境。出版物的主要价值与内容共享见图 26。

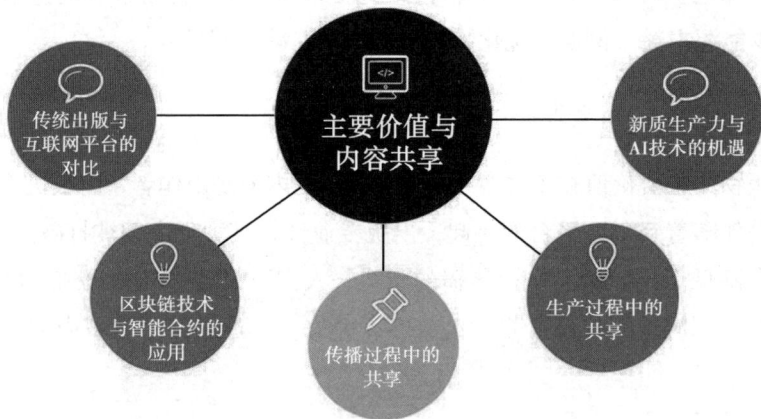

图 26　出版物的主要价值与内容共享

①　王勇安，张艺瑜. 人机协同知识共享共创破解出版内容资源匮乏难题 [J]. 科技出版，2023（9）：12-19.

三、小结

新质生产力是对人类生产能力质变跃迁的理论提炼[①]，仍旧在孕育成长的过程中，但已然颠覆了各行各业的发展趋向。智能驱动的新质生产力在未来必然会继续深化人、技术、社会之间的交互关系，推动范式全面革新。而出版业作为内容生产、知识传播的重要领域，无疑将会是最早出现创造性发展的对象，其带来的新产业、新模式、新动能会辐射到创新发展的最深层，时代发展的最前沿。

案例 6：中国农业出版社

一、中国农业教育在线

该平台是中国农业出版社传统出版业务信息化和数字化改造的系统工程之一，旨在为高等院校、高职院校、中职院校、农民培训等机构提供数字教育资源服务、教学素材共建共享服务、教材服务、在线教学服务及应用平台。

二、"智汇三农"农业专业知识服务平台

这是一个集合了 60 多年积累的精品内容资源的平台，涵盖种植、水产养殖、畜牧兽医、农业经济、农业标准、年鉴年报等领域，为"三农"从业者和相关用户提供丰富的知识资源。

三、乡村振兴数字图书馆

提供了 1 000 多种乡村振兴类电子图书、音频、视频等资源，内容涵盖政策解读、经济分析、生态环保、科学技术、乡村文化、乡村治理、农耕文化等领域。

四、《2022 全国智慧农业典型案例汇编》

由中国农业科学技术出版社出版，总结了全国各地推进智慧农业建设的实践经验和典型做法，聚焦物联网、AI、区块链等新一代信息技术与农业生产经营和管理服务的深度融合。

---

① 郭万超. 论新质生产力生成的文化动因：构建新质生产力文化理论的基本框架 [J]. 山东大学学报（哲学社会科学版），2024（4）：25-34.

五、《数字农业技术及应用》

作为普通高等教育农业农村部"十三五"规划教材，介绍了数字农业技术的基础知识及其在农业相关领域的应用。

第五章

出版业新质生产力的先进生产力本质

　　本书首先对先进生产力的内涵、特征与构成要素进行溯源，认为先进生产力是以先进生产工具和科学技术为核心，以高素质劳动者为主导，利于促进人类解放全面发展的生产力，其构成要素主要包括人才队伍、科学技术、生产关系与制度环境、文化与精神力量。其次指出，出版业新质生产力以创新为驱动，摆脱传统出版经济增长方式和发展路径，以融合出版编辑、数智技术工具、出版数据要素及其优化组合为基本内涵。最后，展现出"出版业新质生产力与先进生产力"二者在要素、结构和功能上一一吻合，证明出版业新质生产力的本质是先进生产力。

名词解释

先进生产力：在理解生产力的基本概念后，更进一步探讨生产力如何从一般形式演变为更高级的形态。"三个代表"重要思想指出：中国共产党始终代表中国先进生产力的发展要求。随着科技的发展、生产工具的不断更新及社会分工的深化，形成了"先进生产力"这一新的理论范畴。

第一节　先进生产力的内涵、特征与构成要素

一、先进生产力的内涵与特征

　　生产力，是人类在物质生产过程中改造自然、创造物质和精神财富的力量总和，[①]是人类社会存在和发展的基础，是推动历史前进的决定力量。生产力由

---

① 李世嘉.论当代先进生产力的特征及其发展要求 [J]. 毛泽东邓小平理论研究，2002（1）：64-69.

劳动者、劳动资料和劳动对象三大要素构成，形成了一个不断演变和进步的社会经济活动系统。

在理解生产力的基本概念后，需要更进一步探讨生产力如何从一般形式演变为更高级的形态。"三个代表"重要思想指出中国共产党始终代表中国先进生产力的发展要求。随着科技的发展、生产工具的不断更新及社会分工的深化，形成了"先进生产力"这一新的理论范畴。

纵观当前学术界对先进生产力的研究观点，代表性的有：①科技驱动论。此论提出"科学技术是先进生产力的集中体现和主要标志"，[①]科技进步能够显著提升劳动生产率、改进生产方式，并推动生产体系的变革与升级。从现代科学技术对于经济发展的驱动作用、对生产力各要素的深刻变革等角度，论述了科技进步拓展生产力发展的空间，成为经济模式和产业升级的核心动力，使人类经济活动的重心不断向更高效、更智能的方向转移，引领了生产力要素变革和经济结构的持续演变。②创新能力论。此论认为先进生产力的核心特征在于其强大的创新驱动能力，"先进生产力不仅体现在超越普通生产水平的高劳动生产率上，还表现为具备创新能力，能够研发出同行业无法制造的新产品，拓展至传统行业难以涉足的新领域"。[②]通过不断创造新产品，开发新技术和开拓新市场，先进生产力能够保持竞争优势并推动产业升级。③人才主导论。人才是第一资源，高素质的科技知识分子和技术型人才成为决定生产力水平提升的关键力量，先进生产力的实现高度依赖于高素质的劳动者的创造力和综合素质，"确保先进生产力的核心是明确科技知识分子第一生产力和先进生产力的主体地位"。[③]④要素协调论。"要发展生产力，就必须遵循生产关系一定要适合生产力性质的规律"，[④]生产关系的合理性与生产力要素之间的适配性是实现生产力持续发展的关键，要实现先进生产力的发展，必须在提升生产力的同时，进行生产关系的改革与优化，从而为生产力的发展提供良好的制度环境和社会保障。⑤可持续发展论。其认为先进生产力的核心在于追求经济效益、社会效益与生

① 尚勇.科学技术是先进生产力的集中体现和主要标志 [J].求是，2002（3）：46-49.

② 杨屹.论先进生产力及其现代特征 [J].学习与探索，2004（1）：72-76.

③ 巨万岐，王恒桓，田华丽."科教兴国"必先"国兴科教"：兼论科技知识分子第一生产力和先进生产力的主体地位 [J].经济研究导刊，2010（10）：5-7，78.

④ 李风圣.论代表先进生产力的发展要求 [J].马克思主义研究，2002（6）：16-23.

态效益的统一，实现生产力的长期发展与生态环境的和谐共存。在推动生产力提升的过程中，融入可持续发展的理念，传承工业文明中高效生产的优势。当前学术界对先进生产力的研究观点见图27。

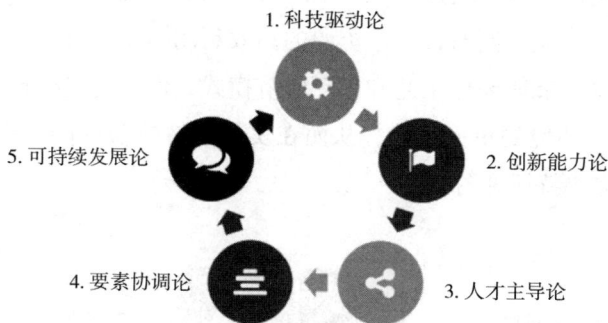

图27 当前学术界对先进生产力的研究观点

总的来说，先进生产力是以先进生产工具和科学技术为核心，以高素质劳动者为主导，利于促进人类解放、全面发展的生产力。先进生产力的主要特征包括科技引领性、高质量性、可扩展性和可持续性。

（1）科技引领性。科技是第一生产力。先进生产力以先进的科学技术作为核心动力，实现生产力的质的突破。在生产的各个环节都包含科技赋能，提升了生产效率，提高了产品质量，重塑了生产方式和管理模式。

（2）高质量性。高质量性是先进生产力的重要特征之一。先进生产力的高质量性要求生产效率的提升，也更加注重产品质量的稳定性和其内在精神价值。通过精益生产管理、严格质量控制及创新设计理念，创造出具有高质量、高附加值的产品。在出版业中，高质量发展主要包含导向、品质、要素和服务四个基本面向。[①]高质量发展以正确导向为核心，以提升内容品质为主要目标，以构建关键要素的系统化支撑体系作为发展动力，并通过推动从内容生产到综合服务的全面转型来实现整体提升。

（3）可扩展性。可扩展性指的是生产力能够根据外部环境和内部条件的变化，进行灵活调整和适应，不断拓展其应用领域和生产规模。通过跨学科的深度融合，如信息技术、人工智能、新材料、管理学等，形成多学科交叉融合的

---

① 方卿，张新新. 推进出版业高质量发展的几个面向 [J]. 科技与出版，2020（5）：6-13.

体系，并且依靠高度柔性的生产模式和数字化管理系统，各企业能够根据市场需求的变化快速响应，实现产品品类、产能和技术的多维度扩展，进一步在更大范围的生产网络中实现资源的高效整合与配置，并实现产业的持续成长。

（4）可持续性。可持续性是先进生产力区别于传统生产力的显著特征，它强调在提高生产效益的同时，注重资源的高效利用与生态环境的保护。通过引入绿色生产技术、节能环保工艺和循环经济模式，使得先进生产力能够实现低碳生产，减少对环境的负面影响，从而在实现经济效益的同时维护生态平衡。先进生产力的主要特征见图 28。

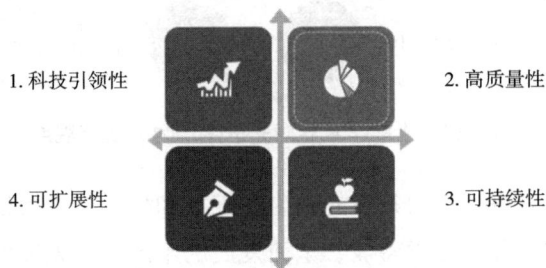

图 28　先进生产力的主要特征

二、先进生产力的构成要素

对学者们的观点进行总结，发现先进生产力的构成要素主要包括人才队伍、科学技术、现代生产工具和手段、生产关系与制度环境、文化与精神力量。

（1）人才队伍。人才是第一资源，人才的素质和能力直接决定了生产力的发展高度和创新能力。应通过完善人才培养机制、激励创新精神和提供适宜发展环境，不断提升劳动者的整体素质。

（2）科学技术。科技是第一生产力，科技进步显著提高了生产效率，推动了生产工具、生产模式的革新和优化。信息技术、自动化和智能化系统等新技术，赋予了生产更高的精确性、灵活性和可控性。

（3）现代生产工具和手段。生产工具又称劳动工具，是人们在生产过程中用来直接对劳动对象进行加工的物件。在先进生产力中，通过采用高效、智能化的生产设备和技术手段，能够大幅提升生产效率和产品质量。先进的生产工具和手段是推动生产方式变革和生产力提升的直接动力。

（4）生产关系与制度环境。管理是生产力中一个综合性的要素。[①]生产力诸要素的有机结合是通过管理来实现的。管理作为生产活动的核心协调机制，能够将分散的生产力要素（如劳动者、劳动资料和劳动对象）进行有效整合，使生产力各个环节相互协调、良性互动，最大限度地发挥整体生产力的优势。

（5）文化与精神力量。文化与精神力量是推动先进生产力发展的内在驱动力，能够为生产力各要素的有效结合和提升提供重要的思想引领，使先进生产力改造、提升和塑造精神世界的能力有新的提升。先进生产力的构成要素见图 29。

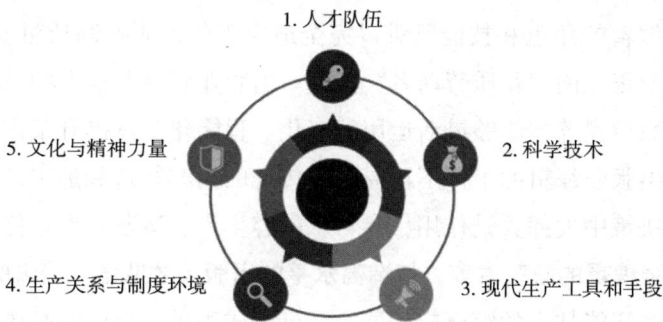

图 29　先进生产力的构成要素

第二节　出版业新质生产力的现象分析

"新质生产力"与"出版"具有高度适配性，一方面，通过科技创新提升全要素生产率，可为产业注入新动力；知识创新和多学科融合，可为出版业提供丰富的内容资源和发展机遇，出版业高质量发展正需要新质生产力作为重要着力点；另一方面，为适应全新的市场环境和多元化的受众需求，出版业需要逐步以传统出版与数字出版的深度融合为抓手来开展转型升级工作。

由此，将"新质生产力"与"出版"这两个词有机结合，便形成了"出版

---

① 付瑞珍，杨国臣.深化对生产力概念和生产力要素认识的思考 [J].中华女子学院学报，2003（4）：16-19.

业新质生产力"这一概念。出版业新质生产力以创新为驱动，摆脱传统出版的经济增长方式和发展路径，具有高质量、高科技、高效能特征，是符合新发展理念的新质态生产力，并以融合出版编辑、数智技术工具、出版数据要素及其优化组合为基本内涵。[①]

一、新质劳动者：编辑的数智素养与转型

劳动者，是指在生产过程中直接参与物质财富或精神产品生产的创造者，是主体生产力。劳动者不仅指从事体力劳动的人，还包括智力劳动者、技术工人、工程师、科研人员等所有直接参与生产活动的人群。

在当前数字化和智能化快速发展的背景下，出版行业正面临深刻的转型和变革，传统编辑的角色和技能已难以完全适应现代出版业高质量发展的需求，编辑这一职业正在向"新质劳动者"转型。出版业新质劳动者的核心特征在于具备高度的数智素养，能够灵活运用数字化、智能化工具提升工作效率和内容生产质量。出版业编辑的工作不再局限于传统的内容筛选和加工，而是需要在数据驱动的决策中发挥关键作用，参与从内容生产、运营到市场传播的全流程管理。①**增强编辑的数智素养，打造高水平的出版人才队伍**。编辑的数智素养，即数字技术和智能技术的综合应用能力，已经成为推动出版业高质量发展的重要因素。编辑应当具备较强的数据素养，数据出版人才能够根据出版企业的业务需求、选择数据库及数据抽取、转换和分析等工具，进行相关的数据挖掘、数据处理和分析，将出版数据作为生产要素融入出版的生产活动。同时，编辑也应具备生成式 AI 技术和自动化编校系统的实践能力，逐步提升数字化与智能化在出版全流程中的应用。此外，还应当拓宽编辑的创新视野，以提高质量为保障、以提升能力为根基、以媒体融合发展为路径，[②] 力求创作更多能够帮助人民群众拓宽知识、提升技能、启发思维、陶冶情操的优质出版产品。②**丰富编辑岗位类型，聚焦新生产要素应用**。在新质生产力的推动下，出版业的生产要素发生了显著变化，以"内容为本，技术为用，创新管理模式为支撑"为特征

---

① 张新新，周姝伶.新质生产力推动全媒体出版传播体系构建：推动出版深度融合发展的新要素新动能新路径 [J]. 中国编辑，2024（6）：11-20.

② 陈子今.互联网时代编辑要守正创新 [EB/OL]. (2021-06-03). http://www.zgjx.cn/2021-06-03/c_139986273.htm.

的融合出版发展，表明了技术驱动的生产模式已经成为行业发展的新常态。编辑工作已不再局限于文字内容的筛选和加工，而是涵盖了技术应用、数据管理和内容分发等多个领域，拓展编辑岗位类型是顺应这一趋势的必要举措。例如，出版企业可以设立出版首席数据官（chief data officer，CDO）和数据分析师等职务，专门负责利用大数据进行市场分析，优化内容选择和传播策略，推动高质量的出版数据产品研发。③**革新奖励机制，释放新质编辑的创新潜力。**传统的激励机制已难以有效调动编辑的积极性和创造力，在新兴技术不断赋能出版业的当下，需要通过革新奖励机制，激发编辑的创新动力，通过建立以创新为导向的多元化激励体系、为编辑提供更多的成长空间和自主创新的机会、建立长期激励机制等管理模式的变革，实现出版业新质劳动者的长期绑定和培养。新质劳动者：编辑的数智素养与转型见图30。

1.增强编辑的数智素养，打造高水平出版人才队伍。

2.丰富编辑岗位类型，聚焦新生产要素应用。

3.革新奖励机制，释放新质编辑的创新潜力。

图 30　新质劳动者：编辑的数智素养与转型

二、新质劳动资料：数智生产工具

在新质生产力的驱动下，出版的生产工具正经历着由实体向数字、由静态向互动的转变。出版行业的生产工具不仅是传播信息的载体，更是塑造内容和解放生产力的关键因素。随着数字技术的发展，电子书、在线杂志及其他数字格式成为新的出版生产工具，相比于纸质介质，其拥有灵活性和互通性，可搜索性和可定制性也为出版物的多元化发展提供了平台。伴随着出版业的深度转型，出版业亟待创新研发的数智生产工具主要包括融合出版 ERP 系统、出版领域垂直大模型及数据化转型技术装备等。①融合出版 ERP 系统是一个集成化的软件解决方案，它通过整合资源管理、销售、财务等各个方面，实现对出版流程的全面管理与优化。随着出版业从传统出版迈向传统与数字出版并立发展的"相加"阶段，再演进至传统出版和新兴出版"相融""深融"发展的阶段，一体化的全媒体出版传播体系逐渐形成。①然而，传统出版与数字出版的流程融合与再造问题始终未能得到解决，特别是缺乏能够同时支持两者生产管理流程一体化的融合出版 ERP 系统。攻克融合出版 ERP 系统的技术难题，开发出集成资源管理、内容生产、销售渠道、财务核算和版权管理等功能的系统，已成为出版业新型生产工具研发的重中之重。②出版领域垂直大模型是基于 AI 和自然语言处理技术，为出版行业量身打造的深度学习模型。首先，数字出版前沿企业和具有融合出版特色的单位，可以在确保意识形态安全的前提下，逐步推进通用大模型在出版领域的实践。其次，实力雄厚的出版单位或出版集团可以利用重大文化产业项目带动策略和国家重点研发计划的支持，研发适用于出版业的垂直大模型，形成推动出版业高质量发展的专用工具。此外，出版企业在文本数据方面具有先天优势，可在选题策划、翻译、出版物生成和发行营销等场景中应用文本大模型。通过文本生成文本、图像等技术手段，进一步提升工作质量和效率。③数据化转型技术装备涵盖用于数字出版的各类软硬件设施，如电子书制作工具、多媒体内容编辑软件、数字版权保护系统及数字发行与传播平台等。出版业数据化处于数字化与智能化发展阶段的关键环节，既承接了数字化转型的成果，又为智能化发展提供了数据基础。出版企业作为数据的生产者和使用者，通过研发和应用数据化新质生产工具，能够更高效地管理和利用数据，提升治理效能和服务水平。推动数据化转型不仅要求建立内容、用户和交互数据，还需要加快新质生产工具的应用，进一步促进数据出版业态的发展。

三、新质劳动对象：数据要素与作用机制

劳动对象是把自己的劳动加在其上的一切物质资料。数据是数字经济时代重要的生产要素，是构建新发展格局的重要支撑。在出版业的数字化、数据化、智能化发展进程中，数据化阶段发挥着承上启下的作用。一方面，它继承和发扬了数字化转型的成果；另一方面，它为出版业的智能化发展提供了重要的数据基础。随着数据成为新质生产力的重要组成部分，出版业作为数据的生产者

① 张新新，刘骐荣.新质生产力驱动出版高质量发展的三个着力点 [J].中国出版，2024（12）：8-14.

和使用者，必须通过创新的数据化工具和有效的数据管理，激活数据要素潜能，提升数据供给的数量和质量，进而实现数据要素的价值。

在数据要素的价值表现过程中，①以"协同"实现全局优化，出版业应分类、分级地进行数据建设，提升产业运行效率，找到企业、行业、产业在要素资源约束下的最优解，提高全要素生产率，创造过去创造不了的价值；②以"复用"扩展可能性边界，出版企业应通过提升数据产品、数据服务和数据模型的供给，进一步扩大数据的应用范围，尤其是在法律、医学等垂直领域，应建立高质量的数据资源库，推动出版业数据要素的优质供给，释放数据新价值，拓展经济增长新空间；③以"融合"推动量变产生质变，催生新应用、新业态，培育经济发展新动能，提升出版业全要素生产率，加快发展新质生产力，最终实现出版业高质量发展。

四、新质生产力三要素的优化组合

出版业新质生产力对新质劳动者的素质、新质生产要素的创新配置和新质生产对象提出了新的要求，并且强调了生产各要素之间的优化组合，通过流程再造与系统优化，实现这三者之间的紧密协同，充分发挥各自的优势，形成整体效能的最大化，这种优化组合主要体现在四个方面：①高素质劳动者与高素质劳动者的协同。劳动者不仅是生产力中的主体性要素，也是融入劳动资料、劳动对象中的渗透性要素，[①]通过建立协作机制，鼓励跨部门合作和知识共享，出版企业能够充分发挥各类人才的优势，形成更加高效的团队工作模式。例如，出版 CDO 进行出版企业数据价值的预测和引导，数据分析师进行数据的清洗和分析，实现通过数据驱动的选题策划、市场分析和用户需求研究，促进出版业高质量发展。②高素质劳动者与新型劳动工具的协同。编辑和出版技术人员需要掌握并运用融合出版 ERP 系统、垂直大模型、数据化转型技术等先进工具，进一步优化出版流程并提升生产效率。例如，出版数据平台为选题策划和市场分析提供有力支撑，智能编校系统协助编辑完成自动化排版任务，编辑进行审校和二次加工，大幅缩短出版物制作的周期，提升出版业的生产效率。③高素

---

① 张新新，周颖燕. 新质生产力提升出版业全要素生产率的内涵意蕴、理论机理与策略构建 [J]. 上海理工大学学报（社会科学版），2024，46（4）：339-348.

质劳动者与新型生产资料的协同。在数字化和智能化的背景下，数据作为新型
生产资料。CDO、数据分析师等高素质劳动者，能够通过对出版数据的深入挖
掘和应用，为内容策划、产品创新提供科学依据。④劳动者、劳动资料和劳动
对象的协同。出版业的流程再造和系统优化成为提升生产力的关键，在三者的
协同下，打破传统出版和数字出版之间的流程壁垒，借助融合出版 ERP 系统实
现全流程的数字化、智能化管理，使编辑、技术人员和数据管理人员能够协同
工作，推动行业的高效、创新发展，最终实现出版业的高质量发展目标。新质
生产力三要素的优化组合见图 31。

1. 高素质劳动者与高素质
劳动者的协同。

2. 高素质劳动者与新型
劳动工具的协同。

3. 高素质劳动者与新型生
产资料的协同。

4. 劳动者、劳动资料和
劳动对象的协同。

图 31　新质生产力三要素的优化组合

案例 7：中国社会科学出版社

下面以中国社会科学出版社为例对出版业新质生产力现象进行分析。

在出版领域，新质生产力的形成与发展是推动行业转型升级、实现高质
量发展的关键所在。中国社会科学出版社作为隶属于中国社会科学院的专业
学术出版单位，近年来在融合发展方面取得了显著成效，成为出版业新质生
产力发展的一个典型案例。

一、数字化转型与技术创新

中国社会科学出版社积极响应国家关于推动出版业数字化转型的号召，
通过制定并实施《数字出版中长期发展规划》，逐步实现了从基础设施到内
容资源、产品开发再到运营销售的全方位数字化转型。该社建设的"数字化
转型支撑平台"和"数据库发布运营平台"，为数字化转型提供了坚实的技

术支撑。同时，出版社还积极参与行业标准制定，如参与 CNONIX 国家标准的应用示范、国家出版发行电子单证第二阶段试点等工作，推动了出版业的技术进步和标准化建设。

在技术创新方面，中国社会科学出版社充分利用大数据、AI 等先进技术，开发适合自身特色的数字产品。例如，通过利用 AI 技术开展语音录入、稿件编辑等工作，提高了编辑工作的质量和效率。此外，出版社还积极与北大方正电子有限公司等科技企业合作，共同研发数据库产品，推动了出版业与科技企业的深度融合。

二、内容创新与品牌建设

内容创新是出版业新质生产力发展的核心所在。中国社会科学出版社坚持"专业化、精品化"的发展战略，深耕专业学术出版领域，积累了丰富的内容资源。在此基础上，出版社不断推动内容创新，开发了一系列具有引领性和影响力的学术电子书数据库产品，如《中国社会科学文库》《中国社会科学年鉴数据库》等。这些产品不仅覆盖了哲学社会科学全部学科，还包含了大量国家社科基金项目、中国社科院创新工程项目等优质成果资源，为学术界提供了丰富、权威的知识资源。

同时，中国社会科学出版社还注重品牌建设，通过打造精品图书和优质数据库产品，提升了出版社的品牌知名度和影响力。例如，《中国社会科学文库》在多个重要奖项中屡获殊荣，包括"数字出版创新项目"荣誉、"数字出版产品创新技术应用"奖等，这些荣誉进一步巩固了出版社在学术出版界的领军地位。

三、社会效益与经济效益的统一

在追求经济效益的同时，中国社会科学出版社始终坚持把社会效益放在首位，努力实现社会效益与经济效益的协调发展。出版社开发的数据库产品在市场上获得了广泛认可，不仅为学术界提供了便捷的知识获取途径，还推动了哲学社会科学研究的深入发展。同时，出版社还积极参与公益活动，免费向公众开放数据库产品的使用权限，为服务大局提供了有力的知识支持。

　　此外，中国社会科学出版社还通过电子书分销业务、与多家平台开展销售合作等方式，实现了经济效益的稳步增长。这些举措不仅扩大了出版社的学术图书在互联网用户群体的知名度和影响力，还为出版社的可持续发展奠定了坚实基础。

　　综上，中国社会科学出版社通过数字化转型与技术创新、内容创新与品牌建设及社会效益与经济效益的统一等方面的努力，成功推动了出版业新质生产力的发展。该社的成功经验为其他出版社提供了有益的借鉴和启示。

第三节　出版业新质生产力的先进生产力本质研究

　　为更准确地厘清出版业新质生产力的本质是先进生产力，必须阐释好"出版业新质生产力"与"先进生产力"在要素、结构和功能上是否吻合，从而促进全社会以有序、高效的方式推进出版业新质生产力的实践。

　　要素、结构和功能包含系统的全部内容，要素决定了存在的问题，结构决定了问题如何存在，功能决定了这个存在表现出来的属性、能力和作用。

一、出版业新质生产力要素内涵与先进生产力要素吻合

　　要素是构成事物的必要因素。出版业新质生产力要素主要包括融合出版编辑、数智技术工具、出版数据要素，其与先进生产力的构成要素主要包括人才队伍、数智技术工具、数据、文化与精神力量，在内涵上有高度吻合。

　　（1）人才队伍是先进生产力发展的核心要素，在出版业新质生产力中，编辑的角色发生了深刻变化，从传统的内容筛选、加工者转型为"融合出版编辑"，融合出版编辑掌握数据分析、数字技术运用、市场运营等新型技能，能够在全媒体出版环境中有效发挥作用。

　　（2）在出版业新质生产力中，数智技术工具是关键要素之一，涵盖从融合出版 ERP 系统到出版领域垂直大模型，再到数据化转型技术装备的各种智能工具和平台。通过这些技术工具，出版企业有望实现从选题策划、编辑生产到市场推广的全流程智能化管理，并缩短制作出版物的周期，与先进生产力依赖科

学技术的内涵吻合，数智技术工具在出版业中发挥了类似的作用，提高了出版生产效率，还为出版行业提供了更多的创新空间，推动行业向更高层次的技术化生产迈进。

（3）在出版业新质生产力中，数据已成为关键的生产要素。出版数据要素不仅包括传统的版权、内容等数据，还包括用户数据、交互数据、市场反馈数据等新型数据资源，成为未来进一步实现数据价值从"加数"走向"乘数"效应的数据基础。这一过程与先进生产力中的现代生产工具功能高度吻合，数据作为新的生产工具，使得出版业从传统的经验管理模式转向数据驱动的精准管理，数据要素的整合和应用提升了整个出版流程的科学性和高效性，进一步推动了出版业高质量发展。

（4）文化与精神力量是推动先进生产力发展的软性要素，它体现了生产活动中的精神引导和文化价值。出版作为内容产业、意识形态阵地以及文化与科技融合的产业，不仅追求生产效率的提升，还肩负着推动文化进步和思想传播的社会责任。出版业新质生产力要求创新文化内容的生产模式，推动文化的多样性和创新性发展。文化价值的体现，与先进生产力中强调精神力量和文化引导的功能相契合，推动了社会精神力量的进步。

二、出版业新质生产力结构与先进生产力结构吻合

结构是指要素之间的构成关系，体现出系统的秩序性、整体性和有序性。在生产力的体系中，结构的合理性和优化性直接影响生产效率和生产效果。出版业的新质生产力不仅在要素的内涵上与先进生产力高度吻合，其内部结构的构成关系也展现出与先进生产力结构的高度一致性。出版业新质生产力的结构包括人才、技术与工具和制度的有机协同与整合，确保出版业在数字化、智能化背景下的高效运行与持续发展。

（1）**出版业新质生产力人才结构与先进生产力人才结构相吻合**。在先进生产力的结构中，人才结构占据核心位置，是推动技术应用、工具优化和管理创新的关键。在出版业新质生产力的结构中，人才结构同样处于核心地位，包括CDO、数据分析师在内的新质劳动者构成了出版生产体系的重要组成部分。

（2）**出版业新质生产力技术与工具的协同结构与先进生产力的技术工具结构吻合**。先进生产力依赖现代科学技术的发展与先进生产工具的应用，通过技

术与工具的有机结合，实现生产过程的智能化、自动化和高效化。在出版业新质生产力的结构中，数智技术工具与出版流程的协同，实现了技术对传统出版流程的优化及新质出版工具的系统化集成。

（3）**出版业新质生产力制度结构与先进生产力制度结构的吻合**。在先进生产力中，生产关系的制度结构是先进生产力得以顺利运行的保障。制度设计决定了生产要素之间的协同模式，也决定了生产过程中的激励机制、产权制度和创新环境。在出版业新质生产力中，通过建立适应数字化、智能化要求的制度体系，在版权管理、激励机制设计和数据治理等方面，实现了出版业生产流程的高效运转。

出版业通过对劳动者技能的多样化要求、数智技术工具的集成应用、数据要素与其他生产要素的整合、制度环境的优化及出版物精神价值的实现，使得新质生产力的结构具备秩序性、整体性和有序性。这种结构上的一致性，进一步证明了出版业新质生产力作为先进生产力的组成部分，成为推动出版业高质量发展的重要驱动力。

三、出版业新质生产力功能与先进生产力功能吻合

功能指功效、能力和作用。出版业的新质生产力以创新为驱动，摆脱传统出版经济增长方式和发展路径，推动全要素生产率的提升，促进出版业的高质量发展。从功能的角度来看，出版业新质生产力与先进生产力之间的契合主要体现在以下三个方面。

（1）**编辑数智素养的提升**。在出版业新质生产力的驱动下，编辑作为出版业中的核心劳动者，必须具备数字化与智能化的技能。数据分析、人工智能和大数据应用等的编者的数智素养，正从多个方面推动内容创作质量和工作效率的提升。编辑必须具备较强的数据分析能力，编辑主观性逐渐被数据客观性取代，[①] 通过大数据分析，数据分析师们可以筛选出更容易落实、更符合市场预期的出版主题。此外，编辑还需要掌握 AI 技术，利用智能推荐算法对内容的分发进行优化，利用自动化的编校工具来提升工作效率。

---

① 袁帆，严三九. 新质生产力赋能出版业高质量发展的新业态、新模式、新动能 [J]. 上海理工大学学报（社会科学版），2024，46（4）：349-355.

在先进生产力理论中，人才是第一资源，人才的素质和能力直接决定了生产力的发展高度和创新能力。高素质劳动者在生产过程中发挥主导作用，还能够通过技术创新和管理变革引领生产方式的升级。通过完善人才培养机制、激励创新精神和提供适宜的发展环境，不断提升劳动者的整体素质。出版工作者逐步从原有的被动劳动者转变为主动运用技术、参与生产全流程的关键角色，充分体现了出版业新质生产力与先进生产力在编辑数智素养这一功能上的高度吻合。

（2）**出版要素体系的改善**。出版业新质生产力的功能与先进生产力的功能在要素体系的改善方面高度契合。出版业作为知识和文化的生产与传播行业，坚持"内容为本，技术为用，创新管理模式为支撑"。随着数字化、智能化的快速发展，出版要素体系发生了重大变革，出版业新质生产力要求对传统劳动对象（如出版物、版权等）和劳动资料（如出版工具、设备）进行创新性重组，现代出版业既要依赖编辑技能和内容创作能力，还要充分利用数据资源、智能工具和技术平台，将这些要素有机整合，实现出版深度融合发展，既守住传统出版的"定力"，又满足数字出版的"张力"，以适应市场的复杂需求和用户的个性化需求。

先进生产力强调，生产关系的合理性与生产力要素之间的适配性是实现生产力持续发展的关键，要实现先进生产力的发展，必须在提升生产力的同时，进行生产关系的改革与优化，从而为生产力的发展提供良好的制度环境和社会保障。在出版业中，这一思想体现在要素体系的改善上。通过引入新的数智技术，如融合出版 ERP 系统、出版领域垂直大模型等，出版业能够实现从内容策划、生产到分发的全流程优化。同时，数据驱动的出版要素体系，能够通过精准的市场反馈和科学的选题策划，实现出版物的个性化生产与精准化传播。新型劳动资料的引入，大幅提高了出版业的生产效率，还扩展了出版产业的价值链。这与先进生产力的功能完全吻合，即通过出版要素体系的改善，提高全要素生产率，提升行业整体效能，实现出版业高质量发展。

（3）**出版科技创新体系的完善**。出版业新质生产力与先进生产力在科技创新体系的完善方面也有着高度的功能契合。在出版业中，新质生产力以科技创新为驱动，推动了全行业的技术革新和流程优化。在智能化时代背景下，科技创新涵盖从创作工具、内容创作、数据管理到市场传播的全产业链创新体系的构建。在出版业新质生产力的框架下，科技创新体系的完善涵盖多个层面。智能化出版工具的应用，如融合出版 ERP 系统、文本生成大模型、视频生成大模型等优化了出版生产流程。出版企业通过大数据分析和人工智能技术，更精准地定位用户需求和优化内容分发。

先进生产力的作用在于推动技术进步和行业整体经济发展。科技是第一生产力，是以先进的科学技术为核心动力的先进生产力，能够实现生产力质的突破。科技赋能了生产的所有环节，实现了生产效率和产品质量的显著提升，并重新塑造了生产方式和管理方式。出版业通过技术赋能，推动出版物形式和内容的创新，实现了从传统的纸质出版向数字出版、智能出版的全面转型；通过完善科技创新体系，不断引入新的技术和工具，进一步强化了行业的核心竞争力和创新能力。出版业新质生产力的科技创新功能与先进生产力推动生产流程的技术升级和创新迭代的功能相吻合，成为出版业高质量发展的促进引擎。出版业新质生产力的先进生产力本质研究见图 32。

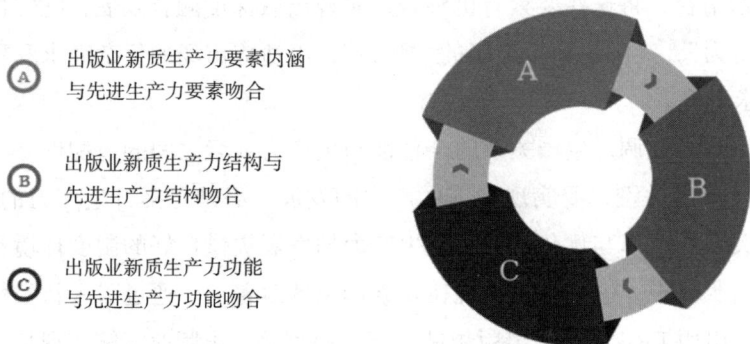

Ⓐ 出版业新质生产力要素内涵
与先进生产力要素吻合

Ⓑ 出版业新质生产力结构与
先进生产力结构吻合

Ⓒ 出版业新质生产力功能
与先进生产力功能吻合

图 32　出版业新质生产力的先进生产力本质研究

四、小结

出版业新质生产力，使出版产品的服务能力得到质的提升，改造、提升和塑造精神世界的能力有了质的提升，从而使满足人们精神文化需要的能力有了质的提升。出版业新质生产力可以被归属于先进生产力的范畴。它通过科技引领、创新驱动，不断推动生产工具和劳动者素质的提升。高科技、高效能、高质量的出版业新质生产力属于先进生产力，即出版业新质生产力的本质是先进生产力。

第六章

出版业新质生产力与新型生产关系

2023 年年底，中共经济工作会议召开，对"发展新质生产力"作出重要工作部署。2024 年，习近平同志在中共中央政治局第十一次集体学习时强调"新质生产力已在实践中形成并展示出对高质量发展的强劲推动力、支撑力"，并对"新质生产力"这一概念进行系统阐述。新质生产力是"创新起主导作用，摆脱传统经济增长方式、生产力发展路径，具有高科技、高效能、高质量特征，符合新发展理念的先进生产力质态。它由技术革命性突破、生产要素创新性配置、产业深度转型升级而催生，以劳动者、劳动资料、劳动对象及其优化组合的跃升为基本内涵，以全要素生产率大幅提升为核心标志，特点是创新，关键在质优，本质是先进生产力。"[①] 同年全国两会期间，新质生产力作为热度最高的政经关键词，首次被写入政府工作报告，并且"加快发展新质生产力"成为 2024 年中国政府工作十大任务之首。

新质生产力的提出为今后我国各大产业转型升级指明了方向。新质生产力带来的不仅是发展命题，更是改革命题。习近平同志在中共中央政治局第十一次集体学习时强调，"发展新质生产力，必须进一步全面深化改革，形成与之相适应的新型生产关系。"也就是说，新质生产力催生新型生产关系，构建新型生产关系是适应新质生产力发展要求的必然选择。因此，出版业要促进新质生产力的形成，就必须深化出版改革创新，着力突破束缚、阻碍出版企业创新发展的瓶颈，让各类优质先进生产要素向发展新质生产力畅通流动和高效配置，构

---

① 习近平在中共中央政治局第十一次集体学习时强调　加快发展新质生产力　扎实推进高质量发展 [J]. 中国人才，2024（2）：4.

建适配新质生产力的出版新型生产关系。[①]

第一节　出版创新要素集聚的丰富内涵

　　创新要素集聚可以拆分成"创新""创新要素"和"集聚"三个概念。约瑟夫·熊彼特是"创新"理论的鼻祖，他在《经济发展理论》一书中提出创新就是建立一种新的生产函数，把一种从来没有过的关于生产要素和生产条件的"新组合"引入生产体系，即"生产要素的重新组合"。[②] 在此基础上，广大学者对有关"创新"的概念和理论进行了进一步研究和完善。从静态角度看，创新要素在学界尚未形成统一定义。陈菲琼与任森在 2011 年提出"创新资源包括创新过程中的人力、知识、技能和机器设备等参与知识生产活动的要素禀赋。"[③] 温俊杰（2024）认为"创新要素指的是在创新过程中起到关键作用的各种资源和条件，主要分为资本要素、人力要素、知识和技术、制度和文化等。"[④] 陶长琪、徐茉（2021）结合过去和现在多位学者的研究将创新要素定义为参与创新过程、影响创新绩效、体现创新成果的生产要素，包括人力、知识、技术、数据和制度五个方面。[⑤] 不同学者对创新要素的理解有所差异，但本质上都认同创新要素是指参与创新活动并能产生正向作用的各种要素的统称。从动态角度看，现代汉语词典对"集聚"这个词语的解释为"集合、聚集"，即事物集中在一定的空间范围并形成某种有机的组合态势。[⑥]

　　本书认为，创新要素集聚就是指各种相互关联的创新要素根据市场需要并依托不同创新主体在一定的空间范围内聚集，经过不断累积、合理配置、动态演化，最终形成协同发展的创新体系，推动经济高质量发展的过程。就出版而

① 方卿，张新新.出版业高质量发展目标之创新发展：以新质生产力推动出版业高质量发展 [J].编辑之友，2024（2）：29-35，53.

② 约瑟夫·熊彼得.经济发展理论 [M].何畏，等，译.北京：商务印书馆，1997.

③ 陈菲琼与任森（2011）提出创新资源包括创新过程中的人力、知识、技能和机器设备等参与知识生产活动的要素禀赋.

④ 温俊杰.数字产业化、创新要素配置与实体经济转型探讨 [J].商业观察，2024，10（12）：49-52.

⑤ 陶长琪，徐茉.经济高质量发展视阈下中国创新要素配置水平的测度 [J].数量经济技术经济研究，2021，38（3）：3-22.

⑥ 王春月.我国三大都市圈创新要素集聚效应比较研究 [D].南京：东南大学，2016.

言，创新要素主要包含高品质内容、高质量人才、高标准数据、数智化技术和创新要素集聚过程等。[①]

一、高品质内容

作为知识密集型产业，知识要素是其核心新质生产要素。"内容为体，技术为用"，强调了内容在出版中的核心地位，创新生成高品质内容始终是出版业发展的本质所在。内容要素集聚出版企业，能够增强出版企业的核心竞争力和品牌影响力。海量的内容资源一方面有利于出版企业生产多样化的出版物以满足广大读者的阅读需求，另一方面也为出版企业开拓数字媒体、在线教育产品等多元化业务提供了可能。同时，丰富的内容资源也会吸引高质量人才加入出版企业，提高内容质量，为企业带来源源不断的创新活力。此外，内容要素集聚还为出版企业的国际合作和版权贸易提供了坚实基础，推动我国出版"走出去"。

出版内容生产方式随着互联网和信息技术的变化而变化，由传统出版时期的职业生产内容（occupationally-generated content，OGC）到互联网 1.0 时代的专业生产内容（professionally-generated content，PGC）再到互联网 2.0 时代的用户生产内容（user-generated content，UGC）正转向现在互联网 3.0 时代的 AIGC。内容生产方式的"转型""升级"并不代表 PGC 完全被 UGC、AIGC 取代，而是强调内容生产方式的多元化、内容生产体系的健全化，[②]有助于生成更多高品质内容。

在移动互联网还没有兴起的传统出版时代，以具有专业知识和职业身份的行业人士为主体生产内容的 OGC 模式，产出的内容质量更高、更权威，但同时高门槛的设置使得生产成本也更高。在互联网刚刚兴起的 1.0 时代，以各个领域的专家、领袖为主体生产内容的 PGC 模式，产出的内容专业、优质，并且传播的过程实现了数字化和双向互动。在互联网快速发展的 2.0 时代，以文化水平和受教育程度参差不齐的普通网民为主体生产内容的 UGC 模式，产出的内容和形式更丰富多元，但质量难以保证。当下，在以 AI 为代表的新一轮科技革命和产业变革深刻发展的 3.0 时代，AIGC 颠覆了出版业现有的内容生产模式，使出版

---

① 方卿，张新新.出版业高质量发展目标之创新发展：以新质生产力推动出版业高质量发展 [J].编辑之友，2024（2）：29-35，53.

② 张新新，丁靖佳.生成式智能出版的技术原理与流程革新 [J].图书情报知识，2023，40（5）：68-76.

业机遇、危机并存。以先进算法为主导的 AIGC 模式，可以实现内容生产自动化、智能化和高效化，并且生产成本也大大低于人力成本。不过，目前 AI 自身技术还存在局限性，生成的内容可能存在伦理风险。但是，相信随着科技水平的不断提升，AIGC 的质量也会不断提高，价值也会不断升高。因此，出版业应着力将前沿技术应用到包括信息采集、选题策划等在内的内容生产环节以提升内容品质。不过无论技术如何演变，出版业内容生产范式如何改变，其高品质内容的核心都不会变，即生产具有代表性的文化价值和文化符号。①

出版业是文化产业，出版物的文化质量是出版物质量的生命线，②出版业高质量发展首先是蕴含文化自信的发展。③典型的文化价值内涵和文化表征符号就是指思想导向正确、社会价值正向、理论论证科学、精神成果创新、组织表达合理的精品内容。主要体现在两方面，一是对已有文化成果的推陈出新，如对中华优秀传统文化、革命文化和社会主义先进文化这"三个文化"的创造性转化和创新性发展；二是对原创文化成果的及时发现、转化、固化。然而目前出版内容存在同质化、低俗化、原创性弱等问题。出版业应随着社会的发展，借助技术不断创新、提升内容品质，使优质内容和当下时代深度交融，打造出一批又一批精品力作，甚至是传世之作。

案例 8：中国社会科学出版社

《中国近代影像资料库》是知识密集型出版的典范。

在知识密集型产业中，知识要素作为核心新质生产要素，对于出版业的发展具有至关重要的作用。中国社会科学出版社的《中国近代影像资料库》正是这一理念的生动体现，它强调了"内容为体，技术为用"，通过创新生成高品质内容，展现了出版业发展的本质所在。

一、内容为核心，打造高品质出版物

《中国近代影像资料库》以近代历史照片为主要内容，涵盖了 1840——

---

① 王嘉昀，余清楚. 出版精品化战略的构成、沿革和趋势分析 [J]. 出版广角，2022（5）：12-16.

② 陈少志，张新新. 出版业文化质量的提升向度与路径探析：基于编辑工作的视角 [J]. 中国编辑，2023（7）：32-38

③ 张新新. 文化自信与出版业高质量发展的辩证分析 [J]. 出版广角，2022（19）：40-46，51.

1949 年间 8 万多幅珍贵的历史照片和近百部近代历史视频。这些影像资料不仅数量庞大，而且来源广泛，包括海外图书馆藏、战地记者实录、在华摄影家及收藏家作品等，确保了内容的权威性和丰富性。通过细粒度的加工和分类，资料库能够为广大读者提供多样化的历史研究素材，满足不同层次的阅读需求。

二、技术创新，推动内容生产多元化

在互联网和信息技术快速发展的背景下，《中国近代影像资料库》不断创新内容生产方式，实现了从 OGC 到 PGC，再到 UGC 和 AIGC 的多元化转变。虽然内容生产方式的"转型""升级"并不意味着 PGC 完全被其他方式取代，但《中国近代影像资料库》确实利用了 AIGC 等先进技术进行内容的挖掘、整理和呈现，从而提高了内容生产的效率和质量。同时，资料库还通过数字化手段，实现了影像资料的快速检索和个性化推荐，提升了用户体验。

三、内容集聚，增强核心竞争力和品牌影响力

《中国近代影像资料库》通过集聚大量的历史影像资料，不仅满足了广大读者的阅读需求，还为出版社开拓了数字媒体、在线教育产品等多元化业务提供了可能。这些丰富的内容资源吸引了高质量人才的加入，提高了内容质量，为企业带来了源源不断的创新活力。同时，资料库的国际合作和版权贸易也得以顺利开展，推动了中国出版业的国际化进程。

四、社会效益与经济效益双丰收

《中国近代影像资料库》在取得显著社会效益的同时，也实现了良好的经济效益。它先后荣获多项奖项，包括"数字渠道创新应用奖"等，品牌影响力不断提升。同时，资料库还通过与高校、图书馆等机构的合作，举办了多场爱国主义和历史文化题材的老照片展览，增强了民族自豪感，激发了人们对于历史学习的兴趣。在经济效益方面，资料库已经吸引了大量机构用户开通试用，并实现了销售收入的增长。

综上，《中国近代影像资料库》作为知识密集型出版的典范，通过创新

生成高品质内容、利用先进技术推动内容生产多元化、集聚内容资源增强核心竞争力和品牌影响力，以及实现社会效益与经济效益双丰收等方面的努力，为中国出版业的发展提供了有益的借鉴和启示。

二、高质量人才

马克思关于"人的本质论"学说认为，人是生产力主体，是最活跃、最基本的生产力要素。出版业属于文化创意产业，具有智力密集的特点，尤其需要高质量人才。人才是出版业发展的核心要素和第一要义。人才要素集聚出版企业，能够带来高品质内容和创新思维，有助于改进现有出版流程，提高生产效率和生产质量。例如，优秀的创作人才、复合型编辑、CDO、新媒体运营人才、市场营销人才等通过互相协作和知识共享，能够快速适应时代发展和迅速响应市场变化，用新技术、新工具创新出版流程、出版产品和营销手段，提升出版企业创新产出效率，进而增强企业市场竞争力。

出版业人才发展需求根据不同时期生产力（主要是生产工具）的不同而呈现不同特点。出版人由"剪刀加糨糊"时代的简单劳动力到"光与电"时代的专业劳动力，再向今天"数与网"时代的高级劳动力转型升级，其专业化能力和综合素质不断提升，[①] 对人才的要求也与时俱进、不断提高。

新质生产力对出版业高质量发展人才提出的新要求有三点。①创新创造能力突出。出版人的创新创造能力表现在通过出版活动产生并普及推广了新颖的且有价值的成果，具体体现在以内容创新、产品创新、服务创新、运营创新、渠道创新、模式创新、业态创新和管理创新等构成的全面创新体系。②引领发展本领显著。创新是引领发展的第一动力。出版人必须坚持结合时代变化，从理论创新、制度创新和实践创新等各方面作出新的战略部署。③数字数据素养与技能卓越。出版数字数据是指在数字出版活动中产生的各种数字记录，是一种重要的新型生产要素。出版人必须具备数字数据适应力、数字数据胜任力、

---

① 张新新，孙瑾. 要素·结构·功能：出版业高质量发展经济维度分析：基于提高出版经济活动质量的视角 [J]. 数字出版研究，2023，2（4）：47-56.

数字数据创造力和国际化数字数据能力四位一体的数字数据素养与技能。[①] 新质生产力对出版业高质量发展人才提出的新要求见图 33。

1　创新创造能力突出。出版人的创新创造能力表现在通过出版活动产生并普及推广了新颖的且有价值的成果。

2　引领发展本领显著。创新是引领发展的第一动力。出版人必须坚持结合时代变化从理论创新、制度创新和实践创新等各方面作出新的战略部署。

3　数字数据素养与技能卓越。出版数字数据是指在数字出版活动中产生的各种数字记录，是一种重要的新型生产要素。

图 33　新质生产力对出版业高质量发展人才提出的新要求

三、高标准数据

党的十九届四中全会首次提出把数据作为新的生产要素，2020 年《关于构建更加完善的要素市场化配置体制机制的意见》发布，数据首次正式被纳入生产要素范围。数字经济的蓬勃发展使得作为一种新型生产要素的数据在市场中的地位越来越重要，它与土地、劳动力、资本、技术这四大生产要素相互作用、有机融合，构成新质生产力，推动生产关系数智化变革。在出版业，数据作为 AI（人工智能）等新一代信息技术的基础性也是关键性生产要素，对出版活动产生革命性创新影响。数据要素集聚出版企业，能够带来强大的支持，进而使出版企业能够更高效、科学地进行决策布局。出版企业利用大数据技术，对集聚的海量内容数据、生产数据、管理数据、用户数据、交互数据等出版数据进行计算、分析，有助于出版企业更精准地掌握信息采集、选题策划、编辑加工整理、整体设计、出版物宣传等各个环节，从而节约成本、降本增效，实现针对性、精准性、个性化的生产和营销，促进出版企业数字化转型升级。当企业所掌握的数据达到规模经济的临界值时，企业将充分利用数据要素集聚所形成

[①]　张新新. 数字出版编辑论：概念·特征·范畴 [J]. 科技与出版，2022（9）：29-37.

的网络效应等优势获取更多的数据要素以达到数据垄断和市场垄断。①

数据要素是指对客观事物的性质、状态及关系进行记录的物理符号或符号组合，是未经加工的数字和事实；信息是指经过处理、专题化的数据；知识则是经过实践检验被证明是正确的信息。② 只有将数据要素标引、加工、处理变成知识内容，才能充分实现其价值。但是由于目前数据标准尚未统一，出版业还未能对数据进行有效利用和充分开发。出版业大部分数据是没有进行标引的非结构化资源，出版企业也没有形成统一完善的数据管理系统，这就导致出版数据流通不畅、存在割裂的"数据孤岛"。因此，建设分类科学、层次分明、完整适用、协同管理的高标准出版数据体系，对于培育新动能、构建出版新型生产关系具有重大意义。

分类科学、层次分明要求出版业首先要对数据进行分类分级。在中央标准的引领下，结合出版业自身特点，出版行业数据可划分为公共数据、企业数据、个人数据。出版业的公共数据主要是指国家部委、政府机关、相关部门发布的出版相关政策文件、编著的出版相关书籍。例如，《规划》《中华人民共和国著作权法（2022 年修正）》等。出版业的企业数据主要是围绕出版企业自己生产的出版产品产生的。其中，内部包括内容数据、生产数据、管理数据等，外部主要包含用户数据、交互数据等。出版业的个人数据主要来源于作者、读者、中间商和其他提供商。出版业将数据归类完毕后，应在数据分类的基础上再对每一类出版数据进行层级划分。出版业可以按照数据重要程度将其划分为核心出版数据、重要出版数据、一般出版数据。核心出版数据是指与出版企业生产出版产品相关的数据，重要出版数据是指个人信息等隐私数据，一般出版数据即公开共享的出版政策信息等。完整适用是指出版数据本身规范化，包括对出版数据的命名、定义、类型、格式、表达等达成一致性约定，确保出版数据的准确性和有效性。协同管理要求出版业借助新兴技术在各单位、各部门间建立统一、规范、完善的出版数据管理系统，实现出版数据共享和互操作性。

出版企业应大力参与出版数据标准体系建设，既可以提高出版业的数据转化利用率、促进各企业协同发展、防止标准不一造成资源浪费，又能保障数据

---

① 潘家栋，肖文，唐楠. 数据要素赋能创新模式演进 [J]. 社会科学战线，2024（3）：51-58.
② 张新新，黄如花. 生成式智能出版的应用场景、风险挑战与调治路径 [J]. 图书情报知识，2023，40（5）：77-86，2.

安全，便于出版业开展数据治理。

四、数智化技术

科学技术是第一生产力。新质生产力是技术创新起主导作用的生产力，技术创新倒逼生产关系变革。出版业是技术驱动发展而来的产业，科学技术的每一次进步都会带来出版业的创新与发展。技术要素集聚出版企业，能够优化出版流程，提高出版效率和出版质量。例如，在选题策划和宣传推广环节应用大数据技术可以优化选题和精准营销；在内容生产环节应用生成式 AI 技术可以辅助创作，提高创作质量和效率；在编辑、校对、排版环节应用智能编校排工具可以解放人力、提高效率。此外，区块链技术在出版领域的应用有助于版权保护和交易收益公平透明；VR、AR 的应用有助于丰富出版物的形式，开发多元化的出版产品。

出版业的发展史，是一部"笔与纸""铅与火""光与电"到"数与网"的发展历程，历经手工抄写阶段、手工印刷阶段、机械印刷阶段和电子出版阶段，目前已步入智能出版时代。[①]出版业总是积极地将科技成果转化为生产力，一部出版史就是技术创新成果在出版领域应用与发展的历史，数智化技术是推动出版业持续变革的关键所在。"数智化"的最初概念是数字智慧化和智慧数字化的合成，"大、智、移、云、物"等数智化技术的融合创新与应用，[②]是出版业适应数智化时代发展的必要条件。出版业要积极研发关键共性数智化技术，提升科技自主创新能力。2017 年，我国工业和信息化部印发《产业关键共性技术发展指南（2017 年）》，旨在通过技术研发增强创新能力，从而使企业"提速增效"，大幅提升生产率。国家发展和改革委员会将产业关键共性技术定义为"具有较强通用性和外部性、支撑多个产业或领域发展的技术，对整个产业的技术水平、发展质量和生产效率具有带动作用，能够产生较大的经济和社会效益。"[③]现阶段，出版产业的关键共性技术就是指能被出版各部门和各环节广泛采用且能对

---

① 张新新. 论数字出版的性质 [J]. 出版与印刷，2021（2）：27-34.

② 张海涛，张鑫蕊，张春龙，等. 新时代"情报学 +"数智化人才的培育理路 [J]. 图书情报知识，2024，41（1）：58-68.

③ "十四五"规划《纲要》名词解释之 31| 产业共性基础技术，国家发展和改革委员会 [EB/OL]. (2021-12-24). https://www.ndrc.gov.cn/fggz/fzzlgh/gjfzgh/202112/t20211224_1309281.html.

出版业产生深刻影响的数智化技术。具体包括能够支撑传统出版与数字出版一体化生产管理的融合出版 ERP 系统、包含知识体系全领域语料库的智能编校排系统及出版内外部数据应用治理工具集与大模型[①]，以及出版智库、知识服务和以 ChatGPT、Sora 等为代表的生成式 AI 技术。通过数智技术的研发和应用，创新出版业内容生产、流通、消费方式，推动更多出版新产品、新服务、新消费、新业态的出现。

高品质内容、高质量人才、高标准数据和数智化技术是出版创新生产要素。高品质内容要素集聚有利于提升出版企业创新质量；高质量人才要素集聚有利于提升出版企业的创新能力；高标准数据要素集聚有利于赋能其他创新生产要素；数智化技术要素集聚有利于提升出版企业创新效率。综上，促进出版创新要素集聚，有利于提高生产力，优化生产关系。

案例 9：中国农业出版社

下面对"智汇三农"平台与数智化技术的融合进行分析。

"智汇三农"农业专业知识服务平台是中国农业出版社有限公司在数智化时代背景下，积极探索和创新农业出版领域的产物。该平台充分利用了数智化技术，不仅优化了出版流程，提高了出版效率和出版质量，还推动了农业专业知识的广泛传播和深度应用。

一、数智化技术在"智汇三农"平台中的应用

（1）大数据技术。在"智汇三农"平台的选题策划和宣传推广环节，大数据技术发挥了重要作用。通过对海量农业专业数据的分析和挖掘，平台能够精准把握市场需求和读者偏好，从而优化选题，推出更符合市场需求的农业专业出版物。同时，大数据技术还可以用于精准营销，帮助平台将出版物准确地推送给潜在读者，提高营销效果。

（2）生成式 AI。在内容生产环节，"智汇三农"平台积极探索应用生成式 AI 技术，以辅助创作和提高创作质量和效率。这种技术能够自动生成符合农业专业要求的文本内容，为编辑和作者提供创作灵感和素材，加速出版

---

① 方卿，张新新.出版业高质量发展目标之创新发展：以新质生产力推动出版业高质量发展 [J].编辑之友，2024（2）：29-35，53.

物的生产过程。

（3）智能编校排工具。在编辑、校对、排版环节，平台应用了智能编校排工具，这些工具能够自动化处理文本内容，减少人力成本，提高工作效率。同时，智能工具还能确保出版物的质量，减少错误和遗漏，提升读者的阅读体验。

二、数智化技术对"智汇三农"平台的影响

（1）提升平台竞争力。通过应用数智化技术，"智汇三农"平台在选题策划、内容生产、编辑校对、宣传推广等方面实现了全面优化，提升了平台的竞争力和影响力。这使得平台能够更好地满足读者的需求，吸引更多的用户关注和使用。

（2）推动农业专业知识传播。数智化技术的应用使得"智汇三农"平台能够更高效地传播农业专业知识。通过精准营销和多元化的出版产品，平台能够将农业知识广泛传播给广大农民、农业科研工作者和农业爱好者，推动农业科技的普及和应用。

（3）促进农业出版领域创新发展。"智汇三农"平台作为农业出版领域的"领头羊"，积极探索数智化技术的应用和创新发展路径。这不仅为平台自身的发展注入了新的活力，也为整个农业出版领域的创新发展提供了有益的借鉴和启示。

综上，"智汇三农"农业专业知识服务平台充分利用了数智化技术的优势，实现了出版流程的优化和出版质量的提升。同时，平台还通过创新应用数智化技术，推动了农业专业知识的广泛传播和深度应用，为农业出版领域的创新发展作出了积极贡献。

五、创新要素集聚过程

与创新要素集聚相关的研究是依托于产业集聚的。[①]创新要素集聚是产业集聚的基础。企业是创新的主体，是创新要素集聚的首要地点。在某个区域内，

---

① 肖婷. 创新要素集聚对区域创新效率的影响研究 [D]. 深圳：深圳大学，2019.

高品质内容、高质量人才、高标准数据、数智化技术、先进资本等创新要素首先集中到龙头出版企业，并在企业内部进行有效整合和应用。高质量人才运用数智化技术对高标准数据和高质量内容进行分析、加工，最终将创新要素转化为出版产品和服务，从而增强核心竞争力和扩大市场份额。这时就会吸引越来越多的上下游出版企业聚集到该地区，形成规模经济，产生产业集群效应，提高创新能力。同时还会吸引出版高校和科研机构纷纷与其合作、资源共享，形成产学研合作模式，产生知识技术外溢效应，进而促进创新要素集聚，共同推进出版产业转型升级和技术更新迭代。然后，当一个区域的出版创新要素集聚到足够程度后，随之也会带来实体店铺租金上涨、人力成本增加等一系列问题，造成出版企业生产成本升高，使出版创新要素向相邻又落后的区域转移，产生扩散效应，实现区域平衡发展。

新质生产力推动出版创新要素跨空间流动，形成出版产业的虚拟集聚。高品质内容、高质量人才、高标准数据、数智化技术等创新要素不再局限于传统地理位置上的集中，而是通过互联网和数字平台在全球范围内进行集聚和优化组合，见图34。出版企业利用数智技术，通过算法和算力在全球范围内实现创新要素的系统化管理、网络化协作和高效配置。这种基于信息技术的网络空间虚拟集聚，使得不同地区的出版企业能够跨越地理限制，形成动态联盟，共同创造价值。同时在产业链中，上下游出版企业基于功能距离而非物理距离进行集聚，通过配套关系和网络连接实现紧密合作，企业能够保持一定的地理分散，促进了区域间的平衡发展。此外，平台经济的兴起推动了实虚空间一体化的虚拟集聚。这导致出版产业集聚的载体从单纯的实体企业转向实体和数字平台的结合，形成了线上数字经济和线下实体经济的紧密耦合。

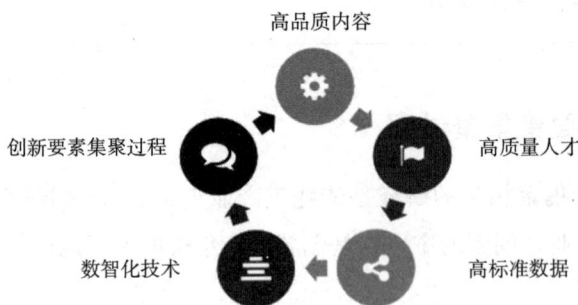

图34　出版创新要素集聚的丰富内涵

通过传统地理集聚和虚拟空间集聚，这种动态、开放、循环的创新要素集聚和扩散过程，最终会形成一个完善的出版创新体系，推动出版业高质量发展。

第二节　面向创新要素集聚的出版新型生产关系逻辑机理

创新要素集聚是推动以全要素生产率大幅提升为核心标志的新质生产力发展的内在要求。生产力决定生产关系，因此，创新要素集聚是塑造新型生产关系的题中之意。

一、创新要素集聚是塑造出版业新质生产力的内在要求和核心要义

新质生产力的核心特点是科技创新引领全要素生产率大幅提升。全要素生产率（total factor productivity，TFP）是指把生产单位看作一个系统中的各个要素的综合生产率。[①]全要素生产率增长率最早由索洛提出，这里取索洛剩余的定义，它是指各个要素投入之外的技术进步和能力实现等导致的产出增加，是剔除要素投入贡献后所得到的残差。因此，全要素生产率提升主要依靠技术进步和效率改善。

一方面，创新要素集聚是技术进步的重要前提。新经济地理学认为创新要素集聚能够促进技术进步。[②]王钺等的研究发现，具有"知识性""技术性""趋利性"的创新要素通过流动、整合，可以加速产生新知识和创造新发明，而新知识和新发明的出现又能推动技术进步。[③]创新要素在出版业的集聚，不仅汇聚了更多的优质资本与高质量人才，还整合了先进数智技术资源，产生显著的知识溢出效应，为出版企业的知识创新与产品开发奠定了坚实基础，进而提高了出版机构及所在区域的总体技术水平。而出版物中新知识的出现，有助于公

---

① 潘雪，王维朗，果磊. 人工智能时代科技期刊增强新质传播力之应对策略 [J]. 编辑学报，2024，36（4）：360-364.

② 赵星，董直庆. 创新要素空间集聚与区域创新产出：不同城市群的对比检验 [J]. 上海商学院学报，2022，23（2）：3-20.

③ 王钺，刘秉镰. 创新要素的流动为何如此重要？——基于全要素生产率的视角 [J]. 中国软科学，2017（8）：91-101.

众对前沿领域、新兴观念的理解与接纳，间接促进了科学知识发现；数字藏品、NFT 出版物等新型出版产品的面世，又为出版物的开发和使用设定了新的标准，为出版流程的革新和调整提出了新的要求，间接促进了出版技术突破。

另一方面，创新要素集聚是效率改善的重要抓手。创新要素集聚是指在一定地理空间范围内，以政府为主导，以创新主体为载体，以市场为导向，各类要素集中汇合的现象。从静态维度看，是指创新要素在一段时期内的总量与各主体之间的分布占比；从动态维度看，是指通过创新要素的流动，不断优化、整合达到最优配置。[①] 通过创新要素配置优化，产生 1+1>2 的集聚效应，从而显著提高生产效率。在出版领域，创新要素的集聚能为出版产业带来更多的投资，从而又吸引更多的创新要素流入，更好地发挥规模经济的优势，提高产出效率。同时，为了吸引和保证创新要素的顺畅流动和有效集聚，出版企业内部也要做出灵活调整，如采用更先进的出版管理系统、建立更高效的人才管理机制等。这一系列为创新要素集聚做出的改进措施，在本质上又提升了出版企业的效率。

因此，创新要素集聚有利于技术进步和效率改善，从而推动以全要素生产率大幅提升为核心标志的新质生产力发展，见图 35。

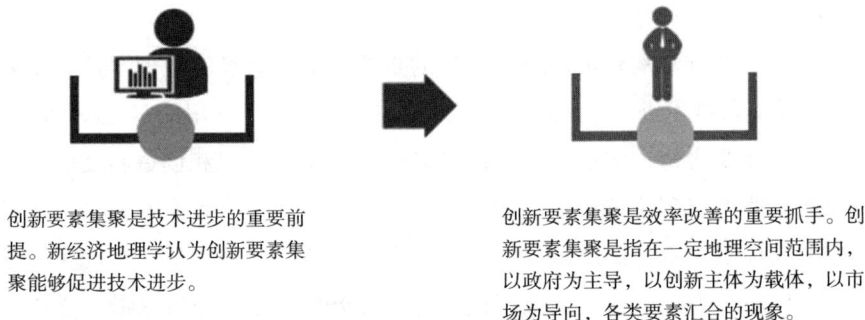

创新要素集聚是技术进步的重要前提。新经济地理学认为创新要素集聚能够促进技术进步。

创新要素集聚是效率改善的重要抓手。创新要素集聚是指在一定地理空间范围内，以政府为主导，以创新主体为载体，以市场为导向，各类要素汇合的现象。

图 35　创新要素集聚是塑造出版业新质生产力的内在要求和核心要义

二、出版业新质生产力决定出版新型生产关系

马克思指出，"各个人借以进行生产的社会关系，即社会生产关系，是随着物质生产资料、生产力的变化和发展而变化和改变的。生产关系总合起来构

---

① 陈菲琼，任森. 创新资源集聚的主导因素研究：以浙江为例 [J]. 科研管理，2011, 32（1）: 89-96.

成所谓社会关系和社会，并且是构成一个处于一定历史发展阶段上的社会，具有独有的特征的社会。"[1] "随着新生产力的获得，人们改变自己[2]的生产方式，随着生产方式即谋生方式的改变，人们也会改变自己的一切社会关系。"目前，以"生产力决定生产关系，生产关系反作用于生产力"为核心的"生产力决定论"在揭示我国经济发展道路和指导我国特色社会主义建设上仍处于主流地位。[3] 一方面，科技不断进步，生产力不断发展变化，生产关系也随之不断变动；另一方面，当生产关系的性质适应生产力的发展状况时，它就能促进生产力发展，反之就会阻碍生产力发展。因此，生产关系一定要适应生产力的发展。

新型生产关系就是摆脱传统经济增长方式的先进关系。传统经济增长的最终动力来源，是劳动、土地、资本这三种基本的生产要素。但是，这三种生产要素并非取之不尽、用之不竭的。因此，我们要用高科技、高效能、高质量的第四要素和第五要素，即技术和数据，与三种基本的生产要素进行创新的配置、组合、使用。要素的重新组合本质上也是一种要素的集聚，引领新的经济增长方式就需要创新要素的集聚，[4] 从要素投资驱动转向创新要素集聚驱动。通过创新要素集聚，可以大幅提升全要素生产率，从而"摆脱传统经济增长方式、生产力发展路径"，塑造新型生产关系。在出版业，传统出版主要依赖纸张、油墨、印刷设备、实体书店和人力资源等基本生产要素，但这些传统生产要素在当下数智化环境下的边际效益逐渐递减，已经难以满足市场对出版产品多元化、个性化和互动性的需求。出版企业需要集聚内容创新、人才创新、数据创新、技术创新等创新要素来推动出版业向高质量、高效率的模式转变，以此构建新型生产关系，见图36。

---

① 马克思，恩格斯. 马克思恩格斯文集：第 1 卷 [M]. 北京：人民出版社，1995.

② 马克思，恩格斯. 马克思恩格斯文集：第 1 卷 [M]. 北京：人民出版社，2009.

③ 郭冠清. 回到马克思：对生产力——生产方式——生产关系原理再解读 [J]. 当代经济研究，2020（3）：5-13，113，2.

④ 陈正其，丁利杰. 创新要素集聚促进新旧动能转换的演化机制研究 [J]. 河北企业，2022（11）：137-139.

1. 创新要素集聚是塑造出版业新质生产力的内在要求和核心要义

2. 出版新质生产力决定出版新型生产关系

图 36 面向创新要素集聚的出版新型生产关系逻辑机理

第三节 基于创新要素集聚相适配的出版新型生产关系内涵

如上所述，生产力的改变深刻影响生产关系的演变，面向出版创新要素集聚来塑造出版新型生产关系，本质上是适配新质生产力的发展。

"生产关系"概念是马克思、恩格斯在《德意志意识形态》一书中首次提出的标志历史唯物主义形式的基本概念。马克思认为"如果说生产力对应着人与自然的关系，生产关系则对应着人与人的相互关系、社会关系。"后来，马克思在《政治经济学批判导言》中指出，生产关系是指人们在再生产的过程中结成的相互关系，包括生产、分配、交换和消费等诸多关系在内的生产关系体系，它们构成一个总体的各个环节，一个统一体内部的差别。[①] 把这种论述称为"四分法"。首先，生产环节，旧的生产关系，在内容生产方式上，无论是从最开始的 OGC 到 PGC，还是 UGC，都是以人工生产内容为主；在出版流程上，遵循传统的编印发流程，与新兴出版流程各自为政。出版新型生产关系在内容生产方面借助新兴技术赋能，形成了人机协作为主的新型内容范式，即 AIGC；在出版流程方面，传统出版和新兴出版有机融合、协作一致，真正实现"一批人、一条线、一张皮"。同时，分配关系取决于生产关系。在原有的出版生产关系中，出版业的收入分配主要存在于作者和出版者之间，实行按劳分配制度。随着技

---

① 马克思，恩格斯.《马恩选集》第一卷 [M]. 北京：人民出版社，1995.

术的不断发展和社会的不断进步，生产关系不断优化，与之同时分配方式更多样、分配关系更复杂。诸如知识、数据等各种新生产要素参与收益分配，在此基础上健全生产要素按贡献参与分配机制、再分配机制等多种分配形式成为最佳选择。在交换过程中，传统出版活动交换的是出版产品本身，出版新型生产关系中交换的本质是价值。出版企业为用户提供使用价值，即出版产品和服务；用户为出版企业提供交换价值，即使用价值的量化回报——收入。[①]出版企业由单纯生产型到生产经营型再向生产服务型转变。在消费环节，传统的出版消费模式单一单向，并且常常与出版生产过程并无联系。数字经济的出现催生了一大批多元化的新消费模式和消费场景，用户的消费需求和消费规模也不断扩大。出版新型生产关系中的出版消费环节往往与生产环节相互作用，构成出版生产、流通、消费的闭环。

直到 20 世纪 50 年代，斯大林在《苏联社会主义经济问题》一书中提出了一个与马克思恩格斯的观点不完全一样的新观点。他认为生产关系，即经济关系，其中包括：（甲）生产资料所有制形式；（乙）由此产生的各种不同集团在生产中的地位及它们的相互关系，或如马克思说的，互相交换其活动；（丙）完全以它们为转移的产品分配形式。[②]这就是现在人所共知的"三分法"论述。生产资料所有制的形式、人们在生产中的地位和相互关系、产品分配的形式，它们依次对应生产力中的劳动资料、劳动者和劳动对象。①劳动资料中起决定性作用的是生产工具。今天，以全媒体营销工具为代表的"数与网"时代，需要更先进的智能出版设备。数字化、移动性的新型智能生产工具大大增加了生产资料的开放性和共享性，生产资料使用权和所有权向着社会化趋势发展，生产资料所有制朝着马克思所说的共产主义社会所有制方向发展。②传统出版生产中的劳动者通常只是具有出版专业能力的普通劳动者，出版新型生产关系中适用的劳动者必须是在专业能力和技术水平方面具备更高素质的复合型劳动者，即创新创造能力突出、引领发展本领显著、数字数据素养与技能卓越，更符合数字化、智能化出版新要求。③传统出版生产中的劳动对象主要是出版物，是以有形的物质载体为主的；出版新型生产关系中的劳动对象还包括数据，是以无

① 杜方伟. 平台包络视域下出版企业的跨界融合与竞争优势重构 [J]. 中国编辑，2023（10）：21-29.

② 中国共产党新闻网. 宋养琰：生产关系面面观 [EB/OL]. (2014-11-02). http://theory.people.com.cn/n/2014/1102/c40531-25957644.html.

形的数字内容为主的。那么，从利益分配的角度讲，新的要素参与生产也使得按生产要素贡献分配的方式更为合理。

因此，从这个意义上讲，适应出版业新质生产力发展的出版新型生产关系就包括"将出版业务与新兴技术和管理创新融为一体"[①]的融合出版生产资料所有制形式，融合出版业务组织形式、融合出版成果分配机制和考核评价方式等。

以上两种观点有所不同，但是二者都提到了人们在生产过程中的相互关系。因此，本书重点剖析劳动者在生产中的地位和相互关系的变化。

一、不同编辑类型的出现，劳动者地位产生变化

发展与新质生产力相适应的新型生产关系巩固了劳动者的主体地位，劳动者从资本主义生产关系下"片面的人"向社会主义生产关系下"全面的人"发展。[②]

一方面，从劳动者范畴看，随着技术的发展，出现了传统出版编辑、数字出版编辑、融合出版编辑等不同编辑类型。前者仍然是目前出版行业的主力军，需要恪守工匠精神、坚守出版主业，同时积极拥抱数智技术，拓展和创新原有的编辑意识、素养和能力，[③]提升数智素养以保持专业竞争力，从而实现自身的转型和再造。后两者的地位相比前者有所上升。数字出版编辑是数字出版核心范畴的抽象前提，处于数字出版基本范畴的中心地位，是数字出版基本范畴的主体性力量，是数字出版产品、技术、营销、项目等流程的启动者，是数字出版制度的制定者和受益者。数字出版编辑主要包括数字出版内容编辑、数字出版技术编辑和数字出版运维编辑。早在2015年，北京就已经开始探索试行数字编辑职称体系建设工作。近年来，国家、行业层面越来越重视数字出版编辑的发展，不断完善数字编辑职称评审工作和人才培养体系。2022年，《中华人民共和国职业分类大典（2022年版）》将数字编辑列入编辑行列，[④]为数字编辑从业者

[①] 张新新.全媒体传播体系视域的融合出版自主知识体系框架分析 [J].编辑之友，2024（5）：17-25.

[②] 谢富胜，江楠，匡晓璐.马克思的生产力理论与发展新质生产力 [J].中国人民大学学报，2024，38（5）：1-13.

[③] 张新新.数字出版编辑论：概念·特征·范畴 [J].科技与出版，2022（9）：29-37.

[④] 中华人民共和国人力资源和社会保障部.中华人民共和国职业分类大典（2022年版）公示稿 [EB/OL].(2022-07-12)[2024-03-09].http://jg.class.com.cn/cms/xwzx/12/348971.htm.

"正名定分"，极大提升了数字编辑的社会地位。同年，全国科学技术名词审定委员会将"融合出版"正式纳入编辑与出版学名词术语表中，被赋予官方定义。宏观而言，融合出版是出版业新质生产力推动下产生的，是出版业新型技术工具、新型劳动者及创新要素集聚所共同推动下的出版发展新阶段，是新质生产力中的"出版业关键共性技术等新型生产工具、拥有数智素养与技能的新型劳动者及数据、技术、人才等创新要素"[①] 投入出版产业链所带来新要素贡献的结果。[②] 基于新型劳动者视角的融合出版编辑地位日益凸显，逐渐成为传统出版编辑转型的主要方向。融合出版编辑包括融合出版内容编辑、融合出版技术编辑和融合出版运维编辑。新质生产力要求融合出版内容编辑具备较高的数据素养和技能，要求融合出版技术编辑具备先进技术的学习力、理解力、适应力、掌握力、胜任力及创造力，要求融合出版运维编辑具备在数智化环境中独立开展全媒体营销的能力。[③]

另一方面，原本只是作为劳动工具存在的人工智能正在展现出作为劳动主体的特质，编辑相比机器、人工智能的地位，前者有所下降、弱化，后者提升、强化。以往弱人工智能并不真正具备"人的意志和情感"，只能在人类的监督下进行半自动化的工作。随着技术的进步，生成式人工智能将弱人工智能推向与用户深度互动的通用型模式，实现了巨大突破，已经让人们感受到了巨大的威胁。例如，具有较强的自然语言生成能力的 ChatGPT，可以执行一些以往只有人类才能完成的写作、翻译等任务，具有相当大的自主性和能动性。马克思认为劳动是人的本质，也是人的存在方式，劳动工具的革新是生产力进步的主要标志，但同时人的劳动为机器体系所异化。[④] 人工智能的不断演进、发展与应用重构了传统生产方式，提高了生产效率，人工智能在劳动过程中的角色越来越接近于劳动主体，而人仿佛沦为人工智能工具的有机附属。因此，人工智能不

---

① 方卿，张新新.出版业高质量发展目标之创新发展：以新质生产力推动出版业高质量发展 [J]. 编辑之友，2024（2）：29-35，53.

② 陈少志，刘逸伦.出版深度融合发展价值论：动因转向、价值意蕴与体系建构 [J]. 编辑之友，2024（5）：26-34.

③ 张新新，周姝伶.新质生产力推动全媒体出版传播体系构建：推动出版深度融合发展的新要素新动能新路径 [J]. 中国编辑，2024（6）：11-20.

④ 张武军，王嘉铎.人机共融到人机共荣：以 ChatGPT 为例论生成式人工智能生成物的可著作权性问题 [J]. 电子知识产权，2024（1）：35-43.

再单单是劳动工具，而是能够成为虚拟劳动主体，地位不断提升，见图 37。

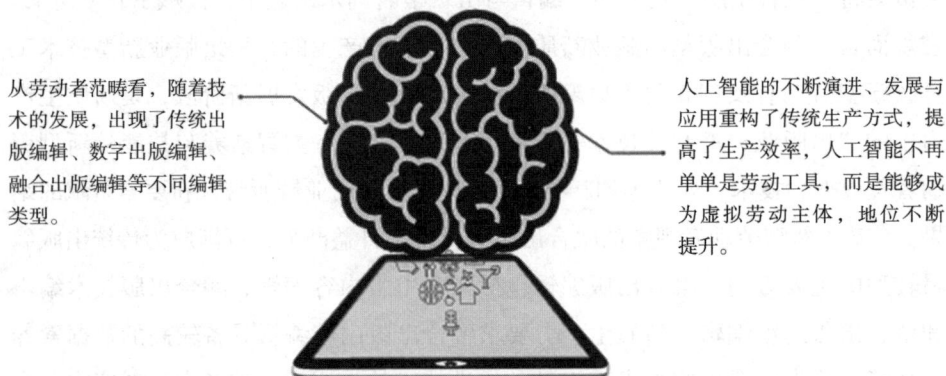

从劳动者范畴看，随着技术的发展，出现了传统出版编辑、数字出版编辑、融合出版编辑等不同编辑类型。

人工智能的不断演进、发展与应用重构了传统生产方式，提高了生产效率，人工智能不再单单是劳动工具，而是能够成为虚拟劳动主体，地位不断提升。

图 37　不同编辑类型出现劳动者地位的变化

二、不同编辑类型和地位变化形成了出版新型生产关系

生产关系是劳动者社会地位的表现形式，[①] 反映了人们之间的不同分工和劳动地位。[②] 编辑类型和地位的演变揭示了新的出版生产关系。

出版新型劳动过程更突出劳动者的主体地位，自主、灵活、创新的新型劳动者之间更强调协作性，人人平等、人机交互、合作共生成为生产关系的主导。以前的出版生产关系是"人—人"直接联系，人与人之间采用刚性管理方式。一方面，作者和编辑之间是不完全平等的依附关系，作者创作的内容只能且必须经过编辑的审校后才能发布；作者和读者之间的交流有限，读者处于比较被动的地位。另一方面，出版企业内部，传统劳动分工形式单一，传统出版企业往往采用"自上而下"组织管理结构和纯粹"人管人"的管理模式。现在，数智技术和数字平台重塑劳动过程，劳动关系更和谐、多元、平等，管理方式更柔和、高效、智能。

（1）"人—人"协作型关系。随着互联网和技术的发展，出版流程中不同环节的劳动者和出版产业链上中下游不同环节的劳动者，以及同一环节的劳动者之间形成了相互协作的关系。通过整合内容、组织和渠道，构建出版业协作网

---

① 刘永佶. 论诸子思想的先进性、局限性和一般性因素 [J]. 邯郸学院学报，2024，34（3）：113-128.
② 刘冬冬.《德意志意识形态》：权力批判何以可能 [J]. 汉江师范学院学报，2021，41（5）：42-47.

络，实现出版业内部的融会贯通。具体可以表现在：网络出版使得作者可以先在平台上发布原创内容，再与出版社合作出版成书；数字平台的出现使得作者和用户之间的边界更模糊，人人都可以成为内容生产者，形成共创文化；在平台经济背景下，可以使不同部门、不同企业、不同行业的人互相协作，促进知识的高效、便捷流动与整合创新。此外，这还可能会衍生出非传统的外部雇佣劳动关系，即出现一些受雇于数字平台出版企业的数字劳动者和零工经济、外包经济、虚拟参与等诸多非正式雇佣数字劳动者，比如自由撰稿人、生成式人工智能等。

（2）"人—机"融合型关系。在人人之间多维度协作的基础上，"出版"和"数字技术"深度融合、有机融合，人和机器之间实现"你中有我、我中有你"甚至是"你就是我、我就是你"的高度融合自洽的新型出版关系。[1] 生成式人工智能作为目前最新的出版模式，智能化程度更高、个性化能力更强，将逐步实现从"人机协同"到"人机融合"的转变。[2] 出版"人机融合"的目标就是通过人类智能与机器智能之间的相互学习、理解、感知和帮助，将编辑的主动性与机器的被动性混合起来，共同演化出更强大、更新的混合智能，以更好地服务于出版业。[3] 人机融合的新型出版生产关系能够与时俱进地拓宽出版产业业务，多元化发展新业态，共同打造融合出版产品，建立全媒体出版产品矩阵，形成传统出版和新兴出版深度融合发展的新格局。

（3）"机—机"一体化关系。随着数智技术的不断发展，未来全部人工智能机器将组成一个整体，通过机器与机器间的互联互通、自动化工作流、智能优化、安全防护等，实现更高层次的融合共生，共同解决复杂多变的出版问题。此外在管理层面，将会大力使用人工智能设备进行管理。智能化的管理模式能够有力提高出版企业的组织管理水平，助力构建起更为高效和适配的出版新型生产关系。

总之，出版新型生产关系一定是适应出版科技创新活动发展、明确各参与创新的出版主体的责任、权利及其相互地位、完善出版各个要素所有者利益分

---

① 张新新. 数字出版价值论（上）：价值认知到价值建构 [J]. 出版科学，2022，30（1）：5-14.

② 索伟. 生成式智能出版的技术原理、应用挑战及优化路径 [J]. 传播与版权，2024（8）：59-61.

③ 刘锦宏，宋明珍. 人机协同审核：概念与模式 [J]. 中国出版，2022（22）：11-14.

配方式的生产关系，[①] 即围绕出版创新活动发展而来的先进生产关系，见图38。

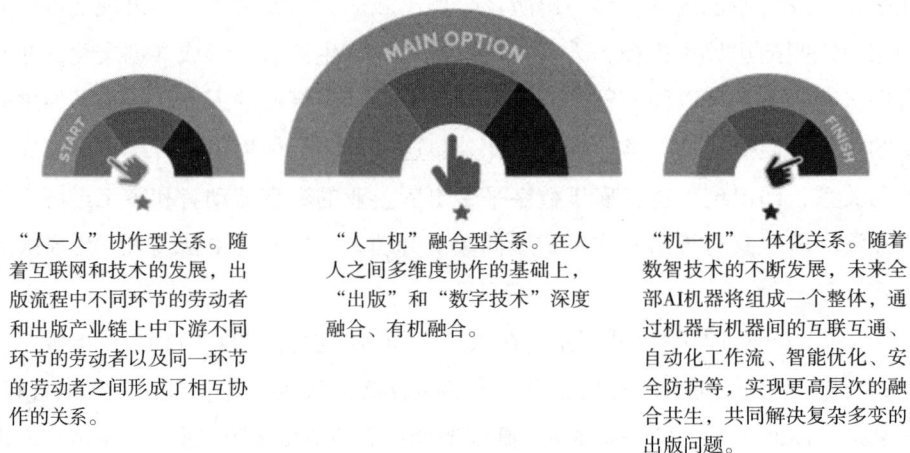

"人—人"协作型关系。随着互联网和技术的发展，出版流程中不同环节的劳动者和出版产业链上中下游不同环节的劳动者以及同一环节的劳动者之间形成了相互协作的关系。

"人—机"融合型关系。在人人之间多维度协作的基础上，"出版"和"数字技术"深度融合、有机融合。

"机—机"一体化关系。随着数智技术的不断发展，未来全部AI机器将组成一个整体，通过机器与机器间的互联互通、自动化工作流、智能优化、安全防护等，实现更高层次的融合共生，共同解决复杂多变的出版问题。

图38　不同编辑类型和地位变化形成了出版新型生产关系

三、小结

新质生产力是通过科技创新驱动劳动对象、劳动资料和劳动者及其优化组合的质变来不断重组生产方式、重塑社会分工、调整劳动结构，从而形成的新型生产关系。人是生产力中最活跃的生产要素，人才是发展的第一要义，新型生产关系中变革最大的是人们之间的相互地位。打造出版新型劳动者队伍是发展新质生产力、培育出版新型生产关系的关键所在。未来，出版业应从出版产品的数智化转型、出版数智技术的创新性研发、出版运维的数智化再造、出版流程的数智化再造与融通、出版人才的数智化培训和赋能、出版治理体系和治理能力的数智化应对全方面着手，培养与新质生产力相适应的人才体系，从而加快构建出版新型生产关系。

---

① 胡莹，方太坤.再论新质生产力的内涵特征与形成路径：以马克思生产力理论为视角 [J]. 浙江工商大学学报，2024（2）：39-51.

第七章

出版业新质生产力与数据要素乘数效应

出版数据要素的乘数效应，是指出版数据要素的开发利用水平所引起的出版经济总产出变化的连锁反应程度。

出版供给侧的数据要素溢出效应由裂变效应、聚合效应、生成效应及渗透效应构成。内容资源裂变、数据模态裂变、数据产品裂变是出版数据要素裂变效应的基本内涵；异质多模态数据资源聚合、电子书向数字图书馆的聚合、条目数据集聚，以及从出版数据语料库到出版大数据再到出版大模型的聚合形成了出版数据要素的聚合效应；基于模板的 AIGC、基于规则的 AIGC、基于群体智能的 AIGC 及基于大模型的 AIGC，加速形成了出版数据要素的生成效应。出版数据要素与劳动要素、资本要素、技术要素、管理要素相互之间的渗透、协同、融合、替代共同诠释着出版数据要素的渗透效应。

出版数据要素的裂变效应、聚合效应、生成效应是"数据 ×"发挥出版数据要素乘数效应，出版数据要素的渗透效应则是"要素 ×"发挥出版数据要素乘数效应，前者往往是数据自身发挥乘数效应并创造价值，后者则是数据与其他要素融合发挥乘数效应并创造价值。二者之间恰似硬币一体两面的关系。

第一节　出版业数据要素的乘数效应分析

多年来，通过推进数字化转型升级和出版融合发展，出版业先后开展了基础设施数字化、内容资源数字化和运营平台数字化工程，客观上积累了丰富的内容数据资源、用户数据资源和交互数据资源。数据是新生产要素，是数字化、数据化、智能化的基础，同时已经深刻融入生产、分配、消费、社会管理等各环节，深刻变革着生产、生活和社会治理方式。随着数据成为与土地、劳动、资本、知识、技术、管理并驾齐驱的"七大生产要素"，数据要素研究的重要性和紧迫性日益凸显。数据作为关键生产要素在出版业高质量发展中将发挥显著的乘数效应，发挥放大、叠加及倍增作用。

一、出版业数据要素乘数效应的科学内涵

在《新质生产力赋能数据出版：动因、机理与进路》一文中，简要分析了出版业数智化技术赋能所带来的加数效应和数据化转型所引起的乘数效应，并就出版数据乘数效应的"裂变效应、聚合效应、生成效应"[①]进行了简要介绍。本书对出版业数据要素乘数效应的裂变效应、聚合效应、生成效应及渗透效应进行分析和研讨。出版数据要素的裂变、聚合和生成效应是基于数据要素自身发挥乘数效应的视角来进行分析的，出版数据要素的渗透效应则基于出版数据要素与其他要素融合的视角以发挥乘数效应来进行分析。

"裂变、聚合、生成"效应的提出，其政策依据是"数据要素 ×"，它提出数据要素具有"放大、叠加、倍增作用"，需要"充分发挥数据要素乘数效应，赋能经济社会发展"。结合十年以来的出版业数字化转型升级经验和实践，出版业数据要素的"放大"对应着"裂变效应"，"叠加"对应着"聚合效应"，"倍增"对应着"生成效应"。具体而言：①出版数据资源的扩大化推动裂变效应的产生。早在资源数字化阶段（2014 年），出版单位就致力于对已有的存量数据资源、在制出版数据资源进行数字化拆分，"拆得进、取得出、拆得开"[②]，是当时推动数据资源管理系统构建的基本准则；这种基于图书资源的数字化拆分，在量级上实现了"1 变 N，少变多，小变大"的出版内容数据资源裂变效应。据统计，资源数字化工程累计加工了 500 多万本（册）存量图书资源、27 万本（册）增量图书资源，形成了超过 13 万种数字阅读类产品。②关于出版数据资源的叠加推动聚合效应产生。"组得好、可复用"原则也是出版资源数字化管理系统构建的基本原则。前述拆分的出版内容数据资源，基于知识体系的标引、关联和

---

① 张新新，刘骐荣.新质生产力赋能数据出版：动因、机理与进路 [J].出版与印刷，2024（2）：
  34-44.
② 财政部办公厅.关于做好中央文化企业数字资源库建设项目国有资本经营预算编制的
  通知[EB/OL]. (2014-07-29)[2024-09-29].https:// www.mof.gov.cn/gp/xxgkml/whs/201408/
  t20140804_2512036.htm.

计算，又分别投入各种数据库建设中，如"法信"平台、"智汇三农"农业专业知识服务平台、皮书数据库及各种专业知识资源数据等。应该说，各种专业知识资源数据库的建设的应用，是资源数字化转型升级的重要成果，是出版数据资源叠加产生聚合效应的典型体现。③关于出版数据资源倍增推动生成效应的出现。随着出版大数据、出版大模型的出现，如同方知网（北京）技术有限公司的华知大模型、法信团队在研的法律知识服务大模型产品，基于用户的提问、关键词输入就会产生大量的新增数据资源，包括文本、音频和视频等，这导致出版数据资源的倍增、几何式增长，同时是数智技术推动出版数据资源生成的主要体现。"裂变、聚合、生成"效应参见图 39。

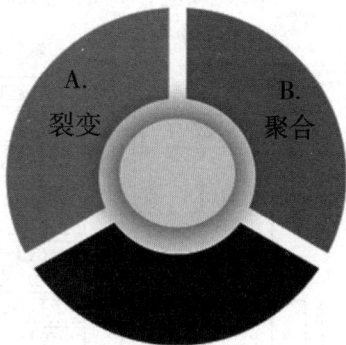

Ⓐ 关于出版数据资源的扩大化推动裂变效应的产生。早在资源数字化阶段（2014年），出版单位就致力于对已有的存量数据资源、在制出版数据资源进行数字化拆分，"拆得进、取得出、拆得开"，是当时推动数据资源管理系统构建的基本准则。

Ⓑ 关于出版数据资源的叠加推动聚合效应产生。"组得好、可复用"原则也是出版资源数字化管理系统构建的基本原则。

Ⓒ 关于出版数据资源倍增推动生成效应的出现。随着出版大数据、出版大模型的出现，如同方知网（北京）技术有限公司的华知大模型、法信团队在研的法律知识服务大模型产品，基于用户的提问、关键词输入就会产生大量的新增数据资源。

图 39 "裂变、聚合、生成"效应

同时，关于乘数效应和"裂变、聚合、生成"效应的关系，也存在着类似的表述和判断，在《论中国现代化的乘数效应》一文中也得到了相应的印证，作者指出"现代化的乘数效应和凯恩斯等经济学家所说的'乘数现象'不同（限于经济领域，但对现代化乘数效应在思路上有启发意义）。重要领域的现代化因素汇聚、叠加、整合在一起，从而生成一种巨大的、联动的、远远超出数量简单相加的聚合效应"。

那么，什么是经济学意义上的"乘数效应"？乘数效应是凯恩斯提出的一种宏观经济效应，指经济活动中某一变量的增减所引起的最终变量变化的连锁反应程度[①]，如政府支出乘数效应、货币乘数效应等。乘数效应产生的过程如下：①某变量发生初始变化，初始变化引发溢出效应进而导致其他变量发生变化；②其他变量变化产生反馈效应再引起初始变量变化，周而复始地继续产生溢出效应和反馈效应；③在二者叠加下，最终变量的变化比例高于初始变量的变化比例。[②] 具体到生产要素领域，研究者提出，"数据要素的乘数效应是指数据要素的开发利用水平引起经济总产出变化的连锁反应程度。"其量化方式是

$$数据要素的乘数效应 = \frac{\Delta（经济总产出）}{\Delta（数据要素开发利用水平）}$$

具体到出版数据要素的乘数效应，可以分为溢出效应和反馈效应两种。出版数据要素乘数效应，则是"从出版数据叠加走向数据融合，通过不同类型、不同维度、不同模态的出版数据聚合，借助数智技术赋能，推动量变式发展走向质变式发展"[③]。出版数据要素的溢出效应体现了出版数据要素的开发利用将引起供给侧、需求侧文章、供需匹配及管理服务（出版治理）方面相关变量的变化。在供给侧或生产端，出版数据要素的溢出效应具体可分为裂变效应、聚合效应、渗透效应和生成效应四种类型（见图40）。受限于篇幅，出版数据要素的反馈效应将在后续进行系统阐述。

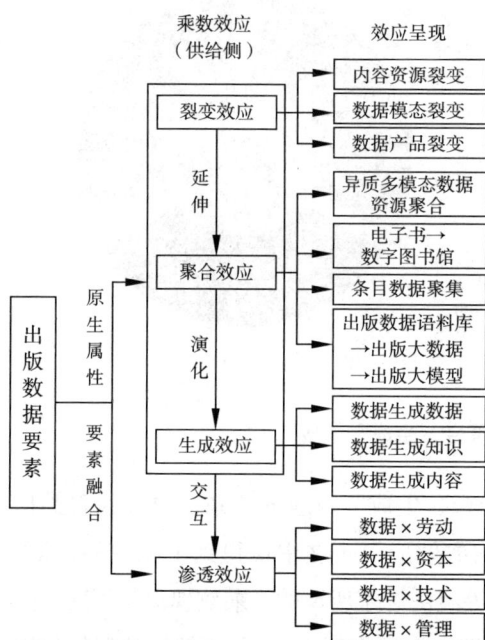

图40　数据要素乘数效应的供给侧内涵

① 任诗婷，曾燕.数据要素乘数效应的内涵与实现逻辑 [J].长安大学学报（社会科学版），2024，26（2）：38-53.
② 潘文卿，李子奈.中国沿海与内陆间经济影响的反馈与溢出效应 [J].经济研究，2007（5）：68-77.
③ 张新新，刘骐荣.新质生产力赋能数据出版：动因、机理与进路 [J].出版与印刷，2024（2）：34-44.

二、出版数据要素的裂变效应：出版数据要素的放大作用

裂变效应，指数据作为出版业关键要素，被投入生产经营过程，所引起的出版业数据资源、产品类型、产品数量发生"由小变大、由少变多"的几何式增长的效果。出版数据要素裂变效应体现在以下三个方面。

1. 内容资源裂变

内容资源裂变，是指数据要素被引入以后，经由确立数据思维、形成数据理念，使原有的基于单本书、电子书为单位的内容资源，扩展为基于条目数据、知识点、词汇甚至是单独的字，均可变为资源单位。由此，分别拥有数千至数十万种图书、期刊、音像出版物的出版单位，其内容资源将扩展至数千万乃至数亿个单位。例如，人民法院出版社年出书品种数在数千种，其图书出版单位是千级，但旗下的法信数据平台倾力进行法律数据资源建设，通过法律图书数字化拆分、外部法律数据资源购置及主管部门法律文件数据化加工等方式，经过十余年的建设，使目前所拥有的、可供运营和收入的"案例达到 1.4 亿篇以上，法律论文达到 70 万篇，法律观点达到 30 万条以上，裁判规则 22 万条以上"[①]。与此同时，上述内容资源的社会效益和经济效益均取得了丰收，数字化、数据化的收入超过了 8 000 万元，利润更是超过出版整体收入的 50%。

2. 数据模态裂变

在数据科学领域，模态是指"数据不同的存在形式或信息来源"[②]，一般包含文本数据、图片数据、音频数据、视频数据、3D 模型数据及混合数据等。两种及两种以上模态的数据被称为多模态数据。随着对数据、数据要素的认知不断深化和全面，出版业不仅仅关注文本数据，而是向着多模态数据的方向构建数据内容资源库，向着"全媒体、立体化、多层次的知识服务提供商"和数据服务提供商的方向演进。数据模态裂变，指不同模态的出版数据要素类型被引入以后，可以通过数据要素之间的融合裂变出新的数据、新的数据模态，从而进

---

① 法信官网 [EB/OL]. (2024-08-25). https://www.faxin.cn.

② 任泽裕，王振超，柯尊旺，等. 多模态数据融合综述 [J]. 计算机工程与应用，2021，57（18）：49-64.

一步扩大出版业的数据规模、丰富其数据模态类型。例如,文本数据与音频数据的融合,为出版视频数据的生成奠定了基础。又如,出版营销数据、出版物基本信息、出版内容等多文本数据的分析与挖掘一方面能够输出新的文本数据,另一方面可以通过可视化进一步转换为图像数据。当前,多模态数据资源建设也成为出版社的重要任务,是事关出版数据要素乘数效应发挥的关键因素之一。数据模态的裂变,意味着出版单位供给数据产品的类型进一步丰富,提供数据服务的能力进一步增强,由单模态数据服务商逐步转向多模态数据服务商、全媒体数据服务商,进而更好地满足用户的个性化、数据化、高品位的精神文化需要。

3. 数据产品裂变

数据产品裂变,指基于数据要素的驱动,出版单位所提供的出版数据产品单位更加精细化、产品类型更加丰富,产品数量几何式增长,产品规模更加庞大。一直以来"出版社的产品天然地被认为是图书,出版产品转型要求突破纸质图书的壁垒",创新性地研发数据出版产品,丰富数据出版产品类型,创新数据出版产品形态。从基于原版纸书的电子图书、基于纸书碎片化的知识条目数据为主的数字出版产品,进一步拓展至革命性重构的数据出版产品,如数据集、数据库、知识库、出版大数据、出版垂直大模型等。

就产品单位而言,数据要素的深度开发利用,推动着出版社开发更加浓缩、精细、聚焦的产品单位,一改之前以"图书""电子书"为量级的产品单位,转为以"篇""章""节""段""句"甚至是"词""字"为一个出版数据产品单位。最典型的案例,就是《新华字典》App 数据产品,《新华字典》图书、电子书是一种产品,但是经过深度的数据加工和处理,辅以配音和解说,《新华字典》App 把 13 000 多个汉字作为 13 000 多种数据产品,收获了数千万用户、年产值数千万元的经营成效。数据产品单位的精细化、浓缩化、聚焦化,最终深刻影响着出版业的商业模式和盈利模式的转型,推动着出版单位由"种册件"盈利模式转为"片章节"的盈利模式。出版数据要素裂变效应体现在三个方面,见图 41。

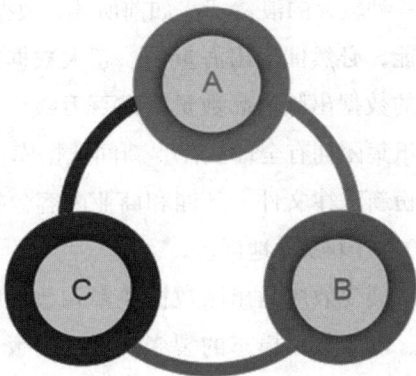

内容资源裂变，是指数据要素被引入以后，经由确立数据思维、形成数据理念，使原有的基于单本书、电子书为单位的内容资源，扩展为基于条目数据、知识点、词汇甚至是单独的字，均可变为资源单位。

在数据科学领域，模态是指"数据不同的存在形式或信息来源"，一般包含文本数据、图片数据、音频数据、视频数据、3D模型数据及混合数据等。两种及两种以上模态的数据被称为多模态数据。

数据产品裂变，指基于数据要素的驱动，出版单位所提供的出版数据产品单位更加精细化、产品类型更加丰富，产品数量几何式增长，产品规模更加庞大。

图 41　出版数据要素裂变效应体现在三个方面

就产品类型而言，多源内容、异质数据及多形态数智技术的赋能，推动着多领域、多类型、多模态数据出版产品不断涌现，促进数据出版新业态的可持续和高质量发展。①数据出版产品包括单一型的数据产品和集合型的数据出版产品，前者如"字""词""单本电子书""单条数据产品"，后者如知识库、专题数据库、数字图书馆、大数据知识服务平台等。②数据出版产品包括单模态数据产品和多模态数据产品，前者如电子书、知识条目等，后者如数字教材、AR 出版物、富媒体电子书、VR 出版物等。③基于内容类型的不同，涌现出专业数据出版产品、教育数据出版产品及大众数据出版产品等，其代表性产品，如"法信"平台、皮书数据库，高等教育出版社（以下简称高教社）的"爱课程""高教考试在线"及热销畅销的网络文学、网络小说等。④出版数据要素渗透、融合多形态的数智技术，涌现出多维数智赋能的数据出版产品服务，如基于增强现实技术赋能的 AR 出版物、基于 VR 技术赋能的 VR 出版物、基于二维码技术的指数融合出版物、基于大模型技术赋能的出版垂直领域大模型（如同方知网（北京）技术有限公司联合华为研发的华知知识服务大模型、律商联讯集团研发的 Lexis+ AI™ 法律知识服务大模型）等。

就产品数量和规模而言，长久以来，"传统出版业将每一本书作为一个产品、一个数据单元销售，每本书动辄包含二三十万字，从数据价值的角度来说，是一种较大的浪费。"① 如前所述，数据内容资源的裂变，辅以多元化数智技术的赋能，必然催生出海量的、超大数据规模的数据出版产品，推动着出版单位拥有的数据出版产品数量突破百万级、千万级甚至是上亿级的规模。例如，律商联讯集团拥有全球法律、新闻数据库，含 1 440 亿份文件、记录，日均新增 120 万份新法律文件；新闻和商业内容包括 45 种语言超过 3.9 万个优质资源，覆盖 180 多个国家 / 地区。

裂变效应是出版数据要素乘数效应的前提和基础。唯有数据内容资源的裂变、出版数据模态的裂变、数据出版产品的裂变，才可能引起后续出版数据要素的聚合效应、渗透效应和生成效应，才能在深层次推导和形成出版数据要素的溢出效应和反馈效应。

案例 10：中国大百科全书出版社

下面以"穿越时空的大运河"IP 运营平台为例，对出版数据要素裂变效应进行分析。

裂变效应，在出版业中，指的是数据作为关键要素被投入生产经营过程后，所引起的内容资源、产品类型、产品数量的几何式增长。这一效应在中国大百科全书出版社的"穿越时空的大运河"IP 运营平台中得到了充分展现。

一、内容资源裂变

"穿越时空的大运河"项目不仅仅局限于单一的传统图书出版，而是将内容资源进行了深度挖掘和广度扩展。通过数字化手段将大运河的历史故事、文化背景、人物事件等转化为条目数据、知识点等更小的资源单位。这些资源不仅包括图书中的内容，还涵盖音频剧场、微信小程序、文创产品等多种形式。例如，项目中的"运河注"利用 H5 技术，将画中掌故、人文地理用动态词条的方式交替呈现在移动端，极大地丰富了内容资源的呈现方式和获取途径。此外，与腾讯科技（深圳）有限公司联合开发的"大运河"小程序，更是将音频、3D 模型等内容融入其中，实现了内容资源的多元化和数字化裂变。

---

① 张新新，刘华东. 出版＋人工智能：未来出版的新模式与新形态：以《新一代人工智能发展规划》为视角 [J]. 科技与出版，2017（12）：38-43.

二、产品类型裂变

在"穿越时空的大运河"IP 运营平台中，产品类型也呈现出裂变式增长。从最初的手绘历史长卷和图书，到后来的巨幕数字影像、音频剧场、微信小程序等，每一种产品类型都基于原有内容资源的深度开发和创新转化。这些产品类型不仅满足了不同受众的需求，还通过跨媒体、跨平台的传播方式，实现内容资源的最大化利用和价值增值。例如，巨幕数字影像通过 3D 动画与 2D 场景的完美融合，为观众带来了震撼的视觉体验；音频剧场则通过声音的演绎和情感的传递，让大运河的故事更加深入人心。

三、产品数量裂变

随着内容资源和产品类型的裂变式增长，产品数量也呈现出几何级增长的趋势。以图书为例，"穿越时空的大运河"同名图书不仅在国内市场取得了良好的销量，还通过多语种版本的出版，成功走向世界舞台。此外，相关的文创产品、教育课程等也陆续上线，形成了大运河 IP 主题矩阵。这些产品的数量不仅多，而且品质高、覆盖面广，为大运河文化的传播和普及提供了有力的支撑。

综上，"穿越时空的大运河"IP 运营平台充分体现了出版数据要素的裂变效应。通过内容资源、产品类型和产品数量的裂变式增长，该平台不仅实现了内容的多元化和数字化呈现，还通过跨媒体、跨平台的传播方式，将大运河的文化魅力传递给了更广泛的受众。这一成功案例为其他出版单位提供了有益的借鉴和启示。

三、出版数据要素的聚合效应：出版数据要素的叠加作用

聚合效应，指随着数据要素开发利用的程度逐步加深，在知识体系的驱动下，出版业逐渐形成数据资源、数据产品、数据资产等集聚、集中的现象。出版数据要素聚合效应出现的原因，一方面是数据要素开发利用程度不断加深，数据资源数字化、碎片化、裂变化到一定程度，则会上升到第二阶段（即聚合阶段）；另一方面，聚合效应的实现是知识体系引领和驱动的结果，知识体系是数据资源集聚的内在依据和指引。事实上，出版数据要素乘数效应的发挥，

无论哪一种，都离不开知识体系的内在规制和作用：数据资源裂变需要依据知识体系进行拆分，数据资源聚合需要依据知识体系进行聚拢和归类，数据要素渗透其他要素，也是基于信息、知识的机理和规律进行渗透和融合的，即便是AIGC生成数据，也需要"发现知识元之间的逻辑关系（即知识体系的核心内容）"，形成思维链并实现内容的复杂推理。

具体而言，出版数据要素聚合效应体现在如下四个方面。

（1）异质多模态数据资源聚合。出版数据要素聚合的整体趋势表现为异质多模态数据资源的集聚，首先是内容数据资源的文本数据、音频数据、视频数据、3D模型、VR数据及混合数据，基于知识体系的标引和计算，经过集聚形成海量、大规模数据服务平台或系统；其次是用户数据、交互数据围绕着内容数据资源的开发利用，汇聚于出版业数据产品的研发、应用和运营过程，服务于数据出版和融合出版；最后是时间维度上的"存量数据资源、在制数据资源和增量数据资源"[1]及空间维度上的内部数据资源和外部数据资源进行集聚和汇聚，共同形成出版数据要素的溢出效应，实现规模报酬递增。

（2）由数字图书、数字期刊、数字报纸向数字图书馆、数字期刊库、数字报纸库的汇聚。电子书是出版业进行数字化转型、数据化升级初期阶段所研发的数据产品，包括基于纸质图书的原版电子书与不依托于传统出版、直接进行数字化生产制作的电子书（转化型电子书）。电子书主要依托"企业对顾客电子商务"（business to consumer，B2C）的商业模式实现盈利，早期阶段较难为编辑、读者接受，也难以实现规模化的经济效益。由此，电子书向数字图书馆的集聚，换言之，单一型数据产品向集合型数据产品的集聚态势开始显现。数字图书馆，也称为电子图书馆，是指依托一定的数字资源平台，按照特定专业或者特定领域，对海量的电子图书进行汇聚而形成的集合性数字出版产品。电子书是数字图书馆的主要组成部分和要素。实践中，几乎所有出版社都沿着"电子书→数字图书馆"的数据化产品路线前进。法律出版社、人民法院出版社等都成功开展过法律类数字图书馆研发和运营的实践。同样，有关期刊出版单位通过对期刊数字资源通过存量资源转化、再制资源建设和增强资源购置等方式来实现数字期刊到数字期刊库的聚合；报纸出版单位对自身数十年以来的报纸进行数字

① 张新新. 新闻出版业大数据应用的思索与展望 [J]. 科技与出版，2016（1）：4-8.

化建设来实现由数字报纸到数字报纸数据库的聚合。

（3）条目数据集聚。条目数据，是在 2014 年中央文化企业数字化转型升级的"资源数字化"阶段所提出的专有名词，指对数字书报刊，基于知识体系进行碎片化拆分，由一种图书、期刊或报纸可拆分、形成数十、数百甚至数千条知识条目数据。在数字出版发展的"数字化、碎片化、体系化"三阶段演进历程中，碎片化拆分只是过程而并非最终的结果。出版社内容资源的碎片化，是在纸质书报刊数字化的基础上发挥出版数据要素裂变效应的结果，同时是形成出版数据要素聚合效应的前提。知识库、专题数据库本身就是以条目数据为基本构成单元、以大规模或超大规模数据资源集聚为表现形态的数据出版产品，就是出版数据要素聚合效应的体现。出版单位条目数据集聚所采取的集聚技术路线往往遵循着"数据条→数据集→数据库"的基本逻辑，其结果形成了专业特色鲜明、内容优势突出的知识库、专题数据库等数据出版产品。实践中，2014 年所启动的中央文化企业数字内容资源建设工程，主要解决从纸质出版物到数据资源库、从排版文件到数据资源库、从电子书到数据资源库的问题，换言之，主要解决的就是出版业内容数据资源化的数字化、碎片化和集聚化的问题。

（4）"出版数据语料库→出版大数据→出版大模型"的聚合。依据上述异质多模态数据资源聚合的效应和趋势，在数字图书馆、条目数据集聚效应的综合作用下，有条件有实力的头部出版单位可以进一步发挥多源、多学科、多领域、跨模态数据资源聚合效应，沿着超大规模出版数据语料库的构建、出版大数据建设的路线，直至最终构建出版垂直领域的大模型，提供数据生成、知识生成等业务，推动个体或群体主导的智慧驱动知识生产向着人工智能主导的数据驱动知识生产传播的范式演进和升级。

综上，聚合效应是出版数据裂变效应的进一步延伸，出版数据资源裂变实现了资源级、产品级、模态级几何式的增长，出版数据资源的聚合则进一步推动着数据出版产品类型、形态和模式的创新，为出版数据要素乘数效应的发挥起到坚实的推动作用。出版数据要素聚合效应体现的方面见图 42。

1. 异质多模态数据资源聚合。

2. 由数字图书、数字期刊、数字报纸向数字图书馆、数字期刊库、数字报纸库的汇聚。

3. 条目数据集聚。

4. "出版数据语料库→出版大数据→出版大模型"的聚合。

图 42　出版数据要素聚合效应体现的方面

案例 11：中国建筑工业出版社

以中国建筑工业出版社的"中国建筑出版在线"项目为案例，深入阐述出版数据要素聚合效应的出现及其影响。

1. 聚合效应的体现

（1）数据资源的集聚。"中国建筑出版在线"项目集成了中国建筑工业出版社丰富的图书资源，形成了全媒体资源库。这些资源包括建筑图书、建筑图库、标准规范、知识服务等，涵盖建筑领域的多个方面。项目通过国际标准关联符（international standard link identifier，ISLI）/ 知识关联服务编码标准（knowledge linking service，KLS）等标准，实现了内容资源的数字化、结构化处理，使得数据资源得以碎片化、裂变化，为后续的聚合提供了基础。

（2）数据产品的集中。基于全媒体资源库，项目开发了多种形态的数字出版产品，如电子出版物、音像制品、网络出版物等。这些数据产品通过统一的平台进行管理、分发和销售，实现了数据的集中展示和高效利用。

（3）数据资产的聚合。通过长期的建设和运营，"中国建筑出版在线"项目积累了丰富的用户数据和行为数据。这些数据通过大数据分析，形成了用户画像和精准营销的依据，进一步提升了数据资产的价值。

2. 聚合效应出现的原因

（1）数据要素开发利用程度的加深。随着技术的进步和数字化转型的推进，中国建筑工业出版社对数据资源的开发利用程度不断加深。

（2）知识体系的驱动。"中国建筑出版在线"项目以建筑领域的知识体系为基础，构建了全面的内容体系和服务体系。知识体系的完善为数据的聚合提供了有力的支撑，使得数据能够按照知识体系进行有序地组织和展示。

（3）市场需求的推动。建筑行业是我国的支柱性行业，拥有庞大的从业人员群体和产业基础。随着行业的转型升级和从业人员素质的提高，对专业知识和精准服务的需求不断增加。"中国建筑出版在线"项目通过提供精准的知识服务和个性化的学习体验，满足了市场需求，推动了数据的聚合。

3.聚合效应的影响

（1）提升数据资源的价值。通过聚合效应，数据资源得以集中展示和高效利用，提升了数据资源的价值。数据资源的价值提升进一步推动了项目的可持续发展和创新能力的提升。

（2）促进数字化转型和创新。聚合效应的实现促进了中国建筑工业出版社的数字化转型和创新。项目通过引入新技术、新模式和新业态，推动了传统出版与数字化出版的融合发展。

（3）提升市场竞争力。通过提供精准的知识服务和个性化的学习体验，"中国建筑出版在线"项目提升了市场竞争力。项目的成功也为中国建筑工业出版社在数字化转型和市场竞争中赢得了更多的机会和优势。

综上，"中国建筑出版在线"项目作为中国建筑工业出版社数字化转型的重要成果，充分展示了出版数据要素聚合效应的出现及其影响。通过深化数据要素的开发利用、完善知识体系、满足市场需求等措施，项目实现了数据资源的集聚、数据产品的集中和数据资产的聚合，为数字化转型和创新提供了有力的支撑。

四、出版数据要素的生成效应：出版数据要素的倍增作用

生成效应，指在出版数据要素充分开发利用的基础上，结合生成式 AI 技术的赋能，逐步出现数据生成数据、数据生成知识、生成巨量数据的现象。进一步说，出版数据要素的生成效应，是指基于"海量无标注的出版数据和高质量人工标注的出版数据、人类反馈的强化学习算法"[①]、文本大模型、"视频大模型"及相应的算力支持，所产生的智能生成数据、知识、生成文本、图片、音频及

---

① 张新新，黄如花.生成式智能出版的应用场景、风险挑战与调治路径 [J].图书情报知识，2023，40（5）：77-86，27.

视频等效果。笔者在《生成式智能出版的技术原理与流程革新》《生成式智能出版的应用场景、风险挑战与调治路径》《生成式智能出版：知识生成原理、沿革与启迪——从智慧驱动到数据驱动》《Sora 驱动下的融合出版新技术新业态新模式分析》等系列文章中分析了数据要素与生成式 AI 结合生成数据、生成知识及生成数据产品的原理、场景、风险挑战和解决方案。现从数据要素生成效应的视角，进一步系统梳理和总结如下。

众所周知，ChatGPT 掀起了基于数据、算法和算力生成文本数据、图片数据的热潮，Sora 则进一步推动着大模型生成视频数据的热潮，二者分别是 AIGC 的两个里程碑式的人工智能产品。一直以来，大家都在关注 AIGC 的技术原理、应用场景、挑战与对策，以及其所引发的著作权、伦理、价值观等问题，但是少有对生成内容的性质进行分析的。换言之，AIGC 这个"C"（Content）究竟是什么？从出版业视角来看，除要关注其具备生成文本、图片、音频、视频等多模态内容外，还需要思考的是其生成的内容性质究竟是数据、信息，还是知识。透过多模态形式和格式，AIGC 生成的内容既包含数据、信息，也包含知识。从出版数据要素的生成效应来看，有几点值得思考。

（1）AIGC 的技术原理包含数据、算法和算力三部分，数据的重要性应置于第一位。"在人工智能三要素之中，数据代表着生产要素或生产资料，算法意味着新的生产关系，算力则表征着新的生产力。"[1] 如果没有超大规模的数据语料，那么再先进的算法、再巨大的算力，也无法实现人工智能生成效应；须知算法的研发、优化、迭代和应用离不开大量数据语料的"喂养"和训练。正是巨量无标注文本数据和高质量的有标注文本数据，构成了文本数据、图片数据、音频视频数据生成的母体和本体。

（2）AIGC 不同的技术路线导致其生成内容分别是数据、信息或知识。[2] 其中，①基于模板的 AIGC 所生成的内容。代表性产品是新闻机器人或撰稿机器人，其性质多为信息或数据，其基本原理是清洗和梳理资讯数据，构建新闻信息语料库，训练语料并形成深度学习模型，抓取新闻时间关键要素，筛选语言

① 张新新，丁靖佳. 生成式智能出版的技术原理与流程革新 [J]. 图书情报知识，2023，40（5）：68-76.

② 张新新. 生成式智能出版：知识生成原理、沿革与启迪：从智慧驱动到数据驱动 [J]. 编辑之友，2023（11）：36-44.

模板，填充关键数据，形成新闻稿件，即生成财经、体育、地震等专题数据或信息。②基于群体智能的 AIGC 所生成的内容。其属于知识性质、知识要素的范畴，维基百科是代表性产品，通过非线性、去中心化、大规模（全球网络用户）群体协作的群体智慧方法，对结构化、半结构化数据进行知识抽取，结果是形成了医学、法律、建筑等领域本体，并生成了基于元数据的专题性数据库。③基于规则的 AIGC 所生成的内容。典型的产品代表是微软小冰，属于情感智能的范畴，其生成的内容大多属于知识性质、知识要素的范畴，除其出版的书籍《阳光失了玻璃窗》《花是绿水的沉默》《或然世界：谁是人工智能画家小冰》外，更是建立了国内规模第一的金融文本摘要平台，为国内个人投资者和 90% 以上的金融机构交易员提供金融知识服务，并构建了 AI 生成的金融知识图谱；不过，基于规则的 AIGC 生成的内容有些也属于数据、信息的范畴，如小冰作为电台、电视台主持人在主持节目时所生成的内容。④基于大模型的 AIGC 所生成的内容。主要包括文本大模型、视频大模型两种类型。典型产品代表，前者如 ChatGPT、国内的如同方知网（北京）技术有限公司研发的中华知识大模型，旨在提供全链条数据要素的综合服务方案；后者如 Sora、清华大学开发的 Vidu 视频大模型，具备"长时长、高一致性、高动态性"[①]特点，后者可支持一次性生成最长 32 秒的视频。文本大模型，从其技术原理来看，都是旨在通过多头自注意力机制、基于人类反馈强化学习算法，来生成思维链进行复杂推理以提升大模型的"思考"能力，生成连贯、高质量的文本数据、知识。视频大模型则更进一步，先后经过文本输入、文本编码、视频生成网络、视频输出的步骤，根据给定的文字描述，一镜到底地生成高清、连贯、逼真的视频，实现文本模态数据向图像、视频模态数据的跨越。无论是文本大模型还是视频大模型，AIGC 所生成的内容，如文本数据、图像数据、音频数据、视频数据等，都在无限接近于知识，向知识靠拢。

（3）关于出版数据要素的二次数据生成效应，尤为值得关注。所谓二次数据（又称衍生数据），是指数据背后的数据，是经过标引、关联、计算之后所生成的新数据，这种数据才是大数据发挥预测和预警作用的重要依据和参考，也往往会涉及数据安全的问题。例如，对大量的能源矿产等图书进行数字化、碎

---

① 魏梦佳. 我国自研视频大模型面向全球上线 [EB/ OL]. (2024-08-05)[2024-08-25]. https://www.tsinghua.edu.cn/info/1182/112990.htm.

片化和数据化加工以后，经过数据分析、计算、统计、处理所得出的衍生数据，甚至是可以影响国家能源资源安全的。同时，二次数据的生成，还为元宇宙数据、信息和知识的供给提供了新途径，"能够源源不断地提供元宇宙建设的基质和原料"。

出版数据要素的生成效应（见图 43），是高级阶段的乘数效应，是出版数据要素聚合效应发挥的必然结果，是数据要素与数智技术渗透演化的结果，也是数据出版最新业态、最新模式的反映。

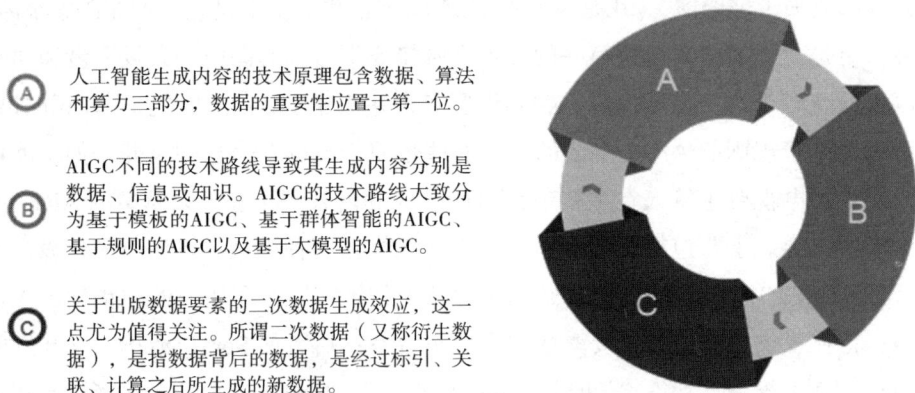

Ⓐ 人工智能生成内容的技术原理包含数据、算法和算力三部分，数据的重要性应置于第一位。

Ⓑ AIGC不同的技术路线导致其生成内容分别是数据、信息或知识。AIGC的技术路线大致分为基于模板的AIGC、基于群体智能的AIGC、基于规则的AIGC以及基于大模型的AIGC。

Ⓒ 关于出版数据要素的二次数据生成效应，这一点尤为值得关注。所谓二次数据（又称衍生数据），是指数据背后的数据，是经过标引、关联、计算之后所生成的新数据。

图 43　出版数据要素的生成效应

五、出版数据要素的渗透效应

数据要素通过自身作用呈现出乘数效应，也可以与其他要素融合驱动其创新产生乘数效应。[①] 数据要素是"渗透性要素"[②]，是"桥梁型生产要素"[③]，需要"在特定应用场景中与其他要素相结合，借助一定的数字基础设施、数据管理体系、数据分析能力等才能发挥乘数效应"。[④] 渗透效应是出版数据乘数效应的重要组成部分和不可或缺的内容。具体而言，其渗透方式和类型体现如下。

---

① 张夏恒，冯晓宇. 数据要素乘数效应的逻辑解构与实现进路 [J]. 长安大学学报（社会科学版），2024，26（3）：91-102.

② 张新新，刘骐荣. 新质生产力驱动出版高质量发展的三个着力点 [J]. 中国出版，2024（12）：8-14.

③ 任诗婷，曾燕. 数据要素乘数效应的内涵与实现逻辑 [J]. 长安大学学报（社会科学版），2024，26（2）：38-53.

④ 杨俊，李小明，黄守军. 大数据、技术进步与经济增长：大数据作为生产要素的一个内生增长理论 [J]. 经济研究，2022，57（4）：103-119.

1. 出版数据要素与劳动要素的渗透融合

数据要素赋能图书编辑、数字出版编辑及融合出版编辑，对内提升编辑数据素养和技能，推动出版社的编辑群形成和具备数据化的学习力、适应力、胜任力和创造力；对外进一步丰富编辑岗位类型，推动出版单位设置 CDO、数据分析师、数据工程师、数据安全员等一系列新岗位。数据要素所蕴含的知识、机理、规律和经验最终被编辑吸收和内化，使其成为数智编辑，提升其文化生产力和精神生产力，从而在主体的维度为推动出版业深度融合发展、高质量发展赋能。

2. 出版数据要素与资本要素的协同、融合和替代

出版业的资本要素，是指"那些通过直接或间接的形式投入出版物或出版流程的中间产品或金融资产"[①]，包括厂房、工具、机器、设备及纸张油墨原材料等。数据要素的开发利用，将对出版业资本要素起到协同、融合及替代三重渗透效应：①数据要素与资本要素的协同作用，起到降本、提质、增效的预期作用。通过对数据要素的充分利用，如对同类图书销售数据、竞品分析数据、原材料涨跌数据等进行统计、计算、分析和挖掘，能够准备分析和研判出版业所投入资本的精准性和可预期性，降低生产经营成本投入，提升出版经营管理效率。②数据要素与资本要素的融合共生，催生出数据资本要素组合新形态。作为中间产品的内容数据产品、用户数据产品及交互数据产品等。既是数据要素，也是资本要素，二者深度融合形成了数据资本这一生产要素配置的新组合或者说新要素形态。例如，百科类的数据资源既可以作为百科类知识产品，以独立的数据产品形态出现；又可以作为支撑性的数据资本形态，以百科知识体系的中间品形态作为百科知识库的知识标引依据。③数据要素对资本要素的替代效应。"数据要素虚拟性的存在意味着必须以其他要素作为载体才能发挥作用"，作为内容产业的出版业，内容数据资源可以与数智技术相结合，以互联网、移动互联网、计算机设备、移动平板设备等为载体，形成数字出版产品、数据出版产品，由此导致数据要素对纸张、油墨等原材料资本的替代。出版数据要素

---

① 张新新，孙瑾. 要素·结构·功能：出版业高质量发展经济维度分析：基于提高出版经济活动质量的视角 [J]. 数字出版研究，2023，2（4）：47-56.

与资本要素的协同、融合和替代见图 44。

1. 数据要素与资本要素的协同作用，起到降本、提质、增效的预期作用。

2. 数据要素与资本要素的融合共生，催生出数据资本要素组合新形态。作为中间产品的内容数据产品、用户数据产品以及交互数据产品等，既是数据要素，也是资本要素，二者深度融合形成了数据资本这一生产要素配置的新组合或者说新要素形态。

3. 数据要素对资本要素的替代效应。"数据要素虚拟性的存在意味着必须以其他要素作为载体才能发挥作用。"

图 44   出版数据要素与资本要素的协同、融合和替代

3. 出版数据要素与技术要素的深度融合、双向赋能

出版数据资源尤其是内容数据资源，只有经过技术要素的赋能，经过与技术要素的结合、融合直至融为一体，才会成为出版数据产品。换言之，出版数据产品（又称数据出版产品）的形成过程，就是"内容数据资源 + 数智技术 + 载体"的过程，其中，"载体"可以是有形的，如电子书在互联网传播，也可以是无形的，如内置于阅读器、电子书、平板电脑的电子书传播。反过来说，技术要素，尤其是数智技术也需要出版数据资源的赋能，需要与出版数据要素深度融合、有机融合，这是数字产业化的题中应有之义，是"数字技术 + 出版"的实质意义。须知空有原理没有场景的技术，将是无源之水、无本之木。

4. 出版数据要素对管理要素的赋能融合

管理，或者说企业家才能、企业家精神，是一种新生产要素，是一种渗透性的生产要素。出版数据要素对管理要素的渗透赋能体现在如下三点：①出版业内容数据、技术数据、运营数据、用户数据、交互数据及组织数据资源的开发利用，能够有效解决信息不对称、条件不确定的问题，打破出版经营管理决策的"数据孤岛"，提升出版调节治理决策的科学性和准确性。②出版数据要素和管理要素的融合，辅以数智化技术、工具、平台的应用，形成数字治理、数据治理及敏捷治理等新模式，能够有效提升出版管理服务的响应程度、处理速

度和治理效能。③数据要素对出版管理服务的协同作用。关于数据要素对管理要素的"替代作用"，有学者提出"数字经济时代，每个个体都是数据生成器，数据被上传至云端，人工智能技术模拟人脑思维，通过深度学习等技术辅助或替代人脑管理和决策，实现部分'去管理化'"。本书认为就目下而言，出版治理，即出版管理服务尚且无法被数据要素所替代，而只能说出版数据要素的充分开发利用，能够协同出版管理要素，出版治理吸收数据要素、数据动能，提升出版治理体系和治理能力的数字化、数据化及智能化。出版数据要素的渗透效应见图45。

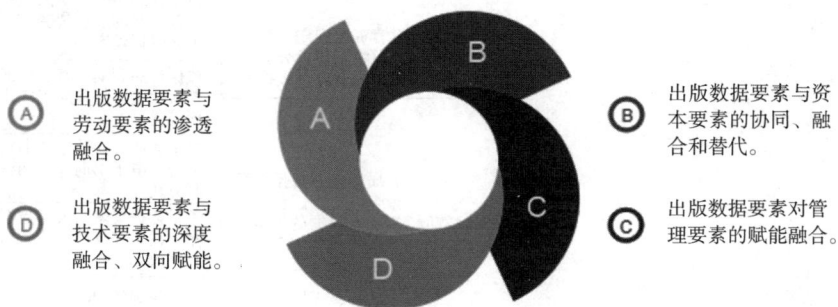

A 出版数据要素与劳动要素的渗透融合。

D 出版数据要素与技术要素的深度融合、双向赋能。

B 出版数据要素与资本要素的协同、融合和替代。

C 出版数据要素对管理要素的赋能融合。

图45　出版数据要素的渗透效应

此外，出版数据要素的渗透效应，还包括对知识要素的渗透融合，如数据驱动知识生产，鉴于出版数据要素对知识要素的渗透融合作用与数据驱动知识生成的生成效应密切相关，本书将在后文对其详细分析。囿于篇幅限制，此处不赘述。

六、小结

出版数据要素裂变效应、聚合效应、生成效应是层层递进，循环往复的关系，出版数据资源的裂变演化至聚合阶段，聚合进一步演化至生成阶段，推动着数据出版、生成式智能出版等融合出版新业态、新阶段的不断涌现。出版数据要素的渗透效应则是出版数据要素乘数效应发挥的根本性原因，其背后更是隐藏着出版数据要素的虚拟性、非竞争性、易复制性、即时传输性、信息和知识的负载性等特征。

正如《大数据时代》所说的那样，出版社"没有把书籍的数据价值挖掘出来，也不允许别人这样做。他们没有看到数据化的需求，也意识不到书籍的数据化

潜力"①。随着数据要素成为关键生产要素与出版数据要素乘数效应的显著发挥，
我们有理由期待并相信出版社该种局面将会得到根本性改观。

有关出版数据要素乘数效应的学术议题还有很多，如"出版数据要素的反
馈效应""基于需求侧的出版数据要素乘数效应""出版数据要素乘数效应的作
用机理""出版数据要素乘数效应的路径选择""出版数据要素乘数效应的制约
因素和有利条件"等。后续会持续、深入地进行分析和研究。出版数据要素乘
数效应分析见图 46。

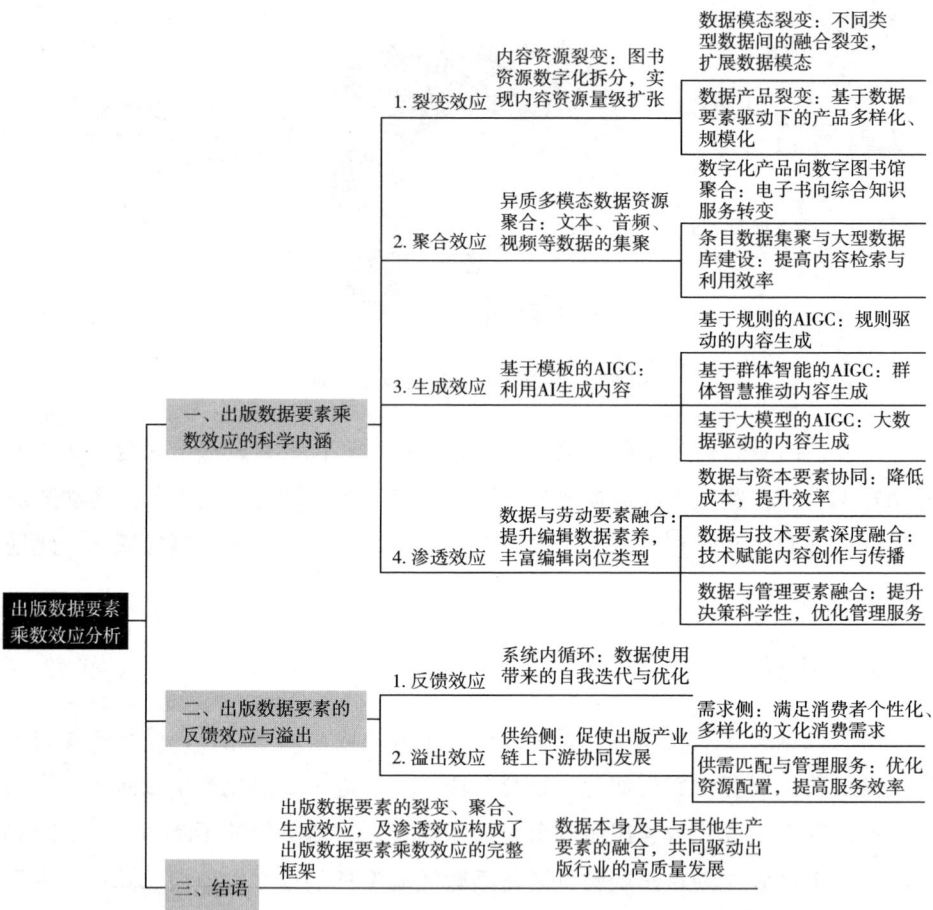

图 46　出版数据要素乘数效应分析

① 肯尼斯·库克耶. 大数据时代：生活、工作与思维的大变革 [M]. 盛杨燕，周涛，译. 杭州：浙江
人民出版社，2013.

第二节 "数据要素 × 出版"的逻辑起点、演进机理与实践路径

"新质生产力，是由技术革命性突破、生产要素创新性配置、产业深度转型升级而催生的当代先进生产力，它以劳动者、劳动资料、劳动对象及其优化组合的质变为基本内涵"[①]。对出版业而言，生产要素的创新性配置，主要涉及数据要素和技术要素；劳动者质变要求"融合编辑数智素养"[②]的提升，劳动资料的质变突出体现为数智技术的应用，劳动对象的质变主要体现在出版数据要素的引入。由此，"全媒体传播体系下出版深度融合发展研究（23&ZD218）"社科基金重大项目课题组以新质生产力为视域，以融合出版这一"出版由并立发展走向一体化发展的出版新阶段"为切入口，深入探讨"数智技术 + 出版""数据要素 × 出版"这两种融合出版的新业态、新工具。

随着我国成为第一个把数据确立作为生产要素的国家[③]，2022 年 12 月，《中共中央、国务院关于构建数据基础制度更好发挥数据要素作用的意见》明确规定，要发挥我国海量数据规模和丰富应用场景的优势，激活数据要素潜能，充分实现数据要素价值。

出版数据，作为文化数据的一种，究竟有哪些类型？激发其潜能的前提和主体工程是什么？出版数据要素价值实现的关键是什么？本书试图对这些问题作出回答。

一、"数据要素 × 出版"逻辑起点：出版数据的分类分级

出版数据，指与出版活动相关的数据，是传统出版编校印发过程中产生的数据，是数字出版产品、技术、营销过程产生的数据，也是传统出版与数字出版融合发展过程产生的数据。

---

① 加快发展新质生产力　扎实推进高质量发展 [N]. 人民日报，2024-02-02（1）.
② 张新新，刘骐荣. 新质生产力驱动出版高质量发展的三个着力点 [J]. 中国出版，2024（12）: 8-14.
③ 挂牌即将满月，已在多个场合亮相——国家数据局运行，更好释放数据价值 [N]. 人民日报海外版，2023-11-23（4）.

（一）出版数据多维分类解读

从数据类型来看，出版数据包括条数据与块数据，外部数据与内部数据，内容数据、用户数据与交互数据，以及出版公共数据、企业数据与个人数据等。

1. 出版条数据与块数据

条数据是指"在某个行业或领域呈链条状串起来的数据"[①]。出版条数据，是指特定出版专业、特定出版行业、特定出版领域链条状的数据，如专业出版数据、教育出版数据及科幻、文学、小说等专属领域的大众出版数据。

（1）专业出版数据，是典型的条数据，覆盖了特定行业、领域的海量数据，尤其是经过时间和实践检验并被证明是正确的数据，即专业知识。自新中国成立之初，我国就高度重视专业出版发展，确立了专业化发展的出版方向，指出"专营出版工作的出版社尤其是公营出版社应按照出版物的性质进行大致的分工，出版总署协助私营出版社确定专业出版方向及合作经营"[②]。新中国成立后的七年内，20世纪90年代前后，我国集中设立了一批出版企业，由此开启了法律、建筑、农业、冶金、海洋、地质、林业、地图、铁道、财经等专业出版数据的积累和建设工作。时至今日，丰富、权威、海量的专业出版数据规模是我国专业出版的宝贵财富，三年出版数字化转型升级实践也奠定了扎实的专业出版数据化基础。与此同时，专业出版条数据的汇聚基础、流通基础已经形成，如法律出版领域，各出版企业分别在立法、行政、司法、普法、法学教育、法学研究等领域占有丰厚的数据资源。

（2）教育出版数据，是教育出版活动所形成的数据，是由教育出版商所积累的包括基础教育、高等教育、职业教育和特殊教育等在内的教育、教学和教研方面的数据资源。我国教育出版的特有优势及其在出版领域得天独厚，"占半壁江山"的地位，注定着教育出版数据资源的数量、规模、质量要高于其他出版领域。出版数字化实践也表明，教育出版在数字出版、融合发展方面起步虽迟，但在很快的时间内，在产品、技术和营销等各环节超越了其他出版领域。

（3）大众出版数据，是大众出版企业所积累的专属、细分领域的数据，如

---

① 大数据战略重点实验室. 块数据 [M]. 北京：中信出版社，2015.

② 关于改进和发展全国出版事业的指示 [Z]. 中央人民政府政务院，1950-10-28.

科幻类、文学类、小说类、百科类等知识等。2018 年 6 月国家知识资源服务中心（中国新闻出版研究院）所发布的第三批知识服务模式（综合类）试点单位，就是在前两批专业出版知识资源建设与服务试点单位的基础上，面向大众出版、出版集团及出版科研单位遴选的结果，也是推动大众出版领域条数据建设的重要举措。

出版发展实践表明，国内外出版企业均重视出版条数据建设，国外的如法律、专利知识服务提供商的律商联讯（LexisNexis）集团，拥有 2.93 亿份法庭案卷文件、超过 1.59 亿份专利文件、425 万份国家审判令及 145 万份陪审团裁决和解文件，并且每天新增 120 万份新法律文件；国内的人民法院出版社"法信"平台，汇聚了中国的全量法律、案例数据和知识文献资料，拥有 16 个一级数据库，总文献达 1.24 亿篇，形成了国内规模最大（法律分类条目达到 18 万条）、体系最全（基本法全涵盖）、覆盖最广（1 364 个案由罪名全部细分）、分层最深（分类层级最深达到 20 层）和串联最多（串联知识元达 28 万条）的法律知识体系。

块数据是"以一个物理空间或者行政区域形成的涉及人、事、物的各类数据的总和"[1]。出版块数据，主要体现在地方出版单位、出版集团所积累的数据资源上。出版块数据概念的提出，有利于整合特定行政区域、特定地域空间的出版数据资源，有利于聚集海量数据要素、丰富数据应用场景及开展数据敏捷治理。实践中，贵州出版集团有限公司"国家出版业大数据应用服务重大工程"就是整合出版块数据、推动块数据资源建设与治理的重要探索。

出版条数据与块数据类型划分的意义在于，①基于文化产业重大项目带动战略，充分发挥我国专业出版、教育出版与大众出版，中央出版企业和地方出版企业的体制优势，分类分级开展出版数据应用与治理，因"社"制宜地推动"数据要素 × 出版"行动；②根据不同的出版企业、出版数据类型，提出不同的出版数据建设规划与进路，形成因地制宜的出版数据要素产品化方案；③依托各自的出版数据基础，发挥出版数据资源优势，分别在专业出版、教育出版、大众出版、地方出版及出版集团层面各有侧重、各有千秋地开展出版数据要素激活、出版数据复用、出版数据价值实现活动。出版条数据与块数据见图 47。

---

① 大数据战略重点实验室. 块数据 [M]. 北京：中信出版社，2015.

专业出版数据是典型的条数据，覆盖了特定行业、领域的海量数据，尤其是经过时间和实践检验并被证明是正确的数据，即专业知识。

教育出版数据（条数据），是教育出版活动所形成的数据，是由教育出版商所积累的包括基础教育、高等教育、职业教育和特殊教育等在内的教育、教学和教研方面的数据资源。

大众出版数据（条数据），是大众出版企业所积累的专属、细分领域的数据，如科幻类、文学类、小说类、百科类等知识等。

块数据是"以一个物理空间或者行政区域形成的涉及人、事、物的各类数据的总和"。

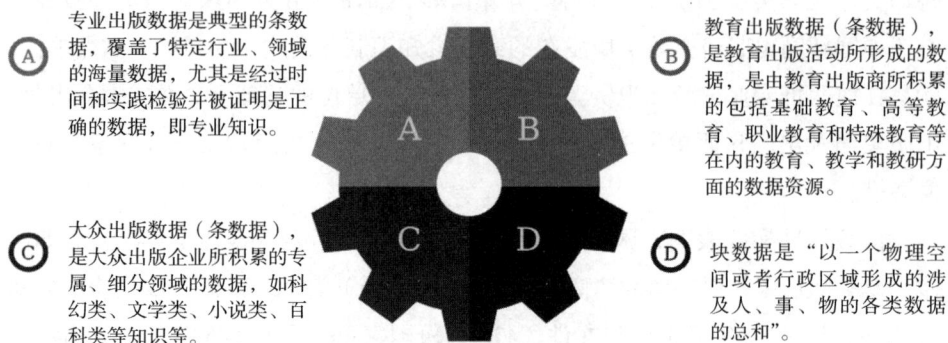

图 47　出版条数据与块数据

2. 出版外部数据与内部数据

出版内部数据，指出版企业内部的人员、财务、业务、资产等各类数据总和；出版外部数据，指出版企业与外部互动过程中所产生的数据，如出版产品数据、服务数据、用户数据、交互数据等。出版外部数据与内部数据划分的标准是出版数据的来源、应用和治理方式的不同，意义在于确定出版数据资产开发利用的前提、基础和多元化场景。

出版内部数据来源于出版企业内部，包括内部的人、财、物、智数据，编校印发各环节的素材数据，也包括数字出版产品、技术、运营环节的数据，以及融合出版的内部数据；出版内部数据的应用，应坚持"原始数据不出域"的原则，对内部的人、财、物数据在进行安全评估的基础上，规划和设定数据用途，审慎稳妥地推动出版内部数据开发利用。出版外部数据，这里区分三种情形：①出版企业内部的发展规划、规章制度、人事数据、财务数据、动产和不动产资产数据等，基于保守商业秘密和数据安全的考量，不宜对外开放；即便在内部存储、加工、上传、使用和管理时，也需要和相关人员签署数据资产安全保密协议，以确保内容安全、文化安全和意识形态安全。②出版企业内部员工数据（又称编辑个人信息，以下简称编辑信息），即"以电子或其他方式记录的与已识别或可识别"[①]的编辑有关的各种信息。出版企业应"保护员工的个人

---

① 国家市场监督管理总局　国家标准化管理委员会. 数据安全技术　数据分类分级规则：GB/T 43697—2024[S]. 北京：中国标准出版社，2024.

信息和隐私安全"①，强化出版企业主体责任，规范企业采集使用编辑信息的行为，采用数智技术手段，推动编辑信息匿名化处理，尤其是不得过度收集编辑信息，促进编辑信息的合理使用。这一点既是出版企业建立有文化特色现代企业制度的必然要求，也是推动出版企业高质量发展的题中应有之义，还是提升出版编辑数智素养和技能的内在要求。③出版产业链环节的原始数据，即出版过程的中间数据、素材数据，包括作品素材、审校稿、核红稿、印制定稿、数字内容、技术数据、三维模型、多媒体素材等。在数字出版早期阶段，出版企业授权给第三方企业或平台对定稿排版文件进行数字化加工、使用和制作，导致数据泄露、版权威胁的案例比比皆是。在出版数据化进程中，对这类数据，须坚持"原始数据不出域，数据可用不可见"的原则，在做到确保数据隐私和安全的前提下，实现出版数据的利用、复用和价值实现。

出版外部数据的开发利用，须在厘清公共数据、企业数据和个人数据的基础上，统筹个人信息保护、数据资产安全和数据开发利用之间的关系，在确保个人信息安全和数据资产安全的基础上，鼓励、引导和支持出版企业激活出版外部数据要素，促进出版外部数据流通，发挥出版外部数据价值。出版外部数据的开发利用，须遵循以下机制：①确保用户数据安全，注重个人信息保护和隐私安全。例如，对作者、经销商、渠道商等个人信息的保护，防止其资本资料、身份信息、生物识别信息、教育工作信息、身份鉴别信息、个人位置信息、个人上网记录、个人通信信息等用户数据的泄露、篡改、损毁及被非法获取、使用和开放。②确保出版产品、服务数据（以下简称出版产品数据，因广义的产品包含有形的产品和无形的服务）中的公共数据资产安全。出版产品数据中不乏"重要数据"和"核心数据"②，即存在于特定出版领域、特定出版企业、特定出版区域的，达到一定精度、深度、规模或覆盖度，一旦被泄露、篡改或损毁，可能直接危害国家安全、经济运行、社会稳定、公共健康和安全的数据，或可能直接影响政治安全的重要数据。近年来，诸多出版知识服务商的数据被非法使用、过度挖掘和深层次计算分析，导致内容安全、文化安全和意识形态安全受到威胁或危害的案例时有发生。③在不违反前述机制的前提下，应大力

---

① 国家新闻出版署. 出版企业社会责任指南：CY/T 268—2023[S]. 北京：中国书籍出版社，2023.
② 国家市场监督管理总局　国家标准化管理委员会. 数据安全技术　数据分类分级规则：GB/T 43697—2024[S]. 北京：中国标准出版社，2024.

引导、鼓励和支持出版企业开发和利用出版外部数据要素，激活出版数据潜能，发挥出版产品数据、用户数据和交互数据的放大、复用、叠加、倍增和创新利用的价值。

3. 出版内容数据、用户数据与交互数据

内容数据、用户数据和交互数据的分类法，源于原国家新闻出版广电总局组织起草的《大数据相关技术在新闻出版领域应用预研究报告》(2015)，该数据分类方法旗帜鲜明地提出"内容数据"这一概念，是作为内容产业的出版业特有的分类方法，"是大数据理念与新闻出版相结合的一次重要探索和尝试"[①]。出版内容数据、用户数据、交互数据和治理数据类型划分的意义在于，有助于明确出版数据应用场景，区分不同数据类型在数据出版决策、产品、技术、营销等各环节所发挥的作用和贡献的价值。内容数据、用户数据和交互数据的分类法见图48。

交互数据，是指对出版企业与用户、用户与用户、用户与产品之间互动行为的性质、状态及关系进行记载的符号或符号组合，如用户的点赞、评论、收藏、转发等数据。

内容数据，是指对知识生产与传播实质性内容的性质、状态及相互关系进行记载的符号或符号组合。

用户数据是指对出版企业作者、读者、经销商等利益相关者的性质、状态及关系进行记载的符号或符号组合。用户数据又分为个人信息和组织体数据。

图 48　内容数据、用户数据和交互数据的分类法

内容数据，是指对知识生产与传播实质性内容的性质、状态及相互关系进行记载的符号或符号组合。内容数据是反映出版内容的数据，承载着作品的全部或部分内容，与出版物、数字出版产品或融合出版产品存在直接相关性或间接相关性。根据不同的标准，内容数据可划分为不同的类别：①从媒介来看，

---

① 廖文峰, 张新新. 数字出版发展三阶段论 [J]. 科技与出版, 2015（7）：87-90.

内容数据包括文字、图片、音频、视频、三维模型等多种模态；出版社以往更多注重的是文字数据建设，图片数据、音频数据、视频数据则相对滞后，至于AR、VR等三维模型或虚拟数字化环境等方面数据则属于刚刚起步阶段。②从内容量大小来看，内容数据包括字、词、句、段、文章、图书等，内容量大小是确立科学合理的数据理念的关键所在，也是开发出版数据产品的重要考量因素；出版实践中，以往更重视知识库、数据库、数字图书馆等集合型数据出版产品的研发推广，而忽略了基于"字""词""句""段""文章"的单一型数据出版产品研发，这方面恰恰是未来数据出版产品研发的突破口所在。③从时间顺序来看，内容数据分为"存量数据、在制数据和增量数据"[①]，这也是中央文化企业特色资源库工程（财办文资〔2014〕10号）专门确立的内容数据分类法。存量数据，是指对出版企业历史上已出版发行的纸质图书进行数字化、碎片化加工而获得的内容数据；在制数据，是指出版企业在日常的编辑、校对、印制、发行过程中所获得的内容数据；增量数据，是指在出版主业之外，通过数据爬取、数据置换、数据交易、数据共享等方式所获得的内容数据。存量、在制和增量数据的分类法，有助于出版企业建立内外联动、动静结合的数据供给制度，进一步丰富出版数据供给的数量、规模和质量。

用户数据是指对出版企业作者、读者、经销商等利益相关者的性质、状态及关系进行记载的符号或符号组合。用户数据又分为个人信息和组织体数据，涉及作者、读者、经销商、股东、债权人等个人信息和隐私安全的数据，应确保信息安全和数据资产安全。组织体数据，是指作为组织体（非自然人）的用户的数据，包括组织体基本信息、账号信息、信用信息等用户数据。出版用户数据的基本信息、类型信息和关键信息的分类方法，有助于明确用户数据的开发利用方式，如用户类型信息对于明确采用企业对企业电子商务（business to business，B2B）、B2C、企业对政府电子商务（business to government，B2G）等数据产品盈利模式具有重要参考作用；用户关键信息则和出版流程紧密挂钩，如用户研究成果对选题策划的直接推动、用户体验数据对制作发行的影响及用户阅读消费偏好、领域、能力对营销发行方式的采纳等。

交互数据，是指对出版企业与用户、用户与用户、用户与产品之间互动行

---

① 张新新. 新闻出版业大数据应用的思索与展望 [J]. 科技与出版, 2016（1）: 4-8.

为的性质、状态及关系进行记载的符号或符号组合，如用户的点赞、评论、收藏、转发等数据。交互数据的重要性体现在，其是"出版企业将内容数据推送至目标用户的关键数据资源，是出版企业打通内容数据和用户数据的桥梁和纽带"[①]。交互数据是出版企业亟待建设的重点领域，原因有以下三条：①因为其对选题策划、产品改进、营销提升等方面的重要参考和借鉴价值；②目前出版企业最为欠缺的数据要素资源便是交互数据，这也是推动"以产品为中心"向"以用户为中心"的出版数据化转型重要举措；③出版企业尚未形成关于交互数据采集、分析、使用、治理等全流程的制度体系，交互数据的应用和管理是最为薄弱的领域。

除此之外，出版企业治理数据，是指在出版企业经营管理过程中所产生和收集的管理和服务类数据，如经营战略、管理制度、人力资源、财务数据等，属于前述出版内部数据的第一类情形。出版治理数据和前述的内容数据、用户数据和交互数据共同形成了有文化特色的出版数据体系，也是特色鲜明的出版数据体系分类法。

（二）出版数据的分级框架

根据出版数据对经济社会发展的重要程度与一旦被泄露、篡改、损毁或被非法获取、使用、共享进而对国家、社会和个人权益造成的危害程度，出版数据被划分为核心出版数据、重要出版数据及一般出版数据。对国家、社会和个人权益造成的危害程度，可进一步划分为对国家安全、经济发展、社会运行、公共利益、出版企业利益及个人权益造成的危害程度。出版数据分级的目的是平衡个人信息保护、商业秘密保护、出版数据资产安全和出版数据开发利用之间的关系。出版数据的分级框架见图49。

1. 核心出版数据

核心出版数据（见图50），是指出版行业、出版群体或出版区域具有较大规模、较高精度、一定深度或较高覆盖度的，一旦被泄露、篡改、损毁、非法使用或非法公开将可能严重危害国家安全、国民经济命脉、重要国计民生、重大

根据出版数据对经济社会发展的重要程度与一旦被泄露、篡改、损毁或被非法获取、使用、共享进而对国家、社会和个人权益造成的危害程度，把出版数据划分为

1. 核心出版数据，是指出版行业、出版群体或出版区域具有较大规模、较高精度、一定深度或较高覆盖度的，一旦被泄露、篡改、损毁、非法使用或非法公开将可能严重危害国家安全、国民经济命脉、重要国计民生、重大公共利益等出版数据，以及经有关部门评定的其他数据。

2. 重要出版数据，是指出版行业、出版群体或出版区域达到一定规模和精度的，一旦被泄露、篡改、损毁、非法使用或非法公开，可能直接危害国家安全、经济发展、社会稳定、公共利益和安全的数据。

3. 一般出版数据，是指核心出版数据、重要出版数据之外的数据。对一般出版数据中的公共数据，在确保个人信息、隐私安全、商业秘密和公共安全的前提下，根据"原始数据不出域、数据可用不可见"的原则，可以模型、核验、查询等出版数据产品服务的形式提供使用，扩充数据服务供给范围。

图 49　出版数据的分级框架

公共利益等出版数据，以及经有关部门评定的其他数据。核心出版数据主要包括：①党和国家的重大出版方针、政策、路线、重要国家战略、重大出版工程等数据；②出版业所存在的与国家安全、国民经济命脉、重要国计民生、重大公共利益紧密相关的数据；③反映我国重大项目、重要科技成果、关键技术动态等内容的出版数据；④反映国防工业、交通运输、能源矿产、信息安全、卫生健康等重点行业领域内容的出版数据等。对涉及国家安全、商业秘密和个人隐私的核心出版数据，应按照法律法规规定的权限进行处理；对核心出版数据跨境传输、交易、流通的，要依法依规进行国家安全审查；同时，要审慎对待基于核心出版数据的衍生数据，即核心出版数据经过统计、挖掘、关联、聚合、去标识化等加工清洗活动而产生的二次数据。

1. 党和国家的重大出版方针、政策、路线、重要国家战略、重大出版工程等数据。

2. 出版业所存在的与国家安全、国民经济命脉、重要国计民生、重大公共利益紧密相关的数据。

3. 反映我国重大项目、重要科技成果、关键技术动态等内容的出版数据。

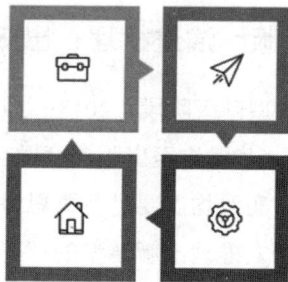

4. 反映国防工业、交通运输、能源矿产、信息安全、卫生健康等重点行业领域内容的出版数据。

图 50　核心出版数据

2. 重要出版数据

重要出版数据，是指出版行业、出版群体或出版区域达到一定规模和精度的，一旦被泄露、篡改、损毁、非法使用或非法公开，可能直接危害国家安全、经济发展、社会稳定、公共利益和安全的数据。重要出版数据的类型及处理可参照核心出版数据，重要出版数据与核心出版数据的不同之处在于所覆盖的规模、精度、深度及可能造成的危害程度。同时，重要出版数据的使用、处理和跨境流动要依法依规进行，重要出版数据的衍生数据同样要审慎对待和处理。在实践案例中，司法审判、自然资源、卫生健康等重点行业领域的重要论文、期刊等出版数据及涉及重大项目、科技成果、关键技术等敏感信息等数据活动不当而被处罚的情形偶有发生，须引起警醒。

3. 一般出版数据

一般出版数据，是指核心出版数据、重要出版数据之外的数据。对一般出版数据中的公共数据，在确保个人信息、隐私安全、商业秘密和公共安全的前提下，根据"原始数据不出域，数据可用不可见"的原则，可以用模型、核验、查询出版数据产品服务等形式提供使用，扩充数据服务供给范围。对一般出版数据中的企业数据，包括内容数据、用户数据、交互数据等，同样在确保数据安全的前提下，发挥国有出版企业的带头示范作用，探索出版企业数据授权使用新模式，逐步建立数据持有权、加工使用权、产品经营权分置的运行机制，不断健全出版企业数据来源者、处理者、衍生数据经营者合法权益保护机制，推动出版数据产品标准化，积极发展出版数据产品、数据服务、数据查询、数据分析等数据出版新业态。

二、"数据要素 × 出版"演进机理：出版数智化转型

出版业由初期的数字化转型升级阶段（2013—2015 年），迈入出版融合发展阶段（2015—2021 年），再进一步演进至出版深度融合发展阶段（2022 年至今），对数字化转型的理念、制度和实践均需要进行再思考、再谋划和再布局。当下，大力加快出版数智化转型，深入推动出版转型的"三层次、五方面"，建立健全与数字化、数据化、智能化相适配的基础设施、内容资源、运营平台、编辑队

伍及制度体系，是"数据要素 × 出版"的演进机理与内在逻辑。

1. 基建数智化建设

"数据要素 × 出版"需要相应的配套设施，数智化基础设施则是重中之重，是后续资源数智化配置的前提。基建数智化建设要在出版业原有数字化基础设施的基础上进行改造升级，推动出版数字化基础设施由数字化走向智能化，由多系统并行走向数据中台融合，由传统、数字生产流程相加走向双流程深度协同、合二为一。

围绕着数智化基础设施建设，出版企业须构建一整套服务于出版数据采集、存储、加工、计算、关联、建模、应用和治理的数智化软硬件体系，而其中的重点莫过于"融合出版 ERP、数据中台及出版垂直大模型"[1]。融合出版 ERP 解决的是出版企业数据的自生产问题和在制数据的可持续供给问题，基于融合出版 ERP 系统，图书、期刊、报纸等纸质出版物可以自动、顺畅、同步地转化为内容数据、用户数据要素，实现出版企业内部的数据要素供给；数据中台解决的是存量数据转化及出版企业数据的存储、调度、加工、应用和治理问题，出版数据中台"须以内容数据为核心，能够完成出版数据从素材、原材料到数据产品、服务的全流程技术支撑，从而推动内容数据转化为数据出版产品服务"[2]；出版垂直大模型，则致力于解决出版数据要素供给的自动化、智能化问题，通过"海量中文语料库的建设、出版专家标记的高质量数据语料及基于人类反馈的强化学习算法"[3]，出版企业能够在存量数据、在制数据的基础上，通过数据驱动知识生产的方式，源源不断地供给数据出版所需的数据要素，推动智能出版与数据出版两种新业态的并轨与交融。

2. 资源数智化配置

"数据要素 × 出版"的核心任务是推动出版资源的数智化配置，其中，资源数字化是前提，资源数据化是枢纽，数据智能化供给则是未来。①出版资源

① 张新新，刘骐荣. 新质生产力驱动出版高质量发展的三个着力点 [J]. 中国出版，2024（12）：8-14.
② 张新新，刘骐荣. 新质生产力赋能数据出版：动因、机理与进路 [J]. 出版与印刷，2024（2）：1-11.
③ 张新新，丁靖佳. 生成式智能出版的技术原理与流程革新 [J]. 图书情报知识，2023（5）：77-86，27.

数字化，包括内容资源、用户资源和交互资源的数字化，其中，内容资源数字化是重点和关键；推动出版资源的数字化，把沉睡在仓库里的图书激活，把纸质媒体的内容转换为数字媒体的内容，是数据要素乘数效应得以发挥的首要前提。②出版资源的数据化建设则是激活出版数据要素潜能的枢纽和关键，前述资源数字化大部分早在2014年就已通过出版业数字化转型升级工程进行了实现，大部分出版企业的资源数据化建设则尚未起步或刚刚起步。出版资源数据化建设将于之后重点探讨，包括确立数据理念、供给数据要素、研发数据产品、数据高效流通及出版数据创新应用等内容。③出版数据要素智能化供给，则是数据出版发展的未来，也是"数据要素 × 出版"得以纵深推进的关键。智能化供给的途径有二，一是出版在制数据的即时、协同、同步转化，在纸质图书发行的同时，基于同一版权的出版内容数据、用户数据上线传播；二是基于文生文大模型、"文生视频大模型"①，提出问题或给出文字描述，实现文本数据、条目数据、图片数据、音频数据、视频数据、三维模型数据等多模态数据的自动生成、智能化生成。综上，出版资源的数智化配置，以高质量、智能化供给出版数据要素为己任，以多元化出版数据产品生产制作为主体，为推动"数据要素 × 出版"的实施奠定牢固的基础。

3. 平台数智化构建

在完成出版数据要素供给、出版数据产品研发后，便步入数据要素流通交易的阶段，这也是实现出版数据要素价值的关键环节。数据交易场所和交易平台则是数据交易流通的载体和中介。平台的数智化构建，一是出版企业自身数据交易平台的搭建工作，依托已有的数据库、知识库、数字图书馆平台等开展出版数据交易流通活动；二是构建区域性、行业级数据交易平台，开展特定区域、特定行业、特定领域的出版产品、服务数据交易流通活动。除各出版企业自身的网站、数据库交易平台外，"数据二十条"进一步强调要"规范设立区域性数据交易场所和行业性数据交易平台，推动区域性、行业性数据流通使用，

---

① 张新新，孟轶. Sora 驱动下的融合出版新技术新业态新模式分析 [J]. 中国编辑，2024（4）：29-36.

促进区域性、行业性数据交易平台与国家级数据交易场所互联互通。"[1] 由此，数智化交易平台的构建，尤其是行业级出版数据交易平台的构建就成为出版数据要素价值实现的硬核所在。这一点，早在 2015 年《关于做好中央文化企业数字内容运营平台项目国有资本经营预算编制的通知》(财办文资〔2015〕9 号) 就提出"支持企业建设面向专业领域的行业级数字内容运营平台"，并指出开展行业级数字内容运营平台的技术标准、运营规范、产品质量标准、产品服务数据标准等。只是在出版数字化转型升级、深度融合发展进程中，该项工作并未有实质性开展，也没有取得成效。

4. 人员数智化转型

出版编辑的数字化转型是一个老生常谈的问题，无论是数字出版起步阶段、出版融合发展阶段，还是深度融合发展阶段，都会涉及出版编辑转型问题。"数据要素 × 出版"催生出数据出版新业态，对融合出版编辑的数智化转型则在"素质、类型和机制"[2] 范畴提出了更高的要求：①融合出版编辑素质范畴被进一步拓展，由"数字化适应力、胜任力和创造力"[3] 三位一体的数字素养与技能，扩展至编辑"数智思维、数智编辑力、数智伦理"[4] 及创新素养。②融合出版编辑类型范畴进一步被丰富，数据出版必然要求与之相适应的编辑类型，出版社的 CDO、数据分析师、数据工程师等数据出版编辑将会应运而生。在国外出版实践中，律商联讯 (集团) 的 CDO 早在 2021 年就提出重视数据在 AI 和高级分析系统中的作用，就其法律、医学出版领域的文本数据的数值化、资产化进行了部署，并在继续发力的基础上，在 2023 年推出了"Lexis+AI"法律知识服务大模型。③融合出版编辑机制范畴将被进一步完善，逐步建立面向出版数据要素的激励与约束机制，不断健全数据编辑的引进、培养、使用、擢升和退出机制，

① 中共中央 国务院关于构建数据基础制度更好发挥数据要素作用的意见 [EB/OL]. (2022-12-19). https://www.gov.cn/zhengce/2022-12/19/content_5732695.htm?eqid=e15887a30000392600000004645cb0aa.

② 张新新. 数字出版编辑论：概念·特征·范畴 [J]. 科技与出版，2022 (9)：29-37.

③ 张新新，刘一燃. 编辑数字素养与技能体系的建构：基于出版深度融合发展战略的思考 [J]. 中国编辑，2022 (6)：4-10.

④ 方卿，李佰珏. 新质生产力视角下编辑数智素养的内涵、价值和培育 [J]. 出版与印刷，2024 (2)：2-13.

持续完善融合出版编辑的创新机制与容错机制。

5. 制度数智化重塑

"数据要素 × 出版"得以顺利推行的重要保障是出版制度的数智化重塑，是数据出版治理体系的建立和健全。宏观而言，融合出版治理体系，无论是"规划治理、财税治理、安全治理、标准治理"[①]等传统治理体系，还是"智库治理、数字治理、应急治理、安全治理"等创新治理体系等，都要向激活出版要素潜能、发挥出版数据要素价值进行倾斜和改造；与之相配套的是主管部门的数据出版制度建构力、实施力、反馈力、调适力及制度创新力等治理能力要水涨船高、同步提升。微观而言，出版企业的治理体系和治理能力现代化水平要进一步提升，在资源建设环节，构建激活数据要素潜能的制度体系；在技术应用环节，形成鼓励数智技术跨越的制度体系；在产品研发环节，确立数据出版产品机制；在市场运维环节，探索建立出版数据交易、流通、共享、开发等制度体系。此外，要积极构建和完善鼓励、支持、引导出版数据要素投入、出版数据产品研发、出版数据价值实现的战略规划制度、人力资源制度、财务管理制度及数据资产制度等。贯穿融合出版制度数字化重塑的是敏捷治理思维，基于敏捷思维、敏捷工具、敏捷技术和敏捷管理来开展数据出版制度建设，是出版制度数智化重塑的灵魂。出版数智化转型见图 51。

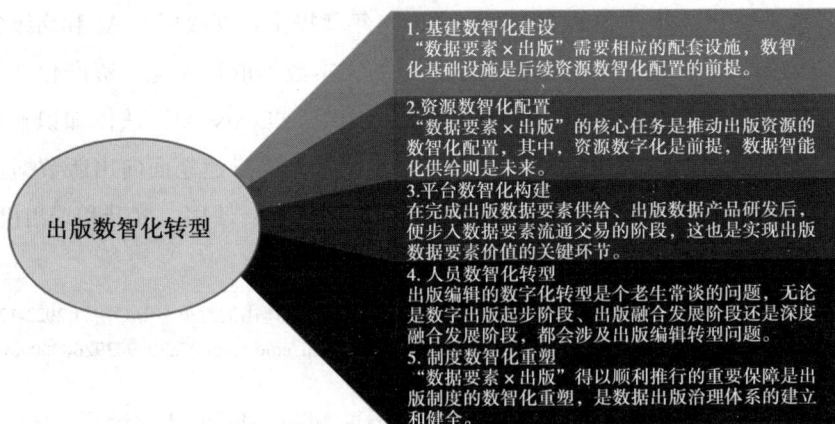

图 51　出版数智化转型

---

① 张新新."十四五"教育出版落实文化产业数字化战略思考：基于发展与治理向度 [J]. 出版广角，2021（24）：32-39.

三、"数据要素 × 出版"的实践路径：出版数据化建设

发挥出版数据要素潜能，实现出版数据要素价值，推进"数据要素 × 出版"行动，需要扎实推进出版数据化转型，推动数字出版向数据出版升级。具体而言，需要通过出版编辑数据思维优化、数据要素高质量供给、高水平数据产品研发、出版数据高效合规流通等路径加以展开（见图 52）。

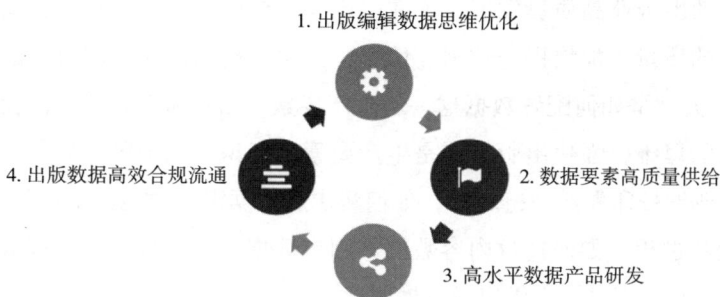

1. 出版编辑数据思维优化

4. 出版数据高效合规流通

2. 数据要素高质量供给

3. 高水平数据产品研发

图 52　出版数据化建设

（一）出版编辑数据思维优化

理念是行动的先导。出版编辑数据思维优化，是出版数据化建设的前提，也是出版数据要素潜能激发、要素价值实现的前置性条件。只有确立科学的发展理念，拥有先进的数据思维，才能推进出版数据要素发掘、数据产品研发、数据高效流通及数据价值实现。

1. 须树立出版数据是劳动对象、是新生产要素的思维

从劳动对象来看，劳动对象的质变及其与劳动者、劳动资料优化组合的质变，是新质生产力的基本内涵之一。对国有出版单位而言，传统出版的劳动对象，抽象而言是知识，具象而言是作品、版权素材；数字出版的劳动对象，主要是已经出版的图书产品[①]，是对图书产品进行简单数字化或深度数字化加工，转化成的电子书、条目数据、数据库、知识库等数字出版产品。然而，数据出

---

① 这里主要是指国有出版企业的数字出版，对新型文化企业从事的网络文学、网络出版而言，其劳动对象是网络文学作品。

版的劳动对象是数据,是出版业的内容数据、用户数据、交互数据和治理数据。数据出版的过程,就是数据出版编辑利用数智工具改造多种类、多元化出版数据以适应人们学习和阅读需要的过程;对出版数据改造的结果,是形成多种出版数据产品、出版数据服务。

从生产要素来看,作为"进行生产和服务活动而投入的各种经济资源"[①],出版业传统生产要素包括土地、资本和劳动力,新生产要素则包括数据、信息、知识等。推动出版业高质量发展,须在生产要素层面"提升资本、劳动力等传统生产要素的质量,加快提升数据、信息、知识、技术等新生产要素的协同配置效率"。[②]关键是如何配置数据这一新生产要素。出版从业者须牢固树立数据是生产要素的思维,强化出版数据是生产要素的意识,勤于思考如何将出版数据融入出版业编校印发产业链环节,如何将出版数据汇入数字出版产品、技术、运维的产业链过程,如何通过内容数据、用户数据、交互数据、治理数据的投入来研发出版数据产品,提供出版数据服务。

2. 须明确数据是出版产品的思维

前述如何配置数据这一新生产要素的过程,也就是如何基于出版数据研发数据产品的过程。在出版深度融合发展进程中,除把图书、期刊、报纸等纸质出版物和把电子书、数字图书馆、数据库、知识库视为产品外,还应明确出版数据产品的思维。明确出版数据产品的思维,①可在"字、词、句、段、文章、图书、数据集"等数据单元上做文章,视该数据单位为数据素材、原材料,思考如何研发出版数据产品,如何提供出版数据服务。②重点推动出版数据产品的精细化、精品化和高质量发展,一改之前数字出版注重"大而全"数字产品的做派,将动辄数十万条、数百万条数据的知识库、数据库上线运营转为注重数据出版产品"小而精"的理念,如前述商务印书馆把一个汉字作为一个出版数据产品的做法,值得业界借鉴和学习。

---

① 徐斌,李燕芳,杨玉梅.论生产要素与生产力要素的差别 [J].生产力研究,2006(3):91-93.
② 张新新,孙瑾.要素·结构·功能:出版业高质量发展经济维度分析:基于提高出版经济活动质量的视角 [J].数字出版研究,2023,2(4):47-56.

3.须建立统筹数据发展与安全理念

出版数据资产，涉及内容数据、文化数据及意识形态领域的数据，涉及内容安全、文化安全和意识形态安全；出版数据资源，往往能直接反映我国最新的科技动态、科技成果和重大攻关项目成果，由此，其衍生数据的开发还涉及科技安全、信息安全、自然资源安全、基因安全等众多安全范畴。推动出版数据资产开发利用、激活出版数据资产潜力、释放出版数据资产价值的前提是确保出版数据资产安全，正确处理出版数据资产安全、个人信息保护与出版数据资产开发利用之间的关系。以出版数据安全为前提，积极推动出版数据资产开发利用，是推动数据出版发展的基本理念。

（二）数据要素高质量供给

出版数据要素高质量供给，是出版数据化建设的基础，是激活出版数据潜能、释放出版数据价值的底座。出版数据高质量要素供给，须克服出版数据资源"小、散、弱"的瓶颈，在数量和质量方面双管齐下。

一方面，进一步丰富出版数据要素数量，扩大出版数据要素规模。具体内容如下。

（1）持续推进存量出版数据建设，使其成为出版数据化的基本盘。大数据的相关性表明，每一本图书都有其价值，内容资源的数据化建设是个"有起点、无终点"的过程。出版企业宜首先把自建社以来的每一本图书进行数据化，建立起出版数据池或数据语料库，使其成为自身数据资产的基本盘。

（2）大力强化在制数据建设，使其成为出版数据化的制胜点。大力推进融合出版 ERP，建设自主可控的出版数据中台，确保每一本在制图书的纸质出版进度和数据建设进度一体化、协同化、同步化，进而推进在制出版资源的数据化业务，这是出版数据化得以持久、可持续的关键，也是出版企业制胜未来的关键举措。

（3）探索尝试增量数据建设，使其成为出版数据化的制高点。增量数据建设是出版企业拉开竞争差距、走出传统出版"舒适圈"的重要举措。基于图书出版转化的出版数据要素供给，其数量和规模始终是有限的。要真正发挥出版大数据效应、完成海量出版数据语料库建设、推动"生成式智能出版流程革新"①, 唯有在增量数据建设方面下功夫, 通过数据抓取、数据共享、数据开放、数据交易等方式, 获取所属出版领域、出版行业、出版专业的数据、信息和知识, 进而夯实出版企业的数据资源优势, 构筑出版数据化转型的资源基础。

另一方面, 进一步提升出版数据要素供给质量, 助力出版数据产品提质增效。"数据供给质量不高、流通机制不畅、应用潜力释放不够"② 是各行各业"数据要素 ×"行动所面临的普遍性问题。出版业数据要素供给质量的提升, 须在以下四个方面着力。

(1) 推动出版数据标准化建设, 建立健全出版数据的元数据标准、格式标准、类型标准等标准体系, 为出版数据化转型提供秩序和效率价值。

(2) 提高单元数据质量, 确立真实性、完整性、及时性、有效性、唯一性、一致性为出版数据质量标准, 开展出版数据的采集、存储、加工、标引、计算、关联、建模和应用业务。

(3) 健全出版数智化设施, 提高图书扫描识别、排版文件转换的精准度, 提高出版数据建设效率。

(4) 构建出版数据质量机制, 设定专门岗位、专项职责落实和推进出版数据质量建设, 为出版要素供给质量提供制度保证。

(三)高水平数据产品研发

高水平数据产品研发, 是出版数据化建设的关键, 起着承上启下的作用, 既是编辑运用数智工具对所供给的出版数据要素改变的结果, 也是出版数据高效流通交易的对象。

出版数据产品研发可在产品、服务和模型三个维度展开。

(1) 在出版数据产品维度, 协同推进单一型出版数据产品和集合型出版数据产品研发进程。起初, 以单一型数据产品研发为主, 基于单个数据单元, 应用相应的音频、视频、动漫、三维模型等技术, 制作生产相应的出版数据产品; 之后, 逐步走向集合型数据产品研发, 基于若干数据单元、数据单元集或海量数据单元, 研发数据集合型产品。

---

① 张新新, 丁靖佳. 生成式智能出版的技术原理与流程革新 [J]. 图书情报知识, 2023 (5): 68-76.
② 国家数据局, 中央网信办, 科技部, 等. "数据要素 ×" 三年行动计划 (2024—2026): 国数政策 [2023]11 号 [R]. 北京: 人民出版社, 2023.

（2）在数据出版服务维度，提供面向大众群体、专业群体、个人用户或机构用户的出版数据服务，包括数据查询、检索、比对、标记、核验等各种数据服务，有条件的出版企业甚至可以提供个性化、定制化的数据解决方案。

（3）在出版数据模型维度，大型出版集团或龙头出版企业，可以考虑在海量出版数据语料库的基础上，根据用户提问，提供文生文出版垂直大模型服务；或者基于文字描述，提供文生音频、文生视频的多模态出版垂直大模型服务。这一点，在"数据要素 ×"也专门指出，要"挖掘文化数据价值，贯通各类文化机构数据中心，关联形成中华文化数据库，鼓励依托市场化机制开发文化大模型。"

（四）出版数据高效合规流通

出版数据的高效合规流通，尤其是内容数据的高效合规流通，是出版数据要素价值实现的环节，也是出版数据产品由价格向价值跃迁的环节。出版数据高效合规流通宜在以下三方面发力。

（1）基于提高流通交易效率的考量，出版单位应联合制定出版数据流通规则或联合体倡议，提高不同出版单位数据流通和应用的效率。出版数据流通规则主要包含数据类型、数据定价、流通方式及流通的合规性等。这一点，在2014年中央文化企业数字化转型升级工程推动过程中，出版单位已经就条目数据、数字图书等为数据单元的数据资源制定过相应的规则，只不过其适用范围局限在中央级出版社。

（2）分级分类打造出版数据交易平台，解决出版数据要素价值实现"最后一千米"的问题。如前所述，出版企业可基于数字化转型升级的经验，在原有的数字内容资源运营平台的基础上，打造企业级出版数据运营平台，支持出版数据高效交易流通；地方性的出版集团可基于该区域打造区域级的出版数据交易平台，推动本区域内出版数据的流通交易；专业出版集群或教育出版集群可基于出版数据集聚优势，打造行业级出版数据交易平台，支持相同或相似领域的出版数据高效流通、高效交易。

（3）丰富出版数据流通模式，畅通可信安全流通渠道，多元协同推进出版数据要素价值实现。出版企业可采取数据交易、数据共享、数据开放、数据置换等各种数据流通方式，推动出版数据要素价值实现，尤其是内容数据要素价值的实现。出版企业可进一步推动出版科技创新体系完善，攻关隐私计算、联邦学习、数据沙箱等技术，提升出版数据可控、可信、可计量的能力，打造安全可信的出版数据流通环境。此外，在涉及出版数据跨境传输、跨境流通时，须持审慎稳重的态度，统筹出版数据资产开发利用和数据资产安全保护，推动核心出版数据、重要出版数据和一般出版数据的分类分级管理，实现出版数据尤其是内容数据的安全、合规、有序跨境流通交易。

案例 12：社会科学文献出版社

在数字化转型的浪潮中，社会科学文献出版社（以下简称"社科文献"）积极探索"数据要素 × 出版"的实践路径，通过出版编辑数据思维优化、高质量数据要素供给、高水平数据产品研发、出版数据高效合规流通及创新出版数据流通模式等五个方面，推动了出版数据化建设的深入发展。

一、出版编辑数据思维优化

社科文献深刻认识到数据在出版业中的核心价值，将数据思维贯穿于出版的全过程。从选题策划到编辑加工，再到印制发行，每一个环节都充分利用数据进行分析和决策。这种数据思维的优化，使得社科文献能够更加精准地把握市场需求，提高出版的针对性和有效性。同时，社科文献还注重培养员工的数据素养，提升他们运用数据进行创新和发展的能力。

二、高质量数据要素供给

社科文献在出版数据化建设中，注重数据要素的供给。一方面，社科文献积极整合内部资源，构建完善的数据库体系，为出版提供了丰富的数据支持；另一方面，社科文献还积极与外部机构合作，引入高质量的数据资源，进一步丰富了出版的数据要素。这些数据要素为社科文献的出版提供了坚实的基础，也为读者提供了更加全面、深入的阅读体验。

三、高水平数据产品研发

基于丰富的数据要素，社科文献不断创新出版数据产品的研发。以皮书数据库为例，社科文献利用大数据技术对数据进行深入挖掘和分析，开发出了具有自主知识产权的数据库产品。这些产品不仅满足了读者的多样化需求，还为社科文献带来了可观的经济效益和社会效益。同时，社科文献还不断探索新的数据产品形态，如基于AI技术的智能推荐系统、基于区块链技术的版权保护系统等，为出版业的高质量发展注入了新的活力。

四、出版数据高效合规流通

社科文献注重出版数据的高效合规流通，通过构建完善的数据流通机制，实现了数据在出版链条上的快速传递和共享。一方面，社科文献加强内部协同，优化出版流程，确保数据在各个环节之间的无缝衔接；另一方面，社科文献还积极与外部机构合作，推动数据的共享和交换，为出版业的协同发展提供了有力支持。这种高效的数据流通机制，使得社科文献能够更快地响应市场需求，提高出版的效率和质量。

五、创新出版数据流通模式

在出版数据流通方面，社科文献积极探索新的模式。例如，社科文献通过构建数据交易平台，实现了数据资源的市场化配置和交易。这种创新的流通模式不仅促进了数据的流动和共享，还为社科文献带来了新的收入来源。同时，社科文献还注重数据的安全和隐私保护，在数据流通过程中严格遵守相关法律法规和行业标准，确保了数据的合法合规使用。

综上，社科文献在"数据要素×出版"的实践路径中，通过优化出版编辑数据思维、供给高质量数据要素、研发高水平数据产品、推动出版数据高效流通及创新出版数据流通模式等五个方面，取得了显著的成效。这些经验和实践为其他出版单位提供了有益的借鉴和启示。

第八章

新质生产力赋能出版深度融合发展

本书指出在新质生产力的赋能下，出版深度融合发展迎来了数智技术革命性突破，面临着出版新业态新阶段、数智要素创新性配置提升融合出版质量效益、出版业深度数字化转型加速数据化智能化进程三方面的机遇，同时面临着出版转型步伐缓慢、出版生产能力不足及市场竞争加剧等方面的挑战。为完成上述挑战，书中重点提出并论述了"基于新型劳动者视角的融合出版编辑素养提升、基于劳动资料质变的出版数字基础设施建设及基于劳动对象质变的数据生产要素价值挖掘"的三维路径。

新质生产力在理念启迪层面，将"新质"理念赋能融合出版主体，驱动融合出版工具的优化，拓展融合出版的劳动对象；在战略转型层面，基于知识服务提供商、全媒体出版传播体系的定位，推动着知识生产由智慧驱动走向数据驱动并指引了五个方面的着力点；在实践推动方面，促进出版深度融合发展走向知识生成的整合化、知识管理的全域化及知识传播的智能化。

全媒体出版传播体系是包含全程出版、全息出版、全员出版、全效出版在内的新型出版传播体系。新质生产力在内容建设维度供给出版数据要素，在先进技术维度提供多维数智技术，在创新管理维度引入敏捷治理，由此赋予全媒体出版传播体系以新的丰富内涵和价值意蕴。新质生产力全要素、全领域、全环节、全主体、全时空赋能全媒体出版传播体系，推动融合出版的多维发展、破维发展、跨维发展和全维发展，助力构建要素完备、结构优化、功能先进的全媒体出版传播体系。发展新质生产力是推动出版深度融合发展的内在要求，是构建全媒体出版传播体系的重要着力点，为此须围绕创新这个重要抓手，强化出版企业创新主体地位，优化配置出版创新资源，健全出版企业创新发展环境，实现出版创新要素集聚，构建与新质生产力相适配的新型出版生产关系。

第一节 新质生产力赋能出版深度融合发展的机遇、挑战与进路

2024 年，"新质生产力"被写入《政府工作报告》，并被列为十大工作任务之首。新质生产力，作为一种高水平的先进生产力，必将为出版业带来一场深刻的变革。

结合新质生产力对出版业高质量发展的要求来看，"新"是创新，不仅是科技创新、人才创新，也包括模式创新、体制机制创新，创新是出版业高质量发展的根本驱动力；"质"是高质量发展，是实现建成出版强国的目标；"生产力"则是核心内容，是推动出版业高质量发展的着眼点和出发点。基于新质生产力的要求，新时代的出版工作要充分利用大数据、人工智能、虚拟现实、云计算等数字信息技术，优化提升传统出版选题、编辑加工、印刷、发行等各个环节，从依赖物质消耗转变为投入数据要素，推动出版业态转型升级，不断提升出版整体竞争力和影响力。

一、发展新质生产力为出版深度融合发展带来新机遇

新质生产力由技术革命性突破、生产要素创新性配置、产业深度数字化转型升级催生，以其独特的创新性和高效性，深刻改变着传统产业的生态格局，蕴含着赋能千行百业的意义和价值。

> **名词解释**
>
> 出版深度融合发展：以内容建设为根本、先进技术为支撑、创新管理为保障的新型（全媒体）出版传播体系[①]，体现了出版业在数字化、网络化、智能化时代背景下的深刻变革与创新。

1. 数智技术革命性突破推动出版新业态培育

新质生产力强调创新在驱动产业变革中的核心地位，而技术的革命性突破

---

① 付文绮，张新新. 出版深度融合发展：内涵、机理、模式与路径分析 [J]. 出版发行研究，2023（1）：15-21，7.

正是实现出版深度融合发展的关键。从数字技术到全媒体技术再到人工智能技术，出版产业从出版物的形态到出版产业链都在发生巨大变化，为出版深度融合发展带来了强劲动力。

伴随第四次科技革命的深入推进，人工智能成为新质生产力的重要引擎，人工智能与出版结合，产生了智能出版新业态，这也是出版深度融合发展的新业态。智能出版通过自然语言处理、机器学习等技术，能够实现对海量出版资源的智能化处理和分析，帮助出版机构精准定位市场需求，优化选题策划，辅助编辑进行内容筛选、校对等工作，从而提高出版效率和质量。生成式人工智能赋能出版业，催生一系列生成式人工智能出版物，创新出版物的形态和流程。生成式人工智能是继语音、图像视频识别技术之后最复杂的语言识别技术的突破，也是基于模式识别和深度学习的感知智能技术发展的新跃迁[①]。2023年2月，韩国出版商雪狐图书（Snowfox Books）发行由 ChatGPT 撰写的书籍《寻找人生目标的 45 种方法》，并由人工智能进行翻译校对和插图设计[②]。这是世界上首本由 ChatGPT 撰写、人工智能翻译校对的实体书，整本书的写作和翻译仅仅花费了 9 小时，该书的内容创意来源于出版商，但是写作、翻译、校对、插图等一系列具体工作都是由人工智能完成的。

2. 数智要素创新性配置提升融合出版质量效率

在数字化、智能化浪潮的推动下，数智技术正成为出版业创新发展的重要引擎。从数智技术的视角来看，出版生产要素的创新性配置不仅意味着对传统出版流程的深刻变革，更代表着作品形态和传播方式的全面革新。

（1）数智技术作为出版业的新生产要素，可以为出版深度融合发展提供强大的技术支持和创新空间，为实现出版流程的智能化、自动化和高效化提供可能。例如，利用人工智能技术进行内容筛选和编辑，可以提高编辑效率和质量；利用大数据技术进行市场分析和预测，可以精准定位目标读者和市场需求；利用云计算技术进行数据存储和共享，可以实现出版资源的优化配置和共享利用。

---

① 张佳欣，刘园园，陈曦，等."顶流"之下，看人工智能喜与忧 [N].科技日报，2023-02-16（5）.

② 徐永倩. 7 小时写一本书！有人已经用 ChatGPT 赚稿费了，年入 6 位数美金 [EB/OL].（2023-03-20）[2023-09-20]. http://www.cptoday.cn/news/detail/15203.

（2）数智技术作为"渗透性要素"与作品结合，[①] 可助力融合出版新表达、新呈现和新体验。例如，通过虚拟现实技术，可以将作品转化为沉浸式的阅读体验；通过增强现实技术，可以在作品中添加互动元素和多媒体内容；通过智能语音技术，可以将作品转化为有声读物或智能对话形式。这些数智技术与作品的结合不仅可以丰富作品的表现形式和传播方式，提升读者的阅读体验和互动参与度，还可以提升出版深度融合发展的质量和效率。

（3）数智技术赋能出版业生产力三要素，可有效推动出版生态系统的整体优化。新质生产力强调创新性和高效性，对出版生产要素的优化配置提出了新的要求，即作为新型出版劳动者如何充分利用新型数字化信息工具，对新型劳动对象（数据）进行收集、整理、分析，把生产要素和资源进行重组优化。例如，江苏凤凰出版传媒集团有限公司党委书记、董事长介绍其培育出版业新质生产力的思路：围绕原创、智改、数转、网联、融合、绿色六个重点方向，加大创新全要素的投入，包括人才、资金、机制、政策等资源的支持，形成与新质生产力相适应的体制机制优势。[②]

数智要素创新性配置提升融合出版质量效益见图 53。

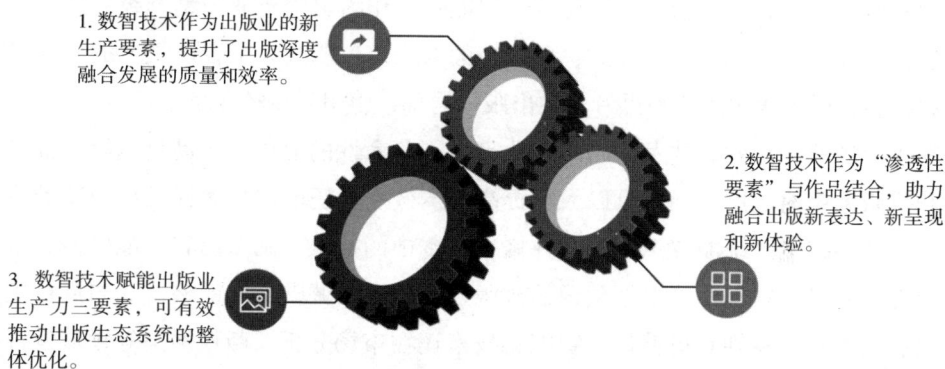

1. 数智技术作为出版业的新生产要素，提升了出版深度融合发展的质量和效率。

2. 数智技术作为"渗透性要素"与作品结合，助力融合出版新表达、新呈现和新体验。

3. 数智技术赋能出版业生产力三要素，可有效推动出版生态系统的整体优化。

图 53　数智要素创新性配置提升融合出版质量效益

3. 出版业深度数字化转型加速数据化智能化进程

新质生产力代表了科技创新交叉融合突破所产生的根本性成果，同时也推

---

① 黄顺基，郭贵春.现代科学技术革命与马克思主义 [M]. 北京：中国人民大学出版社，2007.

② 章红雨.进一步培育凤凰出版新质生产力 [N].中国新闻出版广电报，2024-03-19（3）.

动了出版产业从数字化走向数据化，再到智能化的深度转型之路。出版产业的转型升级不仅涉及技术层面的革新，更涉及商业模式、内容创作、运营管理等全方位的变革。

数字化是出版产业转型升级的基石，数据化则是出版产业转型升级的重要驱动力。随着数字经济的发展，数据生产力成为新质生产力的重要表现之一。数据生产力是知识创造者在"数据＋算力＋算法"定义的世界中，借助智能工具，基于能源、资源及数据等生产要素构建的认识、适应和改造自然的新能力。[①] 在数字化浪潮的推动下，出版业积累了海量的数据资源，这些数据涵盖销售数据、读者行为数据、内容数据等多个维度，为出版企业提供宝贵的决策依据。通过收集、整理和分析这些数据，出版企业能够更加精准地把握市场动态和读者需求。数据化技术的应用不仅提升了出版企业的决策效率，还优化了出版资源的配置。基于数据的分析，出版企业可以更加合理地安排出版计划，优化出版流程，提高出版效率和质量。同时，数据化还使得出版企业能够精准定位目标读者和市场，制定个性化的营销策略，提高推广效果和市场占有率。

随着人工智能等前沿技术的迅猛发展，出版业正逐步实现智能化生产、管理和服务，开启了全新的发展篇章。智能化，作为出版产业转型升级的高级阶段，引领着出版业迈向更高效、更精准的未来。生成式人工智能技术的出现引起社会各行各业的热议和思考，在出版业内部，将引发编校印发各环节革新。[②] 在生产环节，智能化技术为出版企业带来了革命性的变革。自动化编辑、校对和排版系统的应用，不仅可以大幅提高生产效率，还能够显著提升出版物的质量。这些智能系统能够迅速识别并修正文本中的错误，确保内容的准确性和规范性。同时，它们还能根据预设的排版规则，自动调整文本的格式和布局，使出版物更具美观性和可读性。智能化技术还在市场分析、版权保护等领域发挥着重要作用。通过大数据分析，出版企业可以更加精准地把握市场需求和读者偏好；智能化的版权保护系统则能够有效防止盗版和侵权行为的发生，维护出版产业的健康发展。

---

① 胡莹. 新质生产力的内涵、特点及路径探析 [J]. 新疆师范大学学报（哲学社会科学版），2024，45（5）：36-45，2.

② 张新新，丁靖佳. 生成式智能出版的技术原理与流程革新 [J]. 图书情报知识，2023，40（5）：68-76.

二、发展新质生产力对出版深度融合发展提出新挑战

1. 出版转型步伐难以跟上技术超速迭代的挑战

技术革新是推动出版业转型发展的关键力量，然而，这种转型并非易事。新技术的不断涌现要求出版机构不断跟进并应用，但实际操作中常常面临着技术难题。例如，数字化出版涉及数据存储、网络安全、用户隐私保护等多个方面，这些都需要专业的技术支持和解决方案。人才支持问题也是制约出版转型的关键因素。发展新质生产力背景下，出版业需要既懂出版又懂技术的复合型人才，而目前市场上这样的人才相对匮乏，难以满足出版机构的需求。此外，即使有了合适的人才，如何留住他们、激发他们的创新活力，也是出版机构需要面对的难题。

2. 出版生产能力不足，难以满足用户体验升级的挑战

在媒介融合加快发展的时代背景下，用户需求正发生着深刻的变化。他们不再满足于传统的、单一形式的内容，而是追求更为丰富、深邃的内容。与此同时，阅读的体验和互动性也将成为用户选择阅读产品的重要标准。在新质生产力的推动下，传统出版的生产模式与用户需求的错配会更加凸显。

3. 出版企业商业模式重构的挑战

新质生产力推动出版产业从数字化到数据化再到智能化转型升级发展。随着数字化、网络化的发展，出版正在发生深刻变化，包括用户需求、选题思路、营销渠道等都在变，出版生态也在不断改变甚至重建。[①] 因此，出版业必须重新思考其商业模式，探索多元化的盈利路径。然而，商业模式重构并非易事，出版机构需要投入大量的人力、物力和财力进行技术研发、市场调研和业务拓展。同时，还需要与数字技术提供商、内容创作者、渠道合作伙伴等建立紧密的合作关系，共同推动出版业的创新发展。

---

① 王菱，罗渝. 出版社从内容生产商向知识服务商转型的策略探究 [J]. 中国出版，2022（9）：69-71.

4. 出版市场竞争加剧的挑战

市场竞争加剧是出版业面临的另一大困境，越来越多的企业涌入出版市场，加剧了市场竞争的激烈程度，这些新兴企业往往拥有先进的技术和灵活的商业模式，能够快速响应市场需求，给传统出版机构带来了巨大的压力。在市场竞争中，出版机构不仅需要提供高质量的内容，还需要注重品牌建设、营销推广和用户体验等方面的提升。同时，还需要密切关注市场动态和竞争对手的动向，及时调整战略和策略，以应对市场的变化。

三、新质生产力推动出版深度融合发展的未来进路

新质生产力的发展，正深刻改变着出版业的格局与未来走向。面对新质生产力给出版业带来的机遇与挑战，深入探索新质生产力推动出版深度融合发展的路径，不仅关乎出版机构自身的转型升级，更关系整个文化产业的创新与发展。

（一）基于新型劳动者视角的融合出版编辑素养提升

出版业新型劳动者即融合出版编辑，是具备数字化技能、数据分析能力、内容策划与项目管理能力的复合型人才。出版业高质量发展的实现、高质量出版物的生产与传播，与编辑高质量发展本领的增强密切相关。[①] 他们不仅要有扎实的出版专业知识，还要具备跨学科背景和国际化视野，以创新思维、用户思维和合作思维引领出版业的创新发展。具体而言，需要涵盖四种融合出版素养。

1. 着力提升数智技术持续学习与自我更新能力

随着科技的进步和出版产业的变革，新的出版技术、工具和方法不断涌现，编辑需要紧跟时代步伐，不断更新自己的知识体系。首要的是数智技术，编辑应掌握数据分析技能、了解人工智能在出版领域的应用等。同时，编辑人员还需要关注出版行业的政策动态和市场趋势，以便更好地把握市场需求和读者喜好，及时调整出版策略和内容。融合出版编辑数智学习与知识更新的具体路径

---

① 陈少志，张新新. 出版业文化质量的提升向度与路径探析：基于编辑工作的视角 [J]. 中国编辑，2023（7）：32-38.

如下：①编辑应积极参与专业培训和学习课程，随着技术的快速发展，融合出版领域的知识和技能也在不断更新，通过参加相关的学习课程和研讨会，编辑可以系统地掌握新的编辑技术、工具和方法，从而提升自己的专业素养；②保持对新技术和新应用的敏感度，编辑应时刻关注出版行业的最新动态，了解新技术和新应用的发展趋势，积极尝试将其应用于实际工作中，通过不断尝试和创新，可以不断提升自己的工作效率和编辑质量；③阅读和学习也是融合出版编辑不可或缺的能力，通过阅读专业书籍、行业报告和优秀案例，编辑可以拓宽自己的视野，了解行业的最新动态和最佳实践，同时，编辑还应关注跨领域的知识，将不同领域的知识和思维方式融合到编辑工作中，以创造出更具创意和深度的内容；④实践是检验学习成果的最好方式，编辑应将在学习中获得的新知识和技能应用到实际工作中，通过实践不断检验和修正自己的认知，同时，编辑还应积极寻求反馈和建议，与同行和读者进行交流和互动。

2. 重点拓展创意策划与编辑能力

在融合出版时代，编辑需要具备更强的创意策划和编辑能力。编辑要敏锐捕捉市场动态和读者喜好，根据这些信息策划出独具特色的出版物。他们需要深入了解市场趋势，分析读者需求，从而确定出版物的主题、内容和形式。通过独特的创意和策划，编辑可以打造出与众不同的出版物，吸引读者的眼球，提升市场竞争力。编辑还需要对内容进行深入挖掘和整合，需要对原始素材进行筛选、提炼和加工，使其具有更高的价值和吸引力。在编辑过程中，编辑要注重内容的逻辑性、连贯性和可读性，确保出版物能够流畅地传达作者的意图和思想。同时，需要注重内容的多样性和包容性，以满足不同读者的需求和喜好。

3. 持续锻造跨领域合作与沟通能力

在数字化浪潮的推动下，融合出版编辑的工作早已不再是孤立的。编辑需要深入多个领域，与如下各方专业人士进行紧密的交叉合作，以推动出版内容的创新与发展。

（1）与技术人员的合作是融合出版编辑工作中不可或缺的一环。编辑人员需要与技术团队紧密配合，共同探讨如何将先进技术与出版内容相结合，实现内容与技术的完美结合。通过技术手段，编辑人员可以丰富出版内容的呈现形式，提升读者的阅读体验，使内容更具吸引力和竞争力。

（2）与设计师的合作是融合出版编辑工作中的重要一环。设计师们擅长打造精美的版面和视觉效果，编辑人员则擅长策划和整理内容。两者结合，可以共同打造出既美观又实用的出版物。通过设计师的巧手，编辑人员可以将自己的创意和想法转化为具体的视觉形式，使内容更加生动、形象。

（3）与营销人员的合作是融合出版编辑工作中不可忽视的一部分。营销人员擅长制定有效的推广策略，通过市场分析和用户调研，为出版物找到最合适的宣传渠道和推广方式。编辑人员可以与营销人员共同商讨推广策略，结合出版物的特点和目标受众，制定出更具针对性和实效性的推广方案。通过跨领域合作，融合出版编辑不仅可以拓宽自己的视野和思维方式，还可以提升综合素养和创新能力。他们可以从不同领域的专业人士身上学习到新的知识和技能，将这些元素融入自己的编辑工作中，使出版物更具特色和竞争力。同时，跨领域合作也可以促进不同领域之间的交流和融合，推动整个出版行业的创新与发展。

（4）大力培育数据思维与决策能力。在数智化转型的大背景下，数据已不再是冷冰冰的数字，而是成为出版产业中不可或缺的重要资源。融合出版编辑必须具备敏锐的数据思维和高效的决策能力，以应对市场的快速变化和读者的多元需求。编辑人员要学会利用先进的数据分析工具，对出版物的销售数据、用户行为数据等进行深入挖掘和分析。这些数据不仅可以揭示出版物的市场表现，还能反映出读者的阅读偏好和购买习惯。通过数据分析，编辑人员可以更加精准地把握市场脉搏，为选题策划、内容编辑和营销推广提供有力支持。同时，编辑人员需要根据数据分析的结果，对编辑工作和营销策略进行及时调整和优化。例如，根据销售数据的分析，编辑人员可以发现某些类型或主题的出版物在市场上更具竞争力，从而加大对这些领域的投入；根据用户行为数据的分析，编辑人员可以了解读者的阅读兴趣和阅读习惯，进而优化出版物的呈现方式和阅读体验。基于新型劳动者视角的融合出版编辑素养提升见图54。此外，编辑人员还需要不断提升自己的数据素养和决策能力。他们需要关注数据科学的最新发展，学习新的数据分析方法和工具，以便更好地应对复杂多变的市场环境。同时，编辑人员还需要培养自己的逻辑思维和判断能力，确保在海量数据中提取出有价值的信息，并据此做出正确的决策。

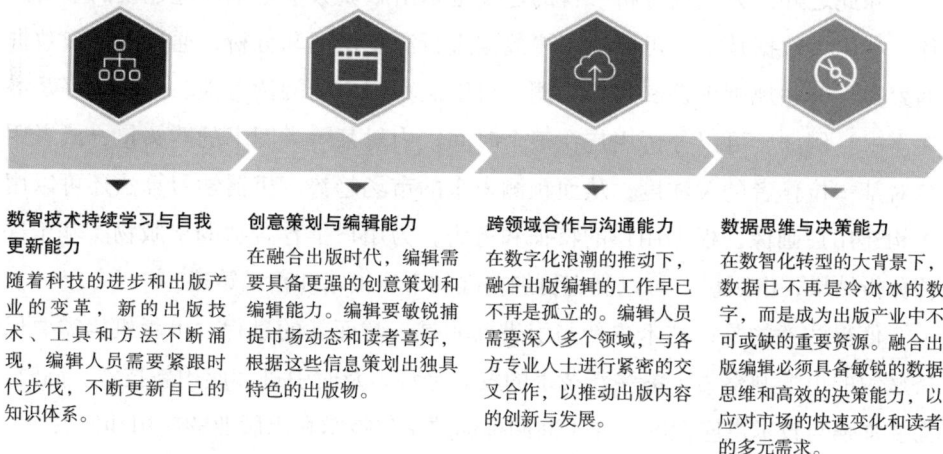

数智技术持续学习与自我更新能力	创意策划与编辑能力	跨领域合作与沟通能力	数据思维与决策能力
随着科技的进步和出版产业的变革，新的出版技术、工具和方法不断涌现，编辑人员需要紧跟时代步伐，不断更新自己的知识体系。	在融合出版时代，编辑需要具备更强的创意策划和编辑能力。编辑要敏锐捕捉市场动态和读者喜好，根据这些信息策划出独具特色的出版物。	在数字化浪潮的推动下，融合出版编辑的工作早已不再是孤立的。编辑人员需要深入多个领域，与各方专业人士进行紧密的交叉合作，以推动出版内容的创新与发展。	在数智化转型的大背景下，数据已不再是冷冰冰的数字，而是成为出版产业中不可或缺的重要资源。融合出版编辑必须具备敏锐的数据思维和高效的决策能力，以应对市场的快速变化和读者的多元需求。

图 54　基于新型劳动者视角的融合出版编辑素养提升

（二）基于劳动资料质变的出版业数字基础设施建设

劳动资料不仅是区分不同经济时代的依据，而且是区分不同生产力的质的依据，劳动资料的核心是劳动工具，劳动资料高智能化的核心是劳动工具的数智化。[①]在数字化、网络化和智能化等技术革新的推动下，出版业所使用的劳动资料（即生产工具、生产设备、技术手段等）发生了根本性变革和升级。这一质变过程不仅涉及传统出版工具向数字化工具的转变，更包括整个出版生产流程、业务模式及与其相关的组织结构和管理方式的深刻变革。

1. 面向数字化技术工具的技术更新与引进

随着科技的飞速发展，数字化技术已经成为出版业劳动资料质变的核心驱动力。面对这一变革，出版业数字基础设施建设的首要路径无疑是技术更新与引进。出版机构需要紧跟时代步伐，积极采用先进的数字化编辑工具，这些工具不仅能够提升编辑效率，还能够为内容创作带来更多可能性。同时，自动化出版系统的引入也至关重要，它能够实现出版流程的自动化和智能化，大幅缩

---

① 胡莹. 新质生产力的内涵、特点及路径探析 [J]. 新疆师范大学学报（哲学社会科学版），2024，45（5）：36-45，2.

短出版周期，提高出版效率。

除此之外，大数据分析平台的建设也是出版业数字基础设施建设的重要一环。利用大数据技术，可以对用户数据进行深度挖掘和分析，通过对用户数据的聚类、关联规则挖掘和趋势预测，可以洞察用户的阅读习惯、兴趣偏好及潜在需求。例如，可以分析用户在某个时间段内对某一类图书的购买量，或者用户对某一位作者的关注度，从而预测未来的市场趋势。机器学习算法还可以用于构建用户画像，根据用户的特征和行为，为用户推荐合适的出版物。基于这些分析结果，出版机构可以制定更加精准的市场策略和营销策略。

值得注意的是，技术更新与引进并非是一蹴而就的过程。出版机构需要保持敏锐的市场洞察力，关注新技术的发展趋势，及时引进和应用新技术。同时，需要加强与技术供应商的合作，共同推动数字化技术在出版业的应用和发展。

2. 面向数字新基建的出版流程优化与再造

数字基础设施建设对出版业而言，不仅是技术层面的更新与提升，更是对出版流程进行全面优化和再造的关键所在。传统的出版流程，由于环节众多且多为人工操作，往往显得烦琐且效率低下，这在数字化时代显然已无法满足市场的需求。因此，出版机构需要积极拥抱数字技术，对编辑、校对、排版、印刷、发行等出版流程的各个环节进行深度改造。

3. 大力投入智能出版 ERP 管理系统建设

数字化编辑平台的引入，使得多人在线协同编辑成为可能，编辑人员不再受地域限制，可以实时交流、共享资源，大大提高编辑效率。同时，校对环节也可以借助智能校对软件，快速识别并纠正文本中的错误，提升校对质量。在排版和印刷环节，自动化出版系统的应用则实现了流程的自动化和智能化。通过预设的模板和规则，系统可以自动完成排版工作，减少人工干预，提高排版的一致性和美观度。同时，一键式印刷功能也大大缩短了出版周期，使得出版物能够更快地与读者见面。基于劳动资料质变的出版业数字基础设施建设见图 55。

2. 面向数字新基建的出版流程优化与再造

数字基础设施建设对出版业而言，不仅是技术层面的更新与提升，更是对出版流程进行全面优化和再造的关键所在。

1. 面向数字化技术工具的技术更新与引进

随着科技的飞速发展，数字化技术已经成为出版业劳动资料质变的核心驱动力。面对这一变革，出版业数字基础设施建设的首要路径无疑是技术更新与引进。

3. 智能出版ERP管理系统的建设非常迫切

数字化编辑平台的引入，使得多人在线协同编辑成为可能，编辑不再受地域限制，可以实时交流、共享资源，大大提高编辑效率。

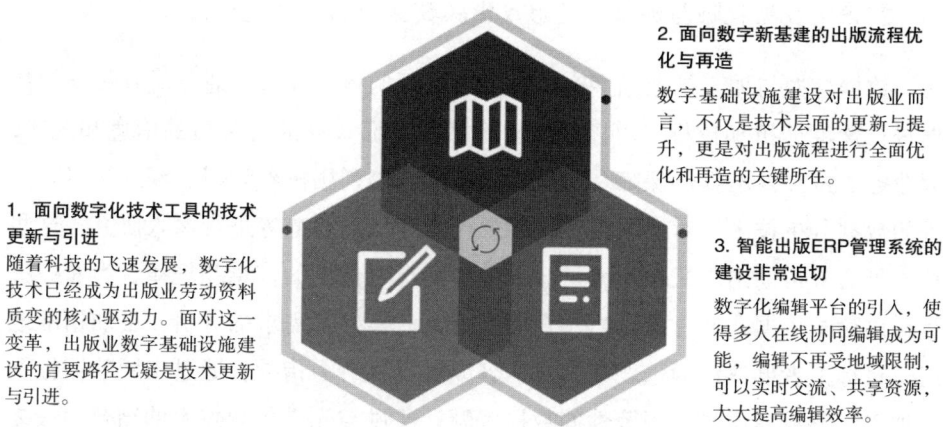

图55　基于劳动资料质变的出版业数字基础设施建设

（三）基于劳动对象质变的数据生产要素价值挖掘

随着信息技术的迅猛发展和数字化转型的深入推进，出版业劳动对象正在经历深刻质变，传统的以纸质书籍、期刊等为主的劳动对象正逐渐被数字化内容、大数据、用户行为等新型劳动对象所替代。这一质变不仅改变了出版业的生产方式和业务模式，还为数据生产要素的价值挖掘提供了广阔的空间。

1. 出版数据收集与整合，是激活出版数据要素潜能的初始路径

在数字化时代，数据成为驱动出版业发展的重要引擎。数据不仅是出版机构决策的依据，更是其挖掘潜在价值、实现创新发展的关键要素。在出版业劳动对象质变的过程中，大量的数字化内容、用户行为等数据被生产和积累。因此，数据收集与整合已经成为数据生产要素价值挖掘的首要路径。出版机构要建立完善的数据收集机制，通过数字化平台、传感器和用户调查等多种方式，全面收集与出版业务相关的各类数据。这些数据包括但不限于出版物销售数据、用户阅读偏好、市场趋势分析等，它们将共同构成出版机构决策的基石。在数据收集的过程中，出版机构还需要关注数据的真实性和准确性。通过采用先进的技术手段和方法，对数据进行清洗、整合和标准化处理，确保数据的质量和可用性。这样，出版机构才能基于准确的数据进行决策，避免数据误差导致的决策失误。

2. 出版数据挖掘与加工，是形成出版数据产品的关键路径

数据挖掘与加工是数据生产要素价值挖掘的核心环节。通过对收集到的数据进行深度分析和挖掘，可以揭示出隐藏在数据背后的有价值的信息和规律，为业务决策和发展提供保障。出版机构可以充分利用机器学习、深度学习等先进的数据分析技术，对出版内容、用户行为和市场趋势等进行深入研究。这些技术可有效帮助出版机构从海量数据中提炼出有价值的信息和规律，为业务决策提供科学依据。通过技术对用户阅读习惯、喜好和需求的分析，更加精准地定位目标读者群体，为选题策划和内容编辑提供有力指导；通过出版数据挖掘与加工，形成高质量、规范性的数据资源；通过与先进数智技术的结合，最终形成出版数据产品，进而把出版数据价值凝聚、浓缩于出版数据产品之中。

3. 出版数据交易与共享，是实现出版数据要素价值的直接路径

包括出版数据要素流通、交易、共享、置换等在内的数据流通过程，其实质是通过交易实现出版数据要素价值的过程。数据交易与共享的影响力，更可以扩展到整个社会经济体系，实现更为广泛的价值创造。在数字化浪潮中，数据的价值已经远远超越了单一机构或行业的范畴，它正在成为推动社会进步和创新的重要动力。数据交易不仅可实现出版数据产品由价格到价值的跃升，并且日渐成为出版数据价值实现的关键步骤；数据共享不仅可以提升出版机构的内容质量和市场竞争力，还可以促进不同领域之间的融合与创新。

4. 出版数据驱动的决策与管理，是出版数据要素价值实现的重要保障

数据生产要素的价值挖掘是出版机构决策与管理工作的一把利器。出版机构应积极探索并建立数据驱动的决策机制，将数据分析结果作为战略制定、流程优化和效率提升的关键依据。通过深入挖掘历史数据和市场需求，出版机构能够洞察市场趋势，发现潜在热点，从而精准确定选题方向。利用数据分析工具，出版机构可以对编辑工作进行量化评估，洞察编辑过程中的瓶颈和问题，进而优化编辑流程，提高编辑效率。同时，数据分析还能帮助校对人员更加精准地定位错误，提高校对质量，确保出版物的准确性和权威性。在营销推广阶段，通过对用户画像和行为进行深入分析，可有效帮助出版机构制定出更加精准的营销策略，无论是定向推送、个性化推荐，还是精准广告，其目标都是让

出版物更好地送达目标用户，从而提升出版物全媒体营销效能。

5. 出版数据安全与隐私保护，是推动数据出版新业态发展壮大的牢固基础

数据安全与隐私保护是挖掘出版数据要素、释放出版数据价值的前提，也是推动数据出版新业态发展的基础。出版数据安全与数据出版发展相辅相成、缺一不可。出版机构作为数据的收集者和使用者，肩负着保障数据安全和用户隐私的重大责任。因此，建立完善的数据安全管理制度和技术防护措施，是确保数据安全和完整性的关键所在。首先，出版机构应制定严格的数据安全管理制度，明确数据的收集、存储、使用和共享等各个环节的安全标准和操作规范。通过制定详细的安全流程和管理规定，确保数据处理和使用都在可控的范围内进行，规避数据泄露和滥用的风险。其次，强化技术防护措施也是数据安全的重要屏障。出版机构应采用先进的数据加密技术、访问控制技术和安全审计技术等手段，确保数据的机密性、完整性和可用性。同时，定期对数据进行备份和恢复测试，以便在发生意外情况时能够及时恢复数据，减少不必要的损失。最后，遵守相关法律法规和伦理规范也是出版机构应尽的责任。在数据收集和使用过程中，出版机构应严格遵守《中华人民共和国个人信息保护法》《中华人民共和国数据安全法》《生成式人工智能服务管理暂行办法》等相关法律法规，保证出版数据来源、数据加工、数据使用的合法性和合规性。尊重用户的隐私权益，不滥用、不泄露用户的个人信息，也是出版机构应遵循的伦理原则和道德底线。以数据要素为例分析价值挖掘的路径见图56。新质生产力赋能出版深度融合发展的机遇、挑战与进路见图57。

1. 数据收集与整合

2. 数据挖掘与加工

3. 数据交易与共享

4. 数据驱动的决策与管理

5. 数据安全与隐私保护

图56　以数据要素为例分析价值挖掘的路径

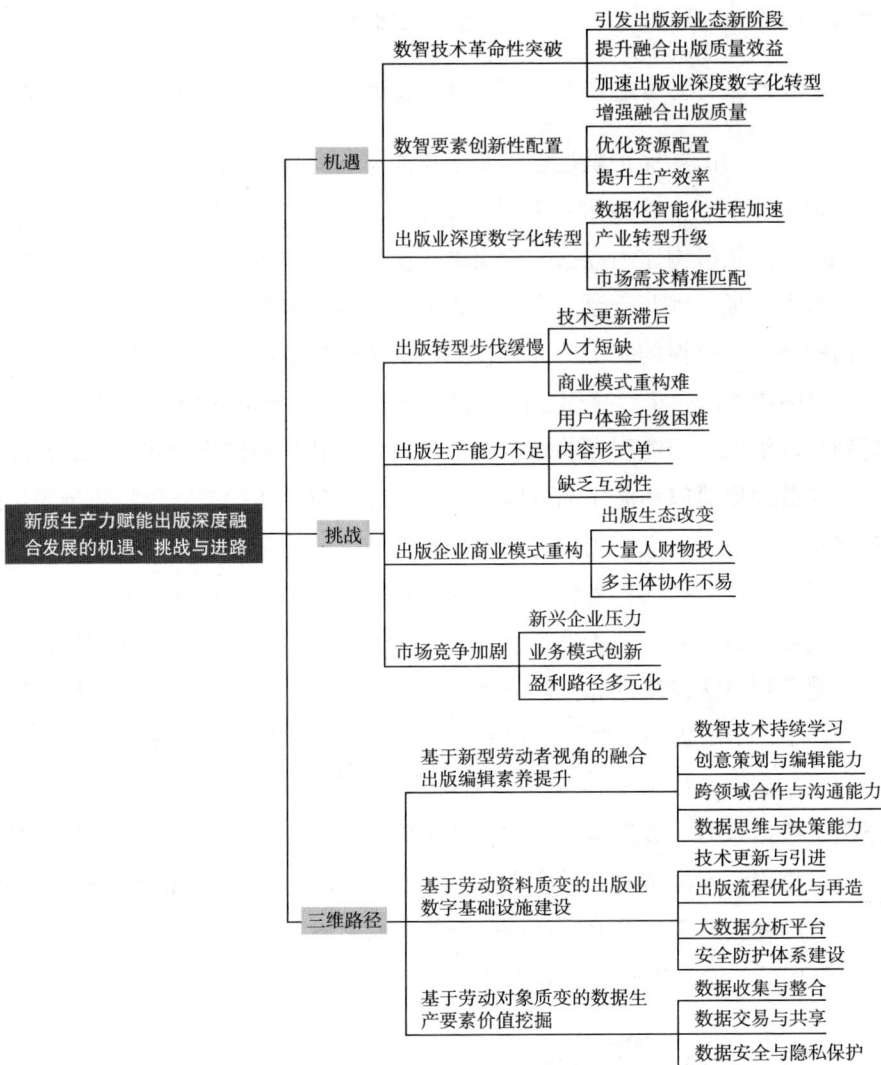

图 57　新质生产力赋能出版深度融合发展的机遇、挑战与进路

案例 13：人民出版社

一、人民出版社概况

　　人民出版社成立于 1921 年，是中国共产党和国家政治读物的核心出版单位，也是我国哲学社会科学领域著名的综合性出版社。当前，媒体融合发

展迅猛，人民出版社以习近平同志关于推动媒体融合发展的指示精神为指导，积极应对数字化转型浪潮，推动内容与信息技术的深度融合，充分发挥了传统出版与数字出版的双重优势，开创了融合出版的典范。

二、机遇与挑战

1. 机遇

（1）数字出版的崛起。随着信息技术的发展，5G、大数据、云计算和人工智能等技术的广泛应用，出版行业迎来了空前的数字化转型机遇。人民出版社通过数字出版的方式，推出了大量融合出版产品，如中国共产党思想理论资源数据库、党员小书包、U盘书等，使得党的思想理论资源更加便捷、高效地传播，提升了传播力和影响力。

（2）多元化传播格局。数字化的出版形态为人民出版社带来了内容形式多样化的机遇。从传统纸质出版物到有声读物、电子书、视频等，人民出版社通过整合多种媒介，丰富了传播形式，满足了不同用户的多元化需求。

2. 挑战

（1）技术更新的挑战。尽管数字出版发展迅速，如何有效利用新兴技术如 AI、AR/VR 等提升用户体验，依然是出版社面临的技术挑战。持续创新并结合用户需求才能保持竞争优势。

（2）内容与技术的平衡。融合出版的发展依赖于内容和技术的平衡，而不是单纯依靠技术或内容的堆砌。人民出版社如何在确保内容权威和深度的同时，创新技术手段，使两者相辅相成，是未来发展中面临的重要课题。

三、数字化融合出版路径

人民出版社的出版实践为传统出版与数字出版的深度融合提供了丰富的经验，以下是其主要路径。

1. 内容创新与资源整合

（1）以内容优势为基础。人民出版社依托其传统的出版内容优势，开发了中国共产党思想理论资源数据库，全面系统收录了自建党以来的马克思主义经典著作、党和国家重要文献，成为传播中国化马克思主义的重要平台。

（2）多方资源整合。除自有内容资源外，人民出版社还与其他知名出版社合作，如中央文献出版社、解放军新闻传播中心出版社等，整合其重要出版物，扩大数据库的覆盖面。

2. 技术创新推动融合发展

（1）功能多样化。人民出版社不仅提供纸质出版物的数字化版本，还通过知识库、专题库等功能为用户提供深入、便捷的知识服务。知识点查询、经典著作引文比对等特色功能极大地提升了用户的检索效率和体验。

（2）多版本支持。为满足不同用户的需求，数据库同时支持镜像版、网络版、移动终端版等多个版本，实现了多场景、无障碍的使用体验，进一步增强了其用户黏性。

3. 数字出版与党建结合

服务党员教育。人民出版社积极响应新时代党员教育需求，将数据库与智慧党建数字服务品牌"党员小书包"结合，助力全国各地党员的理论学习，打造了多个典型示范中心。

四、成效与社会反响

人民出版社的融合出版成果显著，赢得了广泛的社会认可和好评。中国共产党思想理论资源数据库自上线以来，服务用户已达 3 000 万，荣获多项国家级奖项，树立了数字出版领域的标杆。数据库的成功不仅为党政机关、高校、党校等提供了权威的思想理论学习平台，也为其他出版单位提供了宝贵的融合发展经验。

五、结论

人民出版社通过内容创新和技术融合，成功推动了传统出版与数字出版的深度融合发展。未来，继续深入探索数字化技术的应用，保持内容和技术的平衡，将成为推动人民出版社及整个出版行业高质量发展的关键。

第二节 新质生产力赋能出版深度融合发展的理念、制度与实践

2023 年 9 月，习近平同志在新时代推动东北全面振兴座谈会上提出："积极培育新能源、新材料、先进制造、电子信息等战略性新兴产业，积极培育未来产业，加快形成新质生产力，增强发展新动能"。[①] 2024 年 1 月 31 日，中共中央政治局就扎实推进高质量发展进行第十一次集体学习，会议指出，"科技创新是发展新质生产力的核心要素，必须加强科技创新，特别是原创性、颠覆性科技创新，使原创性、颠覆性科技创新成果竞相涌现，培育发展新质生产力的新动能"[②]。

在出版深度融合发展领域，生成式人工智能无疑是目前的颠覆性技术，推动了文化、知识传播领域的重大变革。[③]

> **名词解释**
>
> 生成式人工智能（artificial intelligence）：是一种能够自主创造新内容的 AI 技术，它在艺术创作、文本生成、数据模拟等领域展现出巨大潜力。不仅推动了 AI 技术的发展，也为内容创造、媒体融合、教育创新等多个领域带来了革命性的变化。

从理念、战略、实践三个层面系统研究生成式人工智能对出版深度融合的推动作用，可以更好地理解新质生产力对融合出版的赋能价值，为融合出版理论自主知识体系构建提供更加坚实的理论支撑。

一、理念启迪：新质赋能出版生产力三要素

《实施意见》是出版深度融合发展领域的专门政策文件，为探索出版融合发展新模式、新业态、新领域提供了行动指引和最新遵循。从历史角度看，出版业的发展始终与技术进步密切相关，每一次技术革新都会带来出版业的重大变

---

① 习近平. 牢牢把握在国家发展大局中的战略定位　奋力开创黑龙江高质量发展新局面 [N]. 人民日报，2023-09-09（1）.

② 加快发展新质生产力　扎实推进高质量发展 [N]. 人民日报，2024-02-02（1）.

③ 李小标. 全媒体时代刊网融合发展探析 [J]. 中国出版，2024（3）：15-19.

革。从现实角度看，新质生产力概念的提出为出版生产力提供了新的发展思路，推动出版业不断向前发展。"新质生产力"概念的提出是马克思主义生产力理论的继承与创新。那么，"新"在何处？"生产力"可以拆解为劳动者、劳动资料、劳动对象三个主要要素。[①]"新质生产力"的新质所在，就在于将知识、数据等新元素纳入生产力三要素中，例如，"数据作为新型生产要素，对传统生产方式变革具有重大影响"[②]。"新质"理念，是新质生产力带来的理念更新，即新质劳动者、新质劳动资料（劳动工具）和新质劳动对象。"新质"理念，一是"新"，即新型劳动者、新型劳动资料及新型劳动对象，二是"质"，即劳动者、劳动资料和劳动对象的"质变"及三者之间优化组合的"质变"。由此，新质理念赋能融合出版（当下即为"出版深度融合发展新阶段"[③]），体现在赋能融合出版主体、融合出版工具及融合出版数据要素三方面。新质赋能出版生产力三要素见图58。

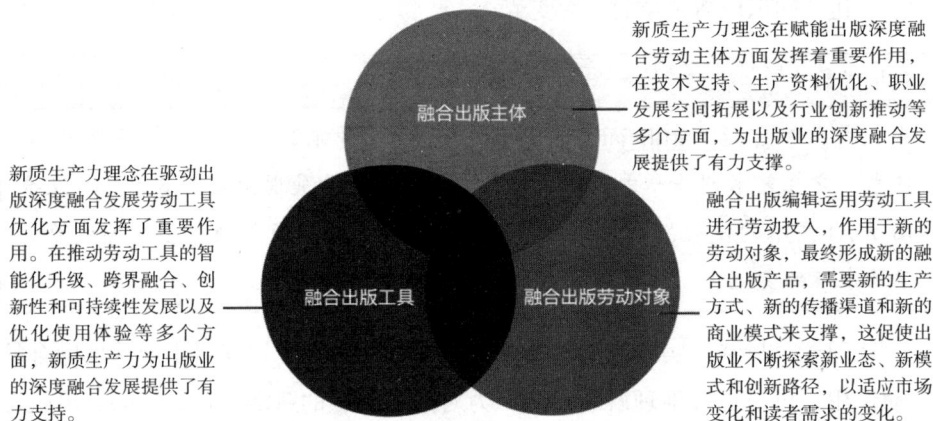

新质生产力理念在驱动出版深度融合发展劳动工具优化方面发挥了重要作用。在推动劳动工具的智能化升级、跨界融合、创新性和可持续性发展以及优化使用体验等多个方面，新质生产力为出版业的深度融合发展提供了有力支持。

新质生产力理念在赋能出版深度融合劳动主体方面发挥着重要作用，在技术支持、生产资料优化、职业发展空间拓展以及行业创新推动等多个方面，为出版业的深度融合发展提供了有力支撑。

融合出版编辑运用劳动工具进行劳动投入，作用于新的劳动对象，最终形成新的融合出版产品，需要新的生产方式、新的传播渠道和新的商业模式来支撑，这促使出版业不断探索新业态、新模式和创新路径，以适应市场变化和读者需求的变化。

图 58　新质赋能出版生产力三要素

1. "新质"理念赋能融合出版主体

新质生产力与劳动主体之间相互促进、共同发展。通过加强新质生产力的研究和应用，不断提升劳动主体的能力和素质，可以推动经济社会实现更高质量的发展。新质生产力在赋能出版深度融合劳动主体方面发挥着重要作用。

---

① 周文，许凌云.论新质生产力：内涵特征与重要着力点 [J].改革，2023，356（10）：1-12.

② 习近平.习近平谈治国理政：第 4 卷 [M].北京：外文出版社，2022.

③ 张新新.全媒体传播体系视域的融合出版自主知识体系框架分析 [J].编辑之友，2024（5）：5-13.

①新质生产力为出版深度融合劳动主体提供了先进的技术支持和创新思维。通过引入生成式人工智能等先进技术，劳动主体能够更高效地处理出版内容，提高出版物的质量和生产效率。同时，新质生产力的创新理念也促使劳动主体不断探索新的出版形式和传播方式，推动出版业的深度融合发展。②新质生产力优化了出版深度融合劳动主体的生产资料。通过数字化、网络化和智能化的技术手段，劳动主体可以更加便捷地获取和处理出版资源，实现资源共享和优化配置。这不仅降低了生产成本，还提高了出版物的市场竞争力。③新质生产力还为出版深度融合劳动主体提供了更广阔的职业发展空间和学习机会。随着新技术的不断应用和产业结构的调整，劳动主体需要不断提升自身技能和知识水平，以适应新的市场需求和发展趋势。新质生产力的发展为劳动主体提供了更多的学习资源和培训机会，帮助他们不断提升自身能力，实现个人成长和职业发展。④新质生产力与出版深度融合劳动主体之间的相互作用推动了整个行业的创新和发展。劳动主体通过应用新质生产力，不断推动出版业的变革和进步，而新质生产力的发展也离不开劳动主体的创新和实践。这种相互赋能的关系为出版深度融合发展注入了强大的动力。

综上所述，新质生产力理念在赋能出版深度融合劳动主体方面发挥着重要作用，在技术支持、生产资料优化、职业发展空间拓展及行业创新推动等多个方面，为出版业的深度融合发展提供了有力支撑。

2."新质"理念驱动融合出版工具优化

"新质"在优化融合出版劳动工具方面扮演着至关重要的角色。随着科技的进步和数字化、网络化、智能化趋势的加强，新质生产力的出现为出版业带来了前所未有的变革。

（1）新质生产力推动了劳动工具的智能化升级。传统的出版工具，如编辑软件、排版系统等，在一定程度上提高了生产效率，但仍然存在操作复杂、功能单一等问题。而新质生产力所带来的智能化工具，如基于 AI 的自动校对系统、智能排版软件等，能够自动化地完成大量烦琐的工作，提高出版物的质量和生产效率。①

---

① 李真. ChatGPT 在图书编校中的应用测试与分析 [J]. 出版与印刷，2023（12）：60-64.

（2）新质生产力促进了劳动工具的跨界融合。出版业不再局限于传统的纸质出版，而是与多媒体、互联网等领域实现深度融合。这使得劳动工具不再仅仅是用于文字编辑和排版，而是需要涵盖图像处理、音视频编辑、互动设计等多个方面。新质生产力的引入，使得这些跨界融合成为可能，为出版业提供了更加多样化的劳动工具。

（3）新质生产力强调了劳动工具的创新性和可持续性。随着可持续发展理念的深入人心，出版业也在不断探索环保、节能的出版方式。新质生产力所推动的劳动工具创新，不仅有利于提高生产效率，还在降低能耗、减少废弃物等方面为出版业的可持续发展提供了有力支持。

（4）新质生产力优化了劳动工具的使用体验。新质劳动工具通过引入用户友好的界面设计、智能化的操作提示等功能，使得出版工作更加便捷、高效。这不仅能够提高劳动主体的工作效率，还能够降低出错率，提升整个出版流程的质量。

由此，新质生产力理念在驱动出版深度融合发展劳动工具优化方面发挥了重要作用。在推动劳动工具的智能化升级、跨界融合、创新性和可持续性发展及优化使用体验等多个方面，新质生产力为出版业的深度融合发展提供了有力支持。

3. "新质"理念拓展融合出版劳动对象

"新质"生产力在拓展融合出版劳动对象方面起到了关键的作用。随着科技的进步和数字化、网络化、智能化趋势的加强，新质生产力的出现为出版业带来了全新的变革。①"新质"拓宽了出版劳动对象的范围。传统的出版劳动对象主要局限于知识、作品内容（又称版权素材），而新质生产力的出现使得劳动对象拓展到数据这一新型生产要素，包括出版内容数据、用户数据和交互数据、出版内部数据和外部数据都是融合出版的劳动对象。②"新质"丰富了出版劳动对象的形态和表达方式，促进技术要素和知识要素的深度融合。通过引入新的技术手段，如AR、VR、AI等，数智技术和作品内容可以进行有机融合，推动融合出版劳动对象扩展，最终所生产的劳动产品（即融合出版产品）得以更加生动、形象的方式呈献给读者。例如，利用VR技术，可以创建沉浸式的阅读体验，使读者仿佛置身于故事场景中；通过AI的语音合成技术，可以实现有声读物的自动化生成，为读者提供更多样化的阅读选择。③"新质"在拓展出版劳动对象的同时，也为出版业创新发展提供了更多样的可能和更广阔的空间，推动了出版业的创新与发展。融合出版编辑运用劳动工具进行劳动投入，作用于新的劳动对象，最终形成新的融合出版产品，需要新的生产方式、新的传播渠道和新的商业模式来支撑，这促使出版业不断探索新业态、新模式和创新路径，以适应市场变化和读者需求的变化。

综上所述，"新质"理念在以生成式 AI 为中介的出版深度融合发展中具有重要的指导意义。它强调了新技术在推动出版业发展中的作用和价值，并突出了对生产者、生产资料、生产对象的赋能。深入探索和实践"新质"理念，可望出版业在未来实现更加繁荣和创新的发展。

二、战略转型：新质改变知识生产方式

在战略层面，出版深度融合发展的最终方向必然是推动出版业由单媒体出版传播、纸质媒体出版传播体系转向"全媒体出版传播体系"①，推动出版企业由纸质图书提供商转型为"全方位、立体化、多层次、多介质的知识服务提供商"②。全媒体出版传播体系指向的是出版媒介演进和媒体兼容，知识服务提供商指向的是出版的知识与生产传播战略定位，二者统一于"出版活动的本质即文化选择"③。而新质生产力，恰恰为出版业提供数据、技术等新型生产要素，提供富含数智素养的新质劳动者，提供智能化的新质生产工具，从而推动着出版的知识生产"由智慧驱动走向数据驱动"④。

1. 智慧驱动的知识生产方式

知识是什么？针对这个问题可以从三个方面来加以探讨。

（1）知识的哲学基础。知识的概念在不同哲学流派中有着不同的定义。经

① 张新新，张璐颖.全媒体传播体系视域的出版深度融合发展指标体系建构与分析：何为出版深度融合发展的"深度" [J].科技与出版，2023（11）：144-157.

② 张新新.出版机构知识服务转型的思考与构想 [J].中国出版，2015（24）：23-26.

③ 陈少志，张新新.出版业文化质量的提升向度与路径探析：基于编辑工作的视角 [J].中国编辑，2023（7）：32-38.

④ 张新新.生成式智能出版：知识生成原理、沿革与启迪：从智慧驱动到数据驱动 [J].编辑之友，2023（11）：36-44.

验主义者如洛克和休谟认为知识起源于感官经验，通过比较、概括形成对现象界的理解。相对地，理性主义者如笛卡儿则强调理性的作用，认为通过直觉和演绎可以获得具有普遍性和必然性的真理。马克思主义的精神交往理论则提出知识是人类精神活动的产物，它不仅仅是对感官经验的总结，还是实现人的全面发展和社会进步的理论。

（2）知识的交往特性。知识生产不是孤立发生的，而是在主体间的交往中进行的。知识的社会性维度，即交流、沟通与传播，是知识概念的本质特征。由此，知识生产并非源于单个的人，而是来自主体间的交往。也就是说"社会性维度的交流、沟通与传播并不只是知识的外部特征，而是构成知识概念的本质特征。"[①]这意味着知识的产生、传递和验证都是在社会互动中完成的。野中郁次郎的 SECI 模型进一步解释了这一过程，涉及社会化、外显化、组合化和内隐化四个维度，描述了知识如何在个体和群体之间转化和积累。模型以知识是否公开为基础，首先将知识划分为隐性、显性两种。其中，社会化（socialization）阐释了主体交往过程中隐性知识的相互转化，即不同主体通过示范、交流、手把手等方式完成隐性知识的传递；外显化（externalization）维度指的是隐性知识向显性知识的转化，即主体以文字等符号化手段将个体的内隐性知识公开；组合化（combination）是显性知识之间的转化，强调单独的显性知识与其他显性知识组合，形成不断丰富的知识系统；内隐化（internalization）是显性知识向隐性知识的转化，指的是单个的主体通过阅读等方式，将显性知识转变为自身的感悟和体验。

（3）知识的多维属性。知识（见图 59）不仅包括可以言传的显性知识，也包括难以言表的隐性知识。文艺作品，作为想象力和情感的结晶，不同于科学定理的严格性，但它们同样承载着人类的精神交往成果，因此也属于知识的范畴。在这个意义上，知识生产的目的在于促进个人的内在成长和外部社会的文化发展。综上所述，交往视角中的知识生产是一个复杂的社会过程，涉及个体与社会的相互作用及不同类型的知识之间的转化。这个过程不仅仅局限于科学或学术领域，还包括所有人类精神活动的成果，例如艺术、文学等创造性表达。

---

① 徐竹.社会认识论：重画哲学知识论的概念地图：兼评《知识社会维度与当代社会认识论研究》[J].科学·经济·社会，2023，175（4）：121.

知识的哲学基础	知识的交往特性	知识的多维属性
知识的概念在不同哲学流派中有着不同的定义。	知识生产不是孤立发生的，而是在主体间的交往中进行的。	知识不仅包括可以言传的显性知识，也包括难以言表的隐性知识。

图 59　知识是什么

2. 数据驱动的知识生产方式

"出版本质是一种知识生产"。[1] 传统的知识生产可以用 SECI 知识生产模型加以考量，生成式人工智能所代表的新质生产力则开辟出了新的路径，[2] 产生了新的知识生产方式，包括如下几个环节。

（1）数据收集。生成式人工智能首先需要大量的数据作为学习和生成的基础。这些数据可以来源于各种渠道，如网站、应用、社交媒体等。

（2）数据清洗。在收集到原始数据后，需要进行数据清洗以确保数据的质量和一致性，包括去除噪声、冗余和有毒内容，消除低质量数据，并根据具体任务应用过滤规则，如基于语言的过滤规则（保留目标语言的数据）或基于度量的过滤规则（检测并删除不自然的数据）。

（3）模型训练。使用清洗后的数据进行模型训练。生成式人工智能通常使用神经网络模型，如循环神经网络（recurrent neural network，RNN）或变形自编码器（variational autoencoder，VAE）等，来构建和训练模型。在训练过程中，模型会学习已有数据的结构和规律，并根据这些规律生成新的数据。模型的参数会进行调整，以使模型的输出结果尽可能接近目标结果。

（4）模型验证。模型训练完成后，需要通过验证集来测试模型的性能，确保模型具有良好的泛化能力，即能够在未见过的数据上也表现良好。

（5）模型调优。根据模型在验证集上的表现，可能需要对模型进行调优，包括调整网络结构、优化器参数等，以提高模型的准确性和效率。

---

① 范军. 出版本质上是一种知识生产 [J]. 出版科学，2022，517（3）：1.

② 徐笑君，李宾. 知识生产革命："人 +AI"双环知识共创模式 [J]. 清华管理评论，2024（2）：96-104.

（6）模型应用。模型训练和调优完成后，最终的模型会被部署到实际应用中，如自动文本生成、图像生成等场景，开始产生新的数据或提供预测。

数据驱动的知识生产方式见图60。

图60　数据驱动的知识生产方式

相比于遵从 SECI 知识生产模型的传统知识生产，数据驱动的生成式人工智能知识生产有着一定的优势。①生成式人工智能通过自动化和智能化处理，实现了知识生产的快速迭代和优化，这超越了 SECI 模型中个体到团队、隐性到显性知识的传统转化过程。②人工智能能够跨越不同领域进行知识融合和创新，这打破了 SECI 模型中知识转化和创新的局限性，形成了更为开放和多元的知识生产环境。③生成式人工智能还能够通过机器学习和大数据分析，预测和发现新的知识趋势和需求，从而引领知识生产的方向和趋势，这是 SECI 模型所未曾涉及的领域。2024 年 3 月，中央广播电视总台与清华大学新闻与传播学院合作，推出了国内首部人工智能全流程微短剧《中国神话》，其剧本创作、音像呈现等环节均由人工智能完成，集成了以往影视制作的编剧、导演、表演、配音、配乐等分工，并展现出比传统影视作品更为细腻、精致的美术风格。这一成功尝试，体现出生成式人工智能在创新知识生产模式上的巨大潜力。

3. 出版深度融合发展战略转型的着力点

出版深度融合发展要求传统出版商进行战略转型，以适应新的技术和市场环境，这种转型主要体现在以下五个着力点（见图61）。

（1）从内容提供商到知识服务商的转变。新质生产力为出版业提供数据这一关键要素，能够有效激活出版数据潜能，充分挖掘出版数据价值，从实质上

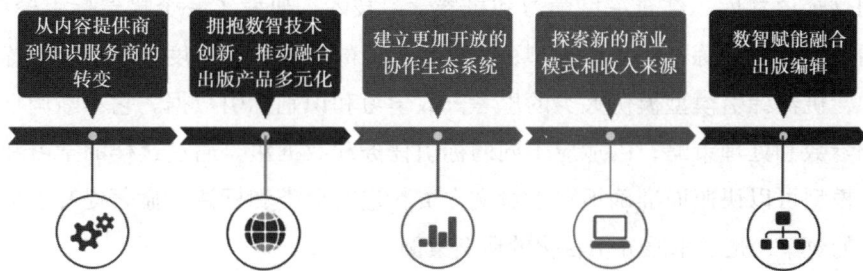

图 61　出版深度融合发展战略转型的五个着力点

为出版企业转型为"信息服务、知识产品和知识解决方案"①三位一体的知识服务商提供源头动力。

（2）拥抱数智技术创新，推动融合出版产品多元化。新质生产力为融合出版提供了颠覆性、革命性的数智技术，如文生文大模型、文生视频大模型②等，从而为内容的创造提供了新的可能性。出版商应该利用这些工具创造多样化的融合出版产品形式，如交互式电子书、个性化新闻摘要、多媒体教育材料等。

（3）建立更加开放的协作生态系统。为了促进知识的社会化生产，出版商需要与作者、读者、其他出版机构及技术提供商建立更紧密的合作关系。这种开放的协作生态系统有助于共享资源、共同创新和扩大影响力。

（4）探索新的商业模式和收入来源。随着出版业的数字化转型，传统的收入模式可能不再适用。出版商需要探索新的商业模式，如基于订阅的服务、按需打印、数字广告、内容授权和合作开发等。

（5）数智赋能融合出版编辑。新质生产力供给数据、技术等新要素，提供智能化新质生产工具，最终这种数智赋能、生产工具的赋能都会在融合出版编辑身上得到充分体现，从而有效赋能和赋权融合出版编辑，推动融合出版编辑的素质、类型、机制等基本范畴领域拓展。

通过这些战略转型，出版商能够在新的出版生态中发挥更加积极和主导的作用。例如，社会科学文献出版社推出的乡村研究数据库，该库通过自动抽词标引技术迈出了向机器标引转型的关键一步，由此构建了专门的标引语料库。

---

① 张新新. 知识服务向何处去：新闻出版业五种知识服务模式分析 [J]. 出版与印刷，2019（1）：1-5.
② 张新新，孟轶. Sora 驱动下的融合出版新技术新业态新模式分析 [J]. 中国编辑，2024（4）：
109-116.

利用这个语料库，结合深度学习和机器学习技术，研发了一个机器标引模型，并通过持续的训练来优化该模型，以提高标引的准确性和速度。在这个训练过程中，机器标引模型模仿人类的思考方式学习和识别标引数据。它不断调整自身的参数和处理策略，以适应不同的标引任务和数据集。通过这样的学习和调整，模型可以快速而准确地对大量文本资料进行分类和标注，显著提升了标引工作的效率，是学术服务平台化的典型案例。①

三、实践推动："新质"推动出版深度融合整合化、全域化、智能化发展

生成式人工智能对出版深度融合的实践推动体现在知识生成的整合化、知识管理的全域化及知识传播的智能化。这种技术的引入不仅改变了内容的创作方式，还对知识的存储、管理和传播方式产生了深远影响。

1. 创作实践：知识生成的整合化

整合思维是一种综合能力，它能帮助人们在面对冲突问题或对立模式时跳出简单性选择的定式思维。通过立体性、建设性的思考方式，整合思维能够帮助人们融合性、创造性地解决问题。整合思维的核心理念是将不同的观点、信息和经验进行整合，以帮助人们形成更全面、更深入的理解。它强调了将各种因素综合考虑的重要性，而不是仅仅依赖于单一的选项或观点。② 整合思维体现在生成式人工智能生成知识的数据、算法和算力三原理方面（见图62）。

（1）数据的多模态整合。在内容创作方面，生成式人工智能能够整合不同模态的数据，运用文生文大模型、文生图大模型、文生视频大模型，生成包括文本、图像、音频、视频和三维模型在内的多模态数据。这种多模态数据的整合为创作提供了更多元素和灵感，使得内容更加丰富和立体。例如，生成式人工智能可以根据一本科幻小说的内容自动设计封面，或者根据历史文献生成逼真的古代地图。

---

① 刘姝，范兰兰. 出版深度融合背景下的学术数据库产品建设：以乡村研究数据库为例 [J]. 中国传媒科技，2023（10）：24-27.

② 罗杰·马丁. 整合思维 [M]. 北京：商务印书馆，2008.

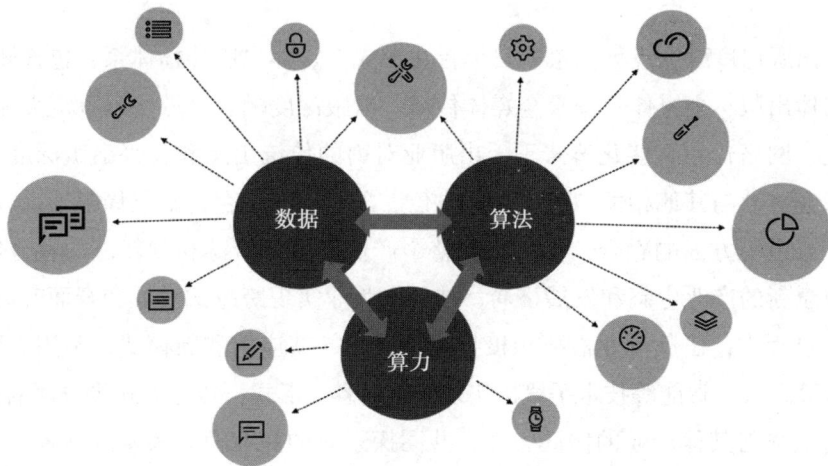

图 62　数据、算法、算力

（2）算法的创新应用。算法的创新应用在生成式人工智能中扮演着至关重要的角色。生成式人工智能的算法通过深入学习和理解不同的创作风格，能够产生符合特定要求的内容，这不仅包括模仿现有的作品风格，还能创造出全新的风格。为了实现这一点，人工智能模型需要不断地优化和创新，以更好地适应复杂的创作任务。在内容创作方面，可以通过使用先进的算法和技术，如深度学习、多头自注意力机制、RNN 等，训练人工智能系统来理解和学习不同的创作风格，从而更好地理解和保护传统文化和艺术形式，并提供新的方式来创造和表达。例如，在书籍封面设计中，生成式人工智能可以通过学习现有的设计风格和元素，自动生成符合特定主题和风格的封面。在音乐创作中，生成式人工智能可以通过学习现有的音乐作品和理论，创造出新的旋律与和声。

（3）算力的支持。强大的算力是实现复杂多模态内容创作的基础。这要求出版社拥有高效的计算资源，如高性能图形处理单元（graphics processing unit，GPU）、张量处理单元（tensor processing unit，TPU）等；具备优化的计算平台，如云计算服务，并且运用云计算、边缘计算、终端计算及云边端协同计算等形式来最大化、最优化地获取算力资源。这些算力资源可以加速人工智能模型的训练和运行，提高内容创作的效率和质量。

2. 管理实践：知识管理全域化

出版深度融合发展的最终目标旨在形成全媒体出版传播体系，包含知识的全媒体出版、全媒体管理及全媒体传播。出版深度融合全域化可以定义为在数字化、网络化和智能化背景下，出版业对内的传统出版和新兴出版深度融合，出版业对外与其他相关产业实现全方位、深层次的融合，不仅局限于内容、技术、渠道等方面的融合，更扩展到整个产业链、价值链和创新链的整合优化，形成全新的产业生态和发展格局，推动出版业实现跨越式发展和全面升级。在这个过程中，出版产业需要积极拥抱新技术、新应用和新模式，利用大数据、云计算、人工智能等技术手段，实现出版内容、形式、传播方式等方面的创新，同时加强与其他产业的协同合作，共同探索新的商业模式和发展路径。此外，出版深度融合全域化还需要注重可持续发展，加强版权保护、内容质量控制等方面的管理，确保出版产业的健康发展。

在知识的全媒体管理方面：①管理层面的全域、全媒体智能化。智能化的管理系统集成了生成式人工智能，可以提高知识管理的自动化和精准度。这不仅包括内容的存储和检索，还包括版权管理、用户行为分析和个性化推荐等。这些系统能够更好地理解用户需求，提供更加贴心的服务。在这方面，我国出版单位早已有了成功经验，如岳麓书社推出的"四大名著"。为了方便不同年龄阶段的读者阅读，该版本提供了详尽的章节导读、生僻字词的注释和注音服务，以降低阅读难度，增加可读性。此外，岳麓书社还邀请了包括晏积瑄、曹灿、顾威、徐平等在内的表演艺术家来录制全文的演播音频，并请北京师范大学文学院的古典文学专家郭英德录制讲解视频。读者可以通过扫描书中的二维码来收听这些音频和观看视频，从而获得丰富的阅读体验。该版本的创新之处还在于运用了 VR 技术，为读者提供了如大观园、大雁塔、清明上河图、武侯祠等与"四大名著"相关的著名景点的 360° 全景展示，使读者不需要离开家门即可虚拟游览这些景点。[①] ②算力的全局优化。为了实现全域化的知识管理和传播，需要在全国乃至全球范围内优化算力资源的分配。这意味着构建高效的数据中心，实现数据和计算资源的全球共享及利用边缘计算等技术减少延迟，提高用户体

---

① 梁悦，陈文韬，杨海玉，等. 文化传承视域下古籍出版的数字化转型和融合创新研究 [J]. 出版发行研究，2024（2）：40.

验。③编辑的全域视野提升。随着语料库的不断丰富，生成式人工智能能够在更广泛的领域形成知识体系，这有助于编辑在进行选题策划、校对、翻译等工作时，基于全域数据进行联合查询和内容整合，从而大幅提升对某一知识领域的全域视野。

3. 传播实践：知识传播智能化

知识传播的智能化指在知识传播和共享过程中用好全媒体传播技术和工具，打破传统的地域、平台和媒介限制，实现知识的自动传播、有效传播和精准传播。以下是知识传播智能化四个方面的重要体现（见图 63）。

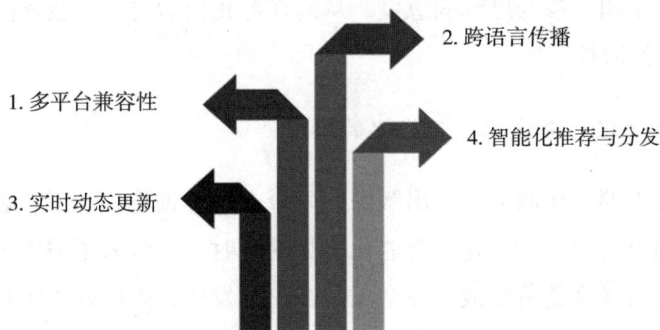

图 63　知识传播智能化四个方面的重要体现

（1）多平台兼容性。通过生成式人工智能技术，可以自动调整内容格式和风格，以适应不同的传播渠道和平台，包括出版社自身平台和第三方平台等，如社交媒体、新闻网站、移动应用等。这种跨平台的兼容性确保了知识能够在各种环境中有效传播。

（2）跨语言传播。生成式人工智能技术可以支持多语言内容的生成，实现不同语种之间的快速高效传译，使得知识可以跨越语言障碍，达到全球受众。同时，它也能够考虑文化差异，生成符合当地文化背景的内容。

（3）实时动态更新。在确保所构建的出版专业大模型海量数据及时更新的前提下，出版专业大模型可以实时监控数据源和趋势变化，快速生成反映最新信息的知识内容。这确保了知识分发的及时性和相关性。

（4）智能化推荐与分发。利用大数据、内容推荐等数智技术，生成式人工智能技术可以在分析用户消费频次、阅读偏好、消费能力等基础上，针对性地推送学习和阅读内容，实现智能化的内容推荐和分发；同时，能够分析用户的互动和反馈，不断优化推荐策略，提高知识传播的效率和精准度。

以花城出版社为例，该社通过发挥其出版业务的核心竞争力，并结合大数据技术的应用，持续改进旗下产品如"广东音协考级自学与测评系统"和"薪火美育"智慧教学系统。这些系统针对中小学生的艺术教育需求，提供智能化的互动课堂体验和定制化的题型设计。该社构建了一个综合性的全媒体平台，该平台以智慧互动和独特的教学内容为特色，实现了教学与评估的一体化。此外，平台还利用了全媒体私有流量（即私域流量），来扩展服务范围，如增加了美育智慧练习库等附加服务。通过这些措施，花城出版社不仅丰富了内容和服务，还提高了用户参与度和满意度，从而在深化出版与教育技术融合的过程中实现了收益的增长。①

4. 对整合化、全域化、智能化的思考

鉴于技术的一体两面性，出版深度融合在内容创作、知识管理和知识传播领域呈现出整合化、全域化、智能化优势的同时，也带来了需要重视的问题和挑战：①应对深度伪造挑战。在全域化知识分发中，生成式人工智能技术须在主流价值的引导下，用来识别和防范"深度伪造"内容。通过先进的检测算法和验证机制，可以提高知识内容的真实性和可信度。②伦理和隐私保护。随着知识分发全域化的推进，生成式人工智能技术必须遵守伦理原则和隐私保护标准，确保知识传播的过程不侵犯个人权利，不造成不公平现象或歧视。③责任归属的模糊。当使用生成式人工智能技术制作的内容导致争议或伤害时，确定责任归属变得复杂，与其紧密相关的数字版权、著作权问题也需要及时予以解决，因为创作者可能是一个算法而非人类。

针对以上问题，可从六个层面提前制定系列措施，予以有效化解，形成行之有效的应对策略（见图 64）。

---

① 花城出版社. 数字出版众星云集，"薪火美育"首次亮相中国数字出版博览会 [EB/OL].（2023-09-30）[2023-10-26]. http://news.sohu.com/a/724807288_121033621.

1. 在伦理道德层面，构建新的伦理框架，制定明确的伦理指导原则，规范生成式人工智能的开发和应用行为。

2. 在法律法规层面，要加强法律法规建设。

3. 在知识传播层面，利用生成式人工智能的先进算法和数据处理能，构建一个能够评估内容质量、信誉度和真实性的系统。

4. 在协同化层面，建立多方协作机制。

5. 在技术革新层面，研发更先进的技术工具，用于检测和防范深度伪造内容。

6. 在舆论环境层面，提高公众意识也是应对挑战的关键一环。

图 64　对于深度伪造挑战等问题的应对策略

（1）在伦理道德层面，构建新的伦理框架，制定明确的伦理指导原则，规范生成式人工智能技术的开发和应用行为。这些原则应涵盖数据隐私保护、内容真实性保障、知识产权尊重等方面，确保技术的运用符合社会价值和道德标准。同时，还应建立监督机制，对违反伦理框架的行为进行及时纠正和惩处。在制度层面建立信任和声誉系统。

（2）在法律法规层面，要加强法律法规建设。需要制定和完善与生成式人工智能技术相关的法律法规，明确技术应用的边界和底线，保护知识产权，防止有滥用技术制造虚假信息现象。同时加大对违法行为的打击力度，维护市场秩序和公平竞争。[①]

（3）在知识传播层面，利用生成式人工智能技术的先进算法和数据处理能力，构建一个能够评估内容质量、信誉度和真实性的系统。这个系统可以通过分析内容的来源、传播路径和用户反馈等多维度信息，对内容进行客观评价，从而鼓励高质量内容的生产和分享，同时遏制错误信息和虚假内容的传播。

（4）在协同化层面，建立多方协作机制。政府、企业、学术界和民间组织应加强沟通与合作，共同应对生成式人工智能技术带来的挑战。通过建立信息共享平台、开展联合研究和制定行业规范等方式，促进各方在保护知识真实性和完整性方面的合作与协同。

（5）在技术革新层面，研发更先进的技术工具，用于检测和防范深度伪造内容。这些工具可以基于人工智能、区块链等技术，实现对内容的快速识别、验证和追踪，从而有效遏制虚假信息的传播。

---

① 李想，黄武双.元宇宙生态中数字版权体系化规制：主体探讨、客体认定及权利限制 [J].出版与印刷，2023（7）：10-18.

（6）在舆论环境层面，提高公众意识也是应对挑战的关键一环。需要通过宣传教育、普及知识等方式，提升公众对生成式人工智能技术的认识和理解。这有助于用户更好地识别和质疑可疑内容，避免被虚假信息误导。

案例14：电子工业出版社

一、单位介绍

电子工业出版社有限公司（以下简称电子工业出版社、电子社）成立于1982年10月，是工业和信息化部主管的综合性出版大社，隶属于中国工信出版传媒集团。多年来，电子社获得了"全国优秀出版社""讲信誉、重服务"优秀出版社等多个荣誉称号，出版物内容覆盖信息通信技术、工业技术、经济管理、科普与少儿、社科人文等多个领域，年均出版2 800种图书和8种期刊，综合出版能力位居全国前列。

电子社于2020年拥有数字版权图书3万余种，通过自营平台开展数字化运营的图书2.1万种。作为国内首家获批成立博士后科研工作站的出版单位，电子社致力于数字出版技术标准研究与出版产业研究，推动了数字出版业务的深度发展。通过知识服务模式转型和数字化资源建设，电子社不断提升其在数字出版领域的竞争力。

二、悦系列知识服务产品

1. 项目情况介绍

电子工业出版社利用其资源优势和用户思维，研发了"悦读""悦学""悦知""悦智"四个产品板块的知识服务产品系列，构建了多元化的知识服务生态。

（1）"悦读"：以电子书为主线，为用户提供纸电同步的电子书阅读服务，提升用户体验。

（2）"悦学"：结合教学需求，构建课程知识体系，整合多种类型的数字资源，提升在线学习效率。

（3）"悦知"：依托丰富的内容资源，通过知识图谱展现技术，将不同类型的数字资源进行知识关联组织。

（4）"悦智"：围绕智能制造领域，提供针对用户需求的专业知识服务系统。

2. 项目创新点和亮点

（1）内容组织与知识展现：通过知识地图等创新方式对知识进行分类标引，方便用户使用。

（2）市场运营：借助科技与标准重点实验室的资源，建立科技出版与知识服务应用联盟，开拓市场化运营模式。

3. 项目主要技术

该项目综合利用知识关联组织技术、知识图谱展现技术和大数据分析技术，实现数字资源加工和内容质量控制。

4. 目标用户与服务模式

主要面向高校图书馆等机构用户，已有 200 余家机构用户，潜在机构用户约 2 000 家。通过资源更新服务，预计未来 2~3 年内可发展 300 余家付费用户，年收入可达 2 000 万元。

5. 社会效益和经济效益

项目实施推动了电子书的数字化转型，丰富了馆藏资源，满足了用户的多种需求，具备良好的经济效益和社会效益。

三、产品（服务）的创新亮点

"悦"系列知识服务产品是电子社的重要内容转化产品，涵盖了丰富的电子资源与专业知识，提供针对性的知识服务。

"E 知元"则是基于移动端的微电子技术知识服务 App，利用知识化加工和知识地图展现技术，系统化展现知识体系。

四、产品发展前景预估

通过前期工作，电子社的"悦"系列知识服务产品已初步形成了以出版社优质内容为核心的服务模式，针对学校、企业的需求提供专业知识服务。

五、结论

电子工业出版社推动新质生产力，积极探索深度融合发展路径，为我国专业出版的数字化转型提供了重要的示范与借鉴。通过持续创新和优化服务模式，电子社将不断满足用户的多样化需求，进一步巩固其在行业中的领先地位。

四、小结

新质生产力正深刻地重塑着出版业的面貌，推动其向更加数字化、个性化和智能化的方向演进。在这一过程中，出版业必须不断适应技术革新，更新其产品和服务，以满足日益变化的消费者需求。未来的出版将不再局限于传统的书籍和期刊，而是融入多媒体、跨平台和互动性元素，成为一种全新的信息和文化交换方式。为了实现这一愿景，需要行业内外的各方参与者共同努力，开展合作，创新商业模式，并对已经和可能出现的一系列问题做好预案。新质生产力推动出版深度融合发展见图 65。

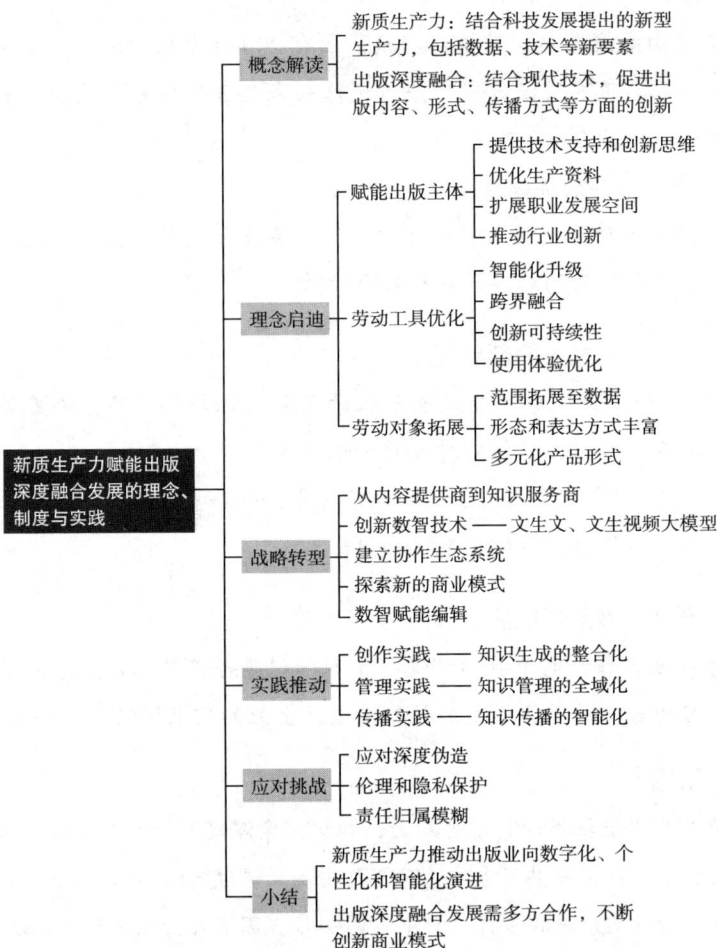

图 65　新质生产力赋能出版深度融合发展的理念、制度与实践

第三节　新质生产力赋能全媒体出版传播体系建构的意蕴、价值与策略

　　融合出版，是传统出版、数字出版由并立发展走向一体化发展的出版新阶段。[①] 融合出版涵盖传统出版和数字出版"相融""深融"发展阶段，是指"并立"发展之后、"一体化发展"之前的阶段，代表的是出版深度融合发展，其最终目标是建成全媒体出版传播体系。

　　新质生产力，是"由技术革命性突破、生产要素创新性配置、产业深度转型升级而催生的当代先进生产力"。[②] 而全媒体出版传播体系本身就是在数智技术赋能、数据要素创新性配置及出版业深度数字化转型升级的背景下出现的。换言之，全媒体出版传播体系，本身就是新质生产力推动出版业发展的结果，是出版业新质生产力积极作用的产物。发展新质生产力，为推动出版业创新发展、推动出版业高质量发展提供了新的"生产力理论"指导。发展新质生产力，是推动出版深度融合发展、构建全媒体出版传播体系的内在要求和重要着力点。

一、新质生产力视角的全媒体出版传播体系

名词解释

全媒体出版传播体系：以内容建设为根本、先进技术为支撑、创新管理为保障的新型出版传播体系[③]。

　　以往对于全媒体出版的理解，始终停留在内容格式的多模态、传播方式的多渠道及媒体形式的多业态等方面。换言之，停留在"全息媒体"层面，距离"四全媒体"的内涵和要求尚有较大的距离。例如，"将内容资源整合提炼、挖掘加工，相关信息联成资源网络……适应多种媒介传播的方式"[④]，从而构建学术

---

① 张新新. 全媒体传播体系视域的融合出版自主知识体系框架分析 [J]. 编辑之友，2024（5）：5-13.

② 加快发展新质生产力　扎实推进高质量发展 [N]. 人民日报，2024-02-02（1）.

③ 张新新，张璐颖. 全媒体传播体系视域的出版深度融合发展指标体系建构与分析：何为出版深度融合发展的"深度" [J]. 科技与出版，2023（11）：144-157.

④ 艾岚，李金霞. 媒体融合视域下学术期刊全媒体出版传播体系的构建 [J]. 中国编辑，2021（1）：62-66.

期刊全媒体出版传播体系。又如，用"多媒体出版"诠释"全媒体出版"[①]，指出全媒体出版的多传播介质、多内容载体和多接收途径等多元化特征。再如，全媒体出版指"按照统一策划将围绕同一内容采编的文字、图形、音频、视频和其他素材符号"[②]制作成书报刊、音像、电子、数字出版物及内容软件，而"受众可通过各种传媒获取信息并阅读欣赏"。

全媒体出版传播体系是包含全程出版、全息出版、全员出版、全效出版在内的新型出版传播体系。

（1）全媒体出版传播体系之全程出版。全程出版，指基于时间维度，借助多种载体、平台和渠道对作品的全过程、零时差、多层次、全方位的知识生产和传播。全程出版的关键点在于实现传统出版和数字出版流程的"一体化、协同化、同步化"[③]，通过数据中台、融合出版 ERP 系统等工具、系统，推动传统媒体知识生产和数字媒体知识生产的同步化，一改目前纸质媒体知识生产优先、数字媒体知识生产滞后的内容建设格局；通过知识体系、数据中台及智能编校排工具、系统的应用，推动传统媒体知识加工和数字媒体知识加工的协同化，实现稿件审查协同、编辑协同及校对协同，并实现"传统出版物和数字出版产品同步上线、协同生产"[④]；通过多媒体渠道建设，整合线上线下渠道资源，应用短视频、网络直播等新型营销方式，推动出版单位开展全媒体营销，实现出版产品服务即时营销、精准营销、融合营销。

（2）全媒体出版传播体系之全息出版。全息出版，指基于空间维度，应用多形态媒介、多模态素材、智能化技术，实现全维度媒介的知识生产和传播，为用户提供学习和阅读的视觉体验、全方位感官体验。全息出版的知识生产和传播，立足纸质媒体和数字媒体融合的实践，建立在文字、图片、音频、视频、三维模型、数字化软件等多模态知识素材的基础之上，通过 AR、VR、大数据、大语言模型、生成式人工智能等多元数智技术赋能，创新 AR 出版、VR 出版、智能出版、数据出版等全媒体出版的新业态、新模式，借助电子书、曲面屏、

① 黄勇军，龚力.全媒体出版概念的结构与重构 [J].编辑学刊，2019（3）：109-114.
② 刘玉清，甄增荣.借力全媒体出版 增强中华文化影响力 [J].中国编辑，2014（1）：40-43.
③ 张新新，刘华东.出版＋人工智能：未来出版的新模式与新形态：以《新一代人工智能发展规划》为视角 [J].科技与出版，2017（12）：38-43.
④ 刘华东，马维娜，张新新."出版＋人工智能"：智能出版流程再造 [J].出版广角，2018（1）：14-16.

AR眼镜、VR眼镜等学习阅读设备，为用户提供现实增强、身临其境、双向交互、虚实融合的视觉体验和全感官体验。

（3）全媒体出版传播体系之全员出版。全员出版，指基于主体维度，遵循"智慧驱动走向数据驱动"[①]的知识生成原理，运用PGC、UGC及"AIGC"[②]等多种知识生产方式，推动知识生产和传播方式变革的过程。全员出版，意味着人人皆有可能成为知识的生产和传播者，甚至人工智能将成为知识和生产传播的主体。由此，引发三方面的思考：①涉及出版的准入门槛问题，从PGC到UGC，尤其伴随网络文学出版现象的涌现，出版的准入门槛呈现降低的趋势，AIGC则进一步强化了知识生产和传播的大众化态势。②涉及出版的主体变革问题，AIGC推动着出版的主体不再局限于自然人、法人等"人"的范畴，而是由人类走向机器，由人类作者走向人工智能，由此进一步引申出AIGC是否属于"作品""人工智能是否可作为著作权主体"[③]等深层次的法律规制问题。③涉及新型生产关系的问题，包括融合出版之中的数据、技术等新生产要素参与分配的关系，出版过程中的人与人的关系、人与机器、机器与机器的关系变革问题等。

（4）全媒体出版传播体系之全效出版。全效出版，基于效能维度，是全媒体出版传播体系"效能的全面化"[④]。全效出版的基本内涵如下：①基于出版数据要素的"裂变效应、聚合效应、生成效应"[⑤]等乘数效应，出版业的价值体系进一步扩充，出版数据要素潜能得以激发，价值得以释放，出版的纸质图书价值、数字化价值、数据化价值三位一体的价值体系得以建立。②在大数据、算法推荐、生成式人工智能等数智技术的赋能下，出版营销效能得以进一步提升，出版的分众化营销特征愈加明显，可以在用户画像的基础上进行精准高效营销，"营销规划力、品牌建设力、产品认知力、竞品分析力、市场公关力"[⑥]五力合一的出版营销能力体系及原创型渠道、转化型渠道、代理型渠道的出版营销渠道

---

① 张新新. 生成式智能出版：知识生成原理、沿革与启迪：从智慧驱动到数据驱动 [J]. 编辑之友，2023（11）：36-44.

② 方卿，丁靖佳. 人工智能生成内容（AIGC）的三个出版学议题 [J]. 出版科学，2023（2）：5-10.

③ 庄诗岳，辛谏. 生成式智能出版：可版权性与著作权归属 [J]. 编辑之友，2024（3）：96-104.

④ 罗昕，张瑾杰. 全媒体传播体系的基本内涵、评价标准与建设路径 [J]. 中国编辑，2023（10）：30-36，53.

⑤ 张新新，刘骐荣. 新质生产力赋能数据出版：动因、机理与进路 [J]. 出版与印刷，2024（2）：34-44.

⑥ 张新新. 数字出版营销能力、策略及渠道 [J]. 中国出版，2020（16）：33-38.

体系将不断健全和完善。③全媒体出版传播体系集成了信息、数据、知识、内容、服务等多种功能，能够有效整合创新思想引领、主流意识形态建设与维护、价值观培育与养成、文化赓续与传播、出版经济创新发展及数智技术加持等立体化、全方位、多层次的功能，具有满足人民学习阅读需要、提升社会文明程度、增强国家文化话语权及深化文明交流互鉴的预期价值。

新质生产力以"劳动者、劳动资料、劳动对象及其优化组合的质变为基本内涵"①。新质生产力劳动者质变、劳动资料质变、劳动对象质变及三者优化组织的质变，赋予全媒体出版传播体系的内容建设、先进技术及创新管理以新的丰富内涵和价值意蕴。

全媒体出版传播体系，是一个复杂的巨系统，内容建设隶属于文化维度的文化子系统，先进技术隶属于技术维度的技术子系统，创新管理隶属于管理维度的政治子系统，此外，还包含经济维度的经济系统，四者相互联系、相互作用，形成了"政—文—经—技"四维协同的出版深度融合发展协同机理模型（见图66）。

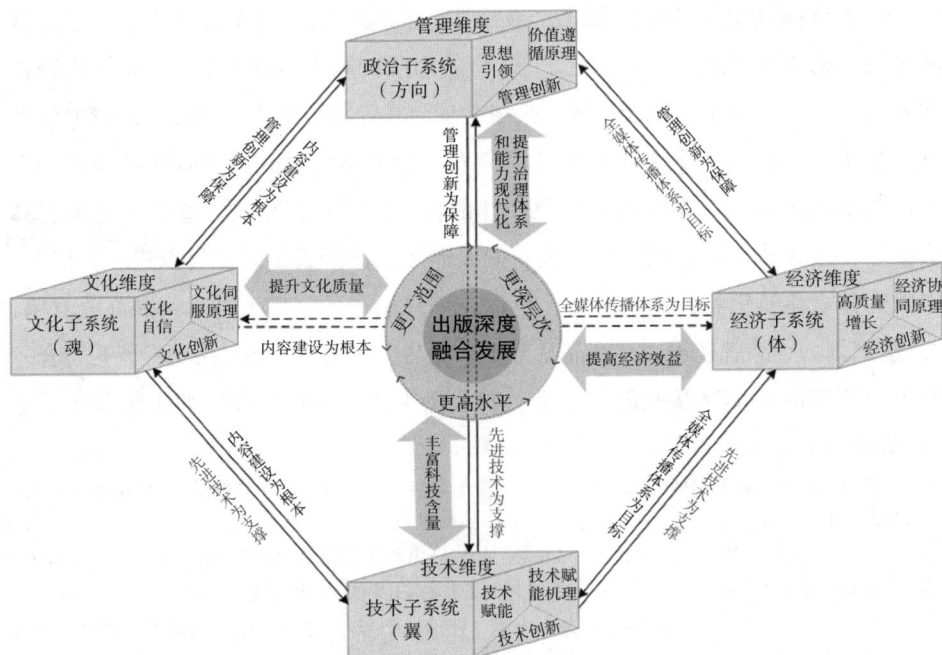

图 66　出版深度融合发展协同机理模型

---

① 加快发展新质生产力　扎实推进高质量发展 [N]. 人民日报，2024-02-02（1）.

在内容建设维度，新质生产力产出数据要素，促进出版数据的分类分级，推动出版内容数据、用户数据、交互数据、治理数据体系构建，确立核心出版数据、重要出版数据和一般出版数据类型，从而丰富了内容形态，使得出版从以知识为主要劳动对象，走向以知识、数据为主要劳动对象，催生数据出版的新业态。新质生产力供给了数智技术工具，提供了知识生产、数据建设的新质劳动资料，使得智慧驱动知识生产走向数据驱动知识生产，从而提升了内容建设效率，开辟了内容建设的新路径。新质生产力供给了新质劳动者，提升了编辑的"数字素养和技能"[①]"智能素养与技能及创新素养与技能"[②]，进而通过赋能主体、强化主体能力来间接提升内容建设的数量、规模和质量。

在先进技术维度，新质生产力的核心要素是科技创新，科技创新催生新产业、新模式和新动能。新质生产力为全媒体出版传播体系供给了先进的数智技术要素，进一步丰富和完善了全媒体传播体系的技术子系统。具体而言，新质生产力供给 AR 技术，催生"AR 出版"[③]这一新业态，即应用三维模型等数字媒体与印刷图文及图文中的坐标点、空间位置等信息关联，满足用户 AR 需求的书报刊和网络出版等；新质生产力供给 VR 技术，催生"VR 出版"[④]这一新业态，即应用 VR 技术满足用户在数字化环境身临其境感受和体验需求的出版业态；新质生产力供给生成式人工智能技术，提供文本大模型、音频大模型、视频大模型技术，催生生成式智能出版这一新业态，推动分析式智能出版和生成式智能出版融合发展新格局的出现。相应地，新质生产力在供给新技术、赋能融合出版的基础上，进一步催生纸数融合、AIGC（文生文、文生音频、文生视频）、仿真型赋能、数据赋能、元宇宙虚实融合出版等全媒体出版传播体系的新模式，持续培育壮大以数据、技术等新生产要素为支撑的融合出版发展新动能，使其成为出版深度融合发展的新引擎。

在创新管理维度，新质生产力要求深化经济、科技体制等改革发展，着力

① 张新新，刘一燃. 编辑数字素养与技能体系的建构：基于出版深度融合发展战略的思考 [J]. 中国编辑，2022（6）：4-10.

② 张新新，刘骐荣. 新质生产力驱动出版高质量发展的三个着力点 [J]. 中国出版，2024（12）：8-14.

③ 国家新闻出版署. 出版物 AR 技术应用规范：CY/T 178—2019[S]. 北京：中国书籍出版社，2019.

④ 国家新闻出版署. 出版物虚拟现实（VR）技术应用要求：CY/T 272-2023[S]. 北京：中国书籍出版社，2023.

打通束缚新质生产力发展的卡点堵点，让各类先进生产要素向发展新质生产力畅通流动。由此，新质生产力为全媒体出版传播体系构建提供了体制机制改革、政策扶持机制和良好发展环境等管理子系统的新要素。出版业新质生产力的发展，要求形成与其相适配的出版治理体系，除意识形态治理、法律治理、规划治理、财税治理等常规治理体系外，融合出版安全治理、应急治理、智库治理、数字治理等"创新治理体系"[①]亟待建立健全。出版业新质生产力视域的"创新管理"，更加意味着敏捷治理的理念、制度和实践须引入融合出版、融入全媒体出版传播体系；出版业的敏捷治理，是针对新兴数智技术和出版新型业态问题而提出的治理范式，是"一种具有适应性的、以人为中心的、具有连续性和持续性的、需要多利益相关方共同努力而实现的政策制定过程"[②]，主要体现在面对风险的快捷感知力、解决问题的灵活响应力及保障利益相关方的协同平衡力这"三大核心能力"[③]方面。

二、新质生产力全域赋能全媒体出版传播体系价值分析

生产力作为推动发展的力量，是指人们所"掌握和控制的能用于生产物质财富和精神财富的各种自然力量和精神力量"[④]。出版领域的新质生产力，是"精神生产力"[⑤]的一种，所生产的出版物、数字出版产品、融合出版物是精神财富的一种。新质生产力所供给的数据、技术和管理等生产要素，对出版深度融合发展和全媒体出版传播体系起到了全要素、全领域、全环节、全主体、全时空赋能的积极作用，推动全媒体出版传播体系多维发展、破维发展、跨维发展及全维发展。具体内容如下：

---

① 张新新，袁宜帆.中国式现代化视域下数字出版治理体系和治理能力研究 [J].中国编辑，2023（5）：28-33.

② 王本刚，马海群.基于敏捷治理理念的公共数据治理概念框架 [J].大学图书情报学刊，2023（7）：52-59.

③ 赵星，陆绮雯.元宇宙之治：未来数智世界的敏捷治理前瞻 [J].中国图书馆学报，2022（1）：52-61.

④ 徐斌，李燕芳，杨玉梅.论生产要素与生产力要素的差别 [J].生产力研究，2006（3）：91-93.

⑤ 马克思，恩格斯.马克思恩格斯全集：第 30 卷 [M].中共中央马克思恩格斯列宁斯大林著作编译局，译.北京：人民出版社，1995.

1. 新质生产力的全要素赋能

新质生产力的全要素赋能，指在出版业原有的土地、资本、劳动力等传统生产要素的基础上，新质生产力供给了数据、技术、管理等生产要素，旨在激发数据要素、技术要素及创新管理要素的活力，释放出版业数据要素价值，推动出版业数据要素由加法效应向乘法效应演进升级。①新质生产力推动劳动者质变，供给出版业的新质劳动者，提升图书出版编辑、数字出版编辑、融合出版编辑的数智素养与技能、创新素养与技能，推动出版业 CDO、数据工程师、数据分析师、数据科学家等新类型数据出版编辑岗位的设立，通过劳动者的质变推动劳动工具和劳动对象的质变，并推动出版业的创新发展、高质量发展。②新质生产力赋能体现在充分发挥生产管理、科学技术和劳动组织等"渗透性要素"[①] 的作用，使其与出版业的劳动者、劳动资料和劳动对象等实体性要素相结合，优化组合出版业传统要素配置，提升出版业传统要素供给质量，激发传统要素促进增长的能力，从而起到推动出版业效率型发展的预期效果。③新质生产力通过供给内容数据、用户数据、交互数据、治理数据、数智技术等新生产要素，加大出版业新生产要素配置的范围、力度和规模，培育壮大以新生产要素为支撑的出版业数字经济发展新动能，形成出版业高质量发展的新引擎，起到推动出版业质变型发展的预期效果。新质生产力对全媒体出版传播体系的全要素赋能是全领域赋能、全环节赋能、全主体赋能、全时空赋能的前提和基础。

2. 新质生产力的全领域赋能

新质生产力的全领域赋能，是指新质生产力通过赋能全媒体传播体系的管理子系统、文化子系统、经济子系统及技术子系统，强化全媒体出版传播体系生态系统的竞争优势，提升融合出版的舆论引导力、产品传播力和产业竞争力。新质生产力全领域赋能的机理在于：①深化出版体制机制改革，尤其是出版科技体制和经济体制改革，破除出版业科技进步、融合发展的制度性障碍，强化出版制度供给，从而创新出版业深度融合发展的管理子系统；②供给出版数据要素，推动出版数据尤其是内容数据负荷实质性内容、承载内容建设的重任，

---

① 黄顺基，郭贵春. 现代科学技术革命与马克思主义 [M]. 北京：中国人民大学出版社，2007.

释放出版数据要素价值，壮大发展出版深度融合发展的文化子系统；③提供内容数据、数智技术等新生产要素，与出版业资本、劳动力等传统要素优化组合配置，推动出版深度融合发展和经济子系统的蓬勃发展；④供给大数据、AR、VR、大语言模型、生成式人工智能等数字化、数据化、智能化技术要素，直接赋能出版深度融合发展的技术子系统，并间接促进和增强出版管理、文化和经济子系统的发展。

3. 新质生产力的全环节赋能

新质生产力的全环节赋能，指通过供给数据、技术等新生产要素，基于特定的方法、步骤、程序或路径，激发和强化全媒体出版传播产业链各环节的动能和功能，使得出版产业链环节实现更为高级的状态和目标成为可能。对传统出版而言，数据成为生产要素的理念，深入选题策划环节，要强化数据出版产品的意识，围绕数据出版产品服务进行策划，包括策划数据出版单一型产品及数据集型产品；在编校环节，智能编校排、出版数据语料库、人机协同审核校对技术等积极赋能编辑校对工作，以提升图书编校质量，应对 AIGC 带来的审校挑战；在印刷环节，喷墨数字印刷、数字前端印刷软件系统、数字化书芯成形等关键技术、核心技术的研究攻克，将有助于提高印刷技术体系供给质量，推动印刷环节提质增效；在发行环节，数字化、视频化、智能化的营销技术应用于出版物营销，推动线上线下营销一体化开展，形成新媒体营销矩阵，推动全媒体营销体系的构建和完善。同样，对数字出版的产品研发、技术应用和市场运维环节而言，新质生产力更是源源不断地直接供给多样化的数字技术，数字技术作为内生要素与数字出版各环节相融合，起到对产品策划、资源组织、产品设计、内容审校、加工制作、产品发布、运营维护及售后服务等数字出版产业链各环节赋能的作用。

4. 新质生产力的全主体赋能

新质生产力以劳动者质变及劳动者与劳动对象、劳动资料优化组合的质变为基本内涵之一。全媒体出版传播体系要求的新质劳动者是融合出版编辑，包括融合出版内容编辑、融合出版技术编辑和融合出版运维编辑[①]。新质劳动力赋能融合出版内容编辑，要求融合出版编辑除具备较高的政治素质、出版专业能力外，还要拥有较高的数据素养和技能，尤其是对出版数据资源的"分类分级"[②]建设管理的素养能力，包括建设出版条数据与块数据，内容数据、用户数据、交互数据与治理数据的素养和技能，以及对核心出版数据、重要出版数据和一般出版数据的分级建设管理能力。新质生产力赋能融合出版技术编辑，推动其具备较高数字化、智能化的技术素养与技能，包括对大数据、文生文大模型、文生音频大模型、文生视频大模型、生成式人工智能等先进技术的学习力、理解力、适应力、掌握力、胜任力及创造力等。新质生产力赋能融合出版运维编辑，推动其在数智化环境中开展全媒体营销，推动传统营销渠道数智化转型，建立独立的数智化营销渠道，发展融合出版代理渠道体系，切实推进融合出版营销的整体转型、提质增效。

5. 新质生产力的全时空赋能

发展新质生产力以科技创新为核心要素，以人工智能为重要引擎。新质生产力所供给的元宇宙、生成式人工智能等技术，与全媒体出版传播体系深度融合，在更为宏大的层面上起到全时间维度、全空间维度破维发展的作用。一方面，新质生产力对全媒体出版传播体系片段时空构建赋能。以 Sora、Vidu 为代表的文生视频大模型技术，"具备理解和创建时空的能力，具有较强的理解、模拟和复刻现实世界的能力"[③]，为全媒体出版传播体系的构建提供了虚实融合自动构建技术、多模态融合呈现技术及全媒体营销技术等。另一方面，新质生产力对全媒体出版传播体系整体时空构建赋能。基于数智技术进行构建的元宇宙，以数字人、资本、信息、数据、知识为构成要素，以系统完备的数字文明为最终目标，是由虚拟文化、经济、政治、社会及自然生态系统所构成的"数字时

---

① 内容编辑、技术编辑、运维编辑，是北京市数字编辑职称设置的职称序列，涵盖数字新闻、数字出版、数字视听三个领域，同样该种分类法也适用于融合出版。

② 国家数据局，中央网信办，科技部，等."数据要素 ×"三年行动计划（2024—2026）：国数政策 [2023]11 号 [R]. 北京：人民出版社，2023.

③ 张新新，孟轶. Sora 驱动下的融合出版新技术新业态新模式分析 [J]. 中国编辑，2024（4）：109-116.

空总和"①；元宇宙作为衔接着本宇宙的物理空间与元宇宙的赛博空间的枢纽，直接推动融合出版步入"虚实融合"发展的"融合出版4.0"阶段，同时催生元宇宙出版、元宇宙阅读、全息阅读、全息出版等全媒体出版传播的新业态、新模式。

综上所述，新质生产力对出版深度融合发展起到全要素、全领域、全环节、全主体及全时空赋能的作用，简言之，即新质生产力全域赋能出版深度融合发展。全域赋能的结果是推动形成要素完备、结构优化、功能先进的全媒体出版传播体系。要素完备，是指全媒体出版传播体系同时具备土地、资本、劳动力等传统生产要素与数据、技术等新生产要素；结构优化，是指全媒体出版传播体系破除了原有的传统出版与数字出版、出版数字化与数字化出版、传统出版流程与数字出版流程等一系列的"二元结构"，使其走向"融为一体、合而为一"的一体化发展结构；功能先进，是指全媒体出版传播体系的功能触及、直达时间之维、空间之维、主体之维、功能之维，具备多维、破维、跨维、全媒体、一体化的出版融合发展功能。

三、面向创新要素集聚的全媒体出版传播体系构建策略

发展新质生产力，既是推动出版业高质量发展、深度融合发展的内在要求，也是构建全媒体出版传播体系的重要着力点。"必须继续做好创新这篇大文章，推动新质生产力加快发展"②。加快发展出版业新质生产力，推动出版深度融合发展，构建全媒体出版传播体系的关键策略在于创新，在于推动出版业发展的要素驱动、投资驱动转为创新驱动，落脚点在推动出版企业的创新发展。须"深化出版改革创新，着力突破束缚、阻碍出版企业创新发展的瓶颈，让各类优质先进生产要素向新质生产力畅通流动和高效配置"③。

创新要素集聚有利于塑造新型生产关系。然而目前出版要素市场同质化、出版企业创新能力薄弱，要素流通阻塞，极大影响了出版创新要素集聚能力。

① 张新新，等. 共创元宇宙：理论与应用的学科场景 [J]. 信息资源管理学报，2022（12）：139-148.
② 加快发展新质生产力　扎实推进高质量发展 [N]. 人民日报，2024-02-02（1）.
③ 方卿，张新新. 出版业高质量发展目标之创新发展：以新质生产力推动出版业高质量发展 [J]. 编辑之友，2024（2）：29-35、53.

必须深化出版改革创新，从创新主体、创新资源和创新环境三方面多措并举、三管齐下，构建出版发展协同创新体系，更好地发挥集聚效应，构建适配新质生产力的出版新型生产关系。

1. 强化出版企业创新主体地位

发展新质生产力，创新起主导作用。创新是企业的生命线，企业的本质就是持续进行创新实践。强化出版企业的创新主体地位，就是抓住发展新质生产力的"牛鼻子"。

（1）出版企业要加快数智化转型步伐。《规划》强调，要突出科技创新在推动出版业数字化转型升级、实现深度融合发展中的重要作用。[①] 以生成式人工智能为代表的新一代信息技术快速渗透社会各领域，促使出版企业的组织形式、竞争优势和创新模式等改变，数智化转型是出版企业的必然趋势。出版企业必须加快转型步伐，为出版创新要素向出版企业的流动和集聚提供优良载体，牢牢掌握竞争力。出版企业数智化转型就是指充分利用数智技术优化重塑出版生产、流通、消费等全过程，提供数据化、智能化出版产品服务，实现传统出版和新兴出版深度融合发展。通过智能技术赋能出版内容生产和传播服务，催生出版新形式，创新出版新业态和新模式；不断涌现的数据出版、智能出版、融合出版等新业态，其创新发展又会带来崭新的商业模式，从而又繁衍出更多的数字消费、智能消费等出版新消费。出版企业宜转变观念、树立数智思维，积极拥抱新技术，以"数据+AI"为核心，通过内容创新、产品创新、服务创新、模式创新、管理创新等全面创新，推进数智技术和出版产业深度融合，打造知识密集度高、附加值高、创新性强的出版生产性服务。

（2）鼓励出版企业牵头建立创新联合体并集群化发展，推动产学研用深度融合，促进出版产业链、创新链、人才链、教育链紧密对接、协同融通。出版创新联合体指在政府引导下，将出版企业、高校、科研机构等有机联合在一起，多元主体之间通过高效协作、深度融合，有效激发各类主体创新活力，为出版企业提供源源不断的创新要素，并将其转化为新质生产力，提升出版企业的创新能力。此外，有实力的出版企业带头设立创新联合体，可以使产业链上的大

---

① 李华君，雷月秋. 智能出版的技术特征、伦理风险与编辑把关 [J]. 中国编辑，2024（1）：33-37，48.

中小出版企业深度融通创新，从而推动出版产业集群化发展。出版企业为高校和科研机构提供资金支持和实践场所，通过整合各种出版创新要素，促进创新成果转化。高校根据出版企业的需求有针对性地培育出版产业所需要的复合型创新人才，科研机构为出版企业提供技术创新支持。在这种模式下，联合体内各利益相关方是以战略利益为导向的，各方努力旨在通过合作进行研究并推广研究成果，将协同创新效益固化在创新联合体之中。这种模式中的出版企业通常不只满足于参与、协作，而是寻求跃升至主导地位。[①] 例如，中原出版传媒投资控股集团有限公司设立了包含国家级重点实验室、智慧教育、研学文旅等多个板块的创新联合体来开展业务，是推进出版创新联合体的重要探索。

（3）发挥重大文化产业项目带动战略，支持出版企业更大力度参与国家重点研发计划、国家社科基金重大项目等重大文化产业项目。截至 2022 年，由企业参加或牵头的国家重点研发计划占八成，其中，清华大学出版社、中国图书进出口（集团）有限公司分别作为智能制造知识服务、文化产品产权价值评估项目的课题承担单位，在推动出版科技创新、发展出版业新质生产力方面迈出了重要的一步。但是为数更多的出版企业作为出版物产销主体，话语权薄弱，出版科技创新意识不强，发展出版业新质生产力仍停留在认识层面。以国家"一带一路"倡议重大项目工程中的丝路书香工程为例，该项目是以政府主导、企业主体、市场化运作的方式开展的。2014—2023 年，该工程向外输出了 87 个国家、56 种语言、2 921 种图书。十年实践证明了以企业为创新主体是推动出版"走出去"、实现出版国际化高质量发展的正确方案。[②] 出版企业作为创新主体，积极承担国家重大文化产业项目，能够有效积累先进的数智技术，研发出版深度融合发展的新型生产工具，充分挖掘出版业的数据要素价值，锻炼出版业的新质劳动者，从而立足科技创新一线、出版产业一线来发展出版业的新质生产力。

综上所述，加快出版企业的数字化转型，探索出版创新联合体，推动集群化创新，积极承担重大文化产业项目，是强化出版企业创新主体地位、促进各类创新要素向出版企业集聚的可行路径。

---

① 黄逸秋. 我国出版科研协同创新的模式、瓶颈与对策研究 [J]. 中国编辑，2020（6）：59-63.
② 范军，杨涛，曹杰，等. 我国出版走向"一带一路"十年回望与未来展望 [J]. 科技与出版，2023（5）：66-72.

2. 优化配置出版企业创新资源

高效的出版创新要素资源配置能力可以实现创新要素的有效集聚，是提升出版业全要素生产率以构建新型生产关系的重要举措。因此，可以从质量、模式和结构三个方面优化出版创新要素资源配置，释放数据、技术等要素资源配置的活力和潜能。

（1）借助数智技术调整出版创新要素资源存量配置，提升新生产要素配置质量。当下，数智技术全面全链赋能出版活动各环节，生产资料呈现数字化、数据化、智能化特征。一方面，数智技术通过渗透和赋能出版资本、劳动力等传统出版要素，以提升传统出版生产要素的供给质量；另一方面，数智技术培育和壮大新出版要素，内容数据、用户数据、交互数据、治理数据、数智技术等就是新型生产要素的重要代表。出版企业有必要建设"数据＋人工智能"全流程智能管理双平台，增强出版创新要素资源配置的科学性、合理性和敏捷性。人工智能作为目前最前沿的技术之一，通过赋能出版企业来创新生产要素资源组合方式；数据作为它最核心的原材料，创新生产要素资源供给种类。"数据＋AI"双平台的搭建，可以帮助出版企业实时监测市场需求和出版创新要素生产、流通、配置情况，促进供需精准匹配并进行智能优化，避免出版生产要素资源无效利用，提高出版要素资源配置质量。

（2）构建出版数智化协同创新平台，完善生产要素配置模式。平台是创新要素资源配置的重要载体，出版企业应格外注重平台化的基础设施建设。一方面，出版企业可以凭借平台稳定、快速、高效的跨时空信息传播特点，打破信息壁垒、数据壁垒和"数据孤岛"，降低创新成本，让各企业间资源共享、优势互补，最大化发挥出版存量数据要素效用；另一方面，出版企业通过搭建开放、协调、共享的数智化协同创新平台，集聚高品质内容、高质量人才、高标准数据、数智技术等各类出版创新要素。这些创新要素在产业链上下游出版企业间共享，满足不同出版企业的不同要素需求，实现创新要素的有效供给和精准匹配，进而推动出版企业高质量协同创新发展，实现传统出版与新兴出版的深度融合发展。

（3）充分发挥出版数据要素的乘数效应，优化生产要素配置结构。在新发展格局下，打通出版生产、制作、分配、流通、消费各环节，有助于创新要素自由、广泛流动，优化创新要素资源配置结构，提升配置效率。数据要素作为核心生产要素，凭借其卓越的乘数效应优势和低成本、高质量、高效率等特点，与出版其他生产要素协同作用、赋能各环节，优化出版创新要素资源配置结构。①在生产环节，数据要素通过与人才、技术等传统要素的融合渗透，创新出版生产要素和生产要素表现形式。②在制作环节，出版各部门通过不同智能设备间数据的交换共享和流通，帮助各部门协同工作，提升编校环节的工作效率。③在分配环节，数据要素作用于其他出版生产要素，引导和驱动各类生产要素向高效使用端流动、聚集，优化各类生产要素配置。[①]④在流通环节，通过整合出版企业、消费者和出版产品等数据，可实现流通过程数字化，避免产业链各环节、上下游信息不对称、不充分，提升流通效率。⑤在消费环节，出版企业根据用户的阅读记录、交互行为等各种数据，分析用户阅读偏好，精准推送用户喜欢或需要的出版产品和服务。同时，通过统计、分析这些数据能精准捕捉市场需求，反过来作用于选题策划等生产环节，创新出版产品和服务，进而创新出版业态。

综上所述，出版企业可通过技术驱动、平台助力、数据赋能，优化出版创新资源配置，促进各类优质创新要素向出版企业高效集聚，以构建适应新质生产力的新型出版生产关系，助力全媒体出版传播体系的构建和完善。

3. 完善出版企业创新发展环境

良好的创新环境是促进创新要素集聚、构建新型生产关系的支撑和保障。应从宏观政府环境、中观市场环境、微观企业环境三方面共同打造有利于创新要素集聚、新型生产关系构建、新质生产力发展的创新环境。

（1）在宏观政府环境层面，加强顶层设计、完善相关政策，发挥政府战略导向作用，为出版企业集聚创新要素保驾护航。①加大对出版企业创新的财税政策支持，鼓励、支持和引导出版企业创新发展。主管部门宜加大创新项目经费投入力度，加强技术、人才等创新资源统筹，提升出版企业资金使用效果；宜完善出版业财政补贴、税收优惠等专项政策，帮助出版企业降低成本、减轻

---

① 张夏恒，刘彩霞.数据要素推进新质生产力实现的内在机制与路径研究 [J].产业经济评论，2024（3）：171-184.

负担。例如，出版企业现行增值税收优惠未能惠及数据库出版、动漫游戏出版等新兴出版业态和 VR、AR 出版物等新兴出版产品，相关部门可加大出版税收优惠政策的范围和力度，将其延伸、扩展到新兴出版领域。②完善知识产权保护制度，增强出版企业创新意愿。数字经济的蓬勃发展，一方面为出版企业产品和服务创新提供了新渠道，另一方面给知识产权保护带来了挑战。作为以知识生产为本质的出版业，知识产权保护尤为重要。然而，随着出版企业数字化转型升级，平台方和出版企业的知识产权纠纷不断，政府应完善数字出版知识产权保护政策。出版业有必要开展包括出版数据产权登记、确权、授权、使用等在内的出版数据资产建设，既能保护权利人，又能提高出版数据流通、使用效率。③积极探索、制定高质量出版人才培养机制和激励政策，帮助出版企业广纳贤才，助力出版企业自主创新。出版行业可以灵活考核绩效，出台对特殊人才的扶持政策，建立体现数据、技术和知识等生产要素贡献价值的职称评价机制，建立对融合出版人才的分类分级引进、使用、擢升和管理机制。

（2）在中观市场环境层面，完善出版创新要素市场配置体制机制，健全出版创新要素参与收入分配机制，便于出版创新要素合理集聚和配置。市场化开发利用是实现创新要素经济价值、拉动数字经济发展的关键。①开放、高效的市场环境能够吸引高品质内容、高质量人才、高标准数据和数智化技术等出版创新要素集聚，激发创新要素和市场主体活力。出版业要加快培育技术、数据等多层次要素市场，建立健全新兴出版数据交易体系和市场监管体系。出版业要构建能体现知识、技术和数据等创新生产要素价值的收入分配机制，充分调动作者、编辑等参与出版活动人员的积极性、保障他们的合法权益。

（3）在微观企业环境层面，要形成创新型企业文化，为创新要素集聚塑造一个良好的企业环境。文化是企业的灵魂，企业文化服务于企业发展战略。知识管理的最高境界是知识创新②，因此作为知识产业的出版企业文化建设应以创新为核心。企业创新文化是激发创新主体活力的软实力。出版企业应树立创新思维、弘扬工匠精神，营造鼓励创新、不怕失败、无畏困难的良好文化氛围。

---

① 王雪，夏义堃，裴雷. 国内外数据要素市场研究进展：系统性文献综述 [J]. 图书情报知识，2023，40（6）：117-128.

② 王壮. 多维度知识型企业文化模型构建：知识管理视角的分析 [J]. 图书情报知识，2009（3）：113-116.

出版企业良好的创新文化氛围有利于鼓励作者、编辑等在出版活动中积极创新，催生创新要素、激发创新潜力、保持创新活力。在这方面，江苏凤凰出版传媒集团有限公司早在 2012 年，就开始从制度创新、技术创新和业态创新三方面着手打造创新型文化领军企业。[①]

综上所述，可通过宏观层面政府政策供给、中观层面市场机制培育、微观层面企业氛围营造，促进创新要素向出版企业加速集聚，塑造新型生产关系，以推动出版深度融合发展，助力构建全媒体出版传播体系。

四、小结

全媒体出版传播体系内容建设的根本性要素、先进技术的支撑性要素及创新管理的保障性要素，与新质生产力形成的数智技术革命性突破、数据等生产要素创新性配置及产业深度转型三维动因具有高度的耦合性。新质生产力赋予构建全媒体出版传播体系新的丰富内涵，包括供给数据要素、提供数智技术支撑及引入敏捷治理；通过全要素、全领域、全环节、全主体和全时空赋能，新质生产力助力构建要素完备、结构优化、功能先进的全媒体出版传播体系；加快发展出版领域的新质生产力，构建全媒体出版传播体系，要不断推进创新，强化出版企业的创新主体地位，优化配置出版企业创新资源，完善出版企业创新发展环境。有关新质生产力赋能全媒体出版传播体系的诸多议题，还有待学界、业界深入探讨，本章仅为抛砖引玉。

---

① 吟春. 加快数字化转型，全力打造创新型文化领军企业：访江苏凤凰出版传媒集团暨凤凰传媒董事长陈海燕 [J]. 中国编辑，2012（6）：30-33，97.

第九章

新质生产力赋能出版业高质量发展

创新发展，是基于新发展理念的出版业高质量发展目标的第一向度。出版业创新发展的目标，在于推动出版管理体制机制创新，提升出版治理效能，促进出版治理体系现代化；在于坚持守正创新，推动出版运行机制创新，构建有文化特色的现代企业制度；在于面向新质生产力，推动出版要素集聚创新，形成政府引导、企业主体、市场导向、产学研用相衔接的协同创新体系。

名词解释

新发展理念：即创新、协调、绿色、开放、共享的新发展理念，是习近平同志于 2015 年 10 月在党的十八届五中全会上提出的。创新发展注重的是解决发展动力问题，协调发展注重的是解决发展不平衡问题，绿色发展注重的是解决人与自然和谐问题，开放发展注重的是解决发展内外联动问题，共享发展注重的是解决社会公平正义问题，强调坚持新发展理念是关系我国发展全局的一场深刻变革。

第一节　新质生产力推动出版业创新发展

出版业高质量发展须实现由要素驱动、投资驱动转为创新驱动，实现出版业的质量变革、效率变革和动力变革。创新是出版业高质量发展的核心动力机制，那么出版业高质量发展的创新主要体现在哪里？《规划》详尽地规定了出版业高质量发展与创新之间的关系。

出版业高质量发展的目标与动力见图 67。

出版业高质量发展的目标

创新，既是出版业高质量
发展的核心动力，也是出
版业高质量发展的本质特
征，还是出版业高质量发
展的首要目标。

出版业高质量发展的动力

出版业高质量发展要以推动
出版业改革创新为根本动
力，推进内容创新、技术创
新和体制机制创新，要以科
技创新带动出版产品创新、
服务创新、模式创新、业态
创新。

创新

图 67　出版业高质量发展的目标与动力

　　从出版领域来看，在主题出版领域，要鼓励创新表达方式和传播手段，增
强主题出版物的吸引力、感染力、影响力，打造一批双效俱佳的主题出版精品。
在古籍出版领域，要推动创造性转化、创新性发展，着眼加强保护、研究与利
用，系统整理出版一批重点古籍。在数字出版领域，要创新出版业态、传播方
式和运营模式：①推出一批导向正确、内容优质、创新突出、双效俱佳的数字
出版产品和服务；②大力发展数字出版新业态，打造数字出版新产品、新服
务、新模式；③形成创新活跃、资源集聚、带动效应明显的数字出版企业集群；
④健全完善数字出版科技创新体系，突出科技创新推动出版数字化转型、深度
融合发展的重要作用，推动先进数字技术在出版领域的应用；⑤鼓励出版单位
进行科技成果转化，强化出版企业创新主体地位，形成技术协同创新体系。出
版业高质量发展的三个领域见图 68。

主题出版

古籍出版

数字出版

要鼓励创新表达方式
和传播手段，增强主
题出版物的吸引力、
感染力、影响力

要推动创造性转化、创
新性发展，着眼加强保
护、研究与利用，系统
整理出版一批重点古籍

要打造数字出版新产品、新
服务、新模式；形成创新活
跃、资源集聚、带动效应明
显的数字出版企业集群

图 68　出版业高质量发展的三个领域

（1）在推动出版业"走出去"与国际化高质量发展方面，要创新出版"走出去"方式，扩大出版物出口和版权输出，增强出版产业国际竞争力，更好地推动中华文化"走出去"；创新出版物内容表达和呈现形式，增强国际出版传播的亲和力和实效性。

（2）在加强出版公共服务体系建设方面，要创新出版公共服务供给模式，创新开展全民阅读活动，提高出版公共服务的效率和质量，增强人民群众文化获得感和幸福感。

（3）在健全现代出版市场体系方面，要推动出版发行企业在业态创新、资源整合上取得更大突破；创新出版物发行业态形式、经营模式和服务方式，加快发行驱动资源整合，提升线上线下发行能力，健全广覆盖、多层次、多样态、可持续的发行网络和服务体系。

（4）在提升出版业治理能力与治理体系方面，要规范网上网下出版秩序，压实网络出版的主体责任，强化分级分类管理，改进创新内容监管方式手段，加强网络游戏等重点领域的专项治理。要推进全国版权示范创建和国家版权创新发展基地试点工作，促进全国版权授权交易体系建设，提升版权社会服务能力和水平，创新版权监管手段，强化版权全链条保护。根据出版领域行政许可意识形态的特点，坚持依法、安全、稳妥，创新工作理念思路，优化工作机制流程和营商环境，提高审批效率和服务水平。

（5）在出版业高质量发展的保障措施方面，要强化出版技术支撑，把先进科技作为出版业发展的战略支撑，推进实施一批出版科技创新重点项目，推动将出版技术研发列入国家重点研发计划。要加强创新型、应用型、复合型人才培养；健全以创新能力、质量、实效、贡献为导向的出版人才评价体系，构建充分体现知识、技术等创新要素价值的激励机制。出版业高质量发展的措施见图69。

综上所述，可以看出，创新构成出版业高质量发展的动力机制和本质要求，贯穿出版业发展的编校印发各环节，体现于主题出版、古籍出版、数字出版、出版"走出去"等各领域，构成出版公共服务体系、出版市场体系及出版治理体系的内在逻辑，同时是出版业高质量发展保障措施的重要特质。可以说，没有创新，就没有出版业高质量发展，也就无法实现出版业发展从低级有序走向高级有序，无法实现出版业发展从低质量发展或一般性发展走向高质量发展。

1. 国际化高质量发展

创新出版"走出去"方式，扩大出版物出口和版权输出，增强出版产业国际竞争力，更好地推动中华文化"走出去"

2. 公共服务体系建设

创新出版公共服务供给模式，创新开展全民阅读活动，提高出版公共服务的效率和质量，增强人民群众文化获得感和幸福感

3. 现代出版市场体系

推动出版发行企业在业态创新、资源整合上取得更大突破；创新出版物发行业态形式、经营模式和服务方式，加快发行驱动资源整合

4. 治理能力与治理体系

规范网上网下出版秩序，压实网络出版的主体责任，强化分级分类管理，改进创新内容监管方式手段，加大网络游戏等重点领域的专项治理

5. 高质量发展的保障措施

强化出版技术支撑，把先进科技作为出版业发展的战略支撑，推进实施一批出版科技创新重点项目，推动将出版技术研发列入国家重点研发计划

图 69　出版业高质量发展的措施

创新，既是出版业高质量发展的内在要求、动力机制，也是出版业高质量发展所追求的首要目标。在《论出版业高质量发展的目标向度》一文中，方卿教授论及"出版业的创新发展目标涉及诸多维度的基本内涵"，出版管理体制创新、出版运行机制创新及出版要素创新共同构成出版业创新发展目标的基础维度，本书进一步对出版业创新发展目标的基础维度进行分析和阐释。

一、走向治理体系现代化的出版管理体制机制创新

提高出版业治理能力和管理水平，是"十四五"时期出版业高质量发展的必然要求；出版业高质量发展，只能建立在治理能力和管理水平不断提升的基础之上。[①] 在出版管理体制演变过程中，经历了出版管理体制的两次制度创新[②]，即计划体制和"管办一体"体制的确立与市场体制和"管办分离"的变革。如今，历经 20 年，"管办分离"的管理体制，是否能够适应数字出版、网络出版、自媒体出版等高速发展与出版业高质量发展的新要求？这个问题值得深思。

---

① 方卿. 新时代出版业发展的新要求、新目标、新任务与新举措 [J]. 出版科学，2022（2）：5-12.

② 方卿. 论出版业高质量发展的目标向度：基于"新发展理念"视角的分析 [J]. 编辑之友，2024（1）：45-53.

　　换言之，基于上述新形势、新变化，如何优化、创新和完善出版管理体制机制，形成创新型的管理体制机制，构成了出版业高质量发展的创新管理目标定位。2018 年以后，加强党对出版工作的领导是出版管理体制改革的重要方向，党委宣传部门统一管理出版工作，站到出版管理一线，"党统一管理出版活动、党政一体的出版管理体制正式确立"①。

　　从"管办一体"到"管办分离"，再到新时代"党政一体"的深化出版改革创新，研究和探索推动出版管理体制机制创新的新命题、新答案，可从以下几方面着力。

　　（一）坚持党的全面领导，贯彻落实党管出版原则，完善党领导出版发展的管理体制，为出版业高质量发展提供根本保证

　　坚持马克思主义在意识形态领域指导地位的根本制度，深入学习贯彻习近平文化思想，全面贯彻落实习近平同志关于出版工作的重要论述，着力推动文化事业和文化产业繁荣发展，推动出版业实现质量更好、效益更高、竞争力更强、影响力更大的发展。

　　强化政治引领，坚持政治家办出版，发挥党组织在出版重大决策方面的决定性作用，完善出版领域重大问题分析研判机制，健全出版工作重点任务部署落实制度，牢牢掌握党对出版工作的领导权。实践中，对出版领域的重大事项决策、重要干部任免、重大项目投资决策、大额资金使用等重大决策事宜，须经党组织集体讨论作出决定。

　　强化制度执行，提升出版治理能力，严格落实意识形态工作责任制，坚持网上网下一个标准、一体管理，强化数字出版网络意识形态的管理；严格落实主管主办制度和属地管理责任，推动出版属地管理部门和主管主办部门切实担负本地区本部门的出版指导、协调和管理工作，督促高校党委宣传部指导和管理所属出版单位，做到守土有责、守土负责、守土尽责。

---

① 周蔚华. "十三五"时期我国出版管理发展回顾 [J]. 科技与出版，2020（9）：6-17.

案例 15：人民出版社

以下以人民出版社的"中国共产党思想理论资源数据库"和"党员教育数据库"两个项目为例，分析如何坚持党的全面领导，完善党领导出版发展的管理体制，为出版业高质量发展提供根本保证。

一、坚持党的全面领导，确保项目方向正确

人民出版社在开发"中国共产党思想理论资源数据库"和"党员教育数据库"两个项目时，始终牢记党的初心和使命，坚持党的全面领导。项目在开发过程中，深入贯彻落实习近平同志关于宣传思想工作的重要思想，根据党中央关于宣传思想工作的重大决策部署，始终把政治导向放在第一位，严把政治关。这确保了项目的方向正确，内容权威，不给其他思潮留下利用数据库进行传播的任何空间。

二、完善党领导出版发展的管理体制

为了确保项目的顺利进行和高质量完成，人民出版社建立了完善的党领导出版发展的管理体制。在数据库建设过程中，建立了一整套规范、合理、科学、完备的业务管理的规章制度，对数据加工、图书分类及上传、后台管理、页面检查、网络安全等做出明确规定。同时，数据库的建设十分重视发挥各类人才的作用，抓好基层党建工作和人才队伍建设，形成了良好的人才梯队和工作氛围。

三、创新党员学习方式，提升党员教育效能

"党员教育数据库"是人民出版社在党员教育领域的一次重要创新。该项目集电子书、视频、课件、问答、试题、案例等多种学习资源于一体，为党员提供了丰富多样的学习方式和渠道。这不仅创新了党员学习方式，提升了党员教育效能，还有效培养了党员的学习兴趣。同时，该项目还针对基层党务工作设置了专门的学习专栏，为党务工作者提供了便捷的学习资料和工具。

四、经济效益与社会效益双丰收

在坚持党的全面领导和贯彻落实党管出版原则的指导下，"中国共产党

思想理论资源数据库"和"党员教育数据库"两个项目均取得了显著的经济效益和社会效益。数据库自上线以来，用户不断增加，服务人数已达数千万之多。同时，项目还荣获了多项国家级重要奖项，如"第五届王选新闻科学技术一等奖""第三届中华优秀出版物电子奖"等。这不仅提升了人民出版社的品牌影响力和市场竞争力，还为推动出版业高质量发展提供了有力支撑。

五、结论

综上所述，人民出版社通过坚持党的全面领导、完善党领导出版发展的管理体制、创新党员学习方式及取得经济效益与社会效益双丰收等措施，为出版业高质量发展提供了根本保证。这一案例为其他出版社在坚持党的全面领导和推动出版业高质量发展方面提供了有益的借鉴和启示。

（二）创新出版管理机制，健全出版治理体系，提升出版治理效能，为出版业高质量发展提供有效保障

出版管理机制包括出版市场准入机制、出版行政许可机制、出版税收优惠机制、资金投入机制、出版单位考核评估机制、继续教育和职称评定机制及出版"走出去"的相关机制等，推动出版管理机制的创新、优化和完善，可分别结合上述方面予以展开。

（1）出版市场准入机制的完善创新，须坚持宽严并济、激励与约束并重的原则，一方面，要加强出版资质管理，规范党和国家重要文献、教材、教辅、辞书、地图等门类的出版资质要求。[①] 实践中，往往出现上述重点出版领域资质管理不严格而引起舆情或更为严重的意识形态问题的现象，进而为出版事业、出版产业发展带来不利或负面影响。另一方面，可以在网络出版等领域适度放开，众所周知，网络出版的数量和规模已经远非传统出版管理模式所能够有效管理的，事前审批制转向事中监督、事后追责的制度已在出版实践被应用。同时，面向政治站位正确、出版质量精良、让党和政府放心的民营文化企业，可考虑赋予正式出版资质，具体的方式可以是鼓励与国有出版企业嫁接，赋予出版社副牌，在主社指导、协助、监督下独立开展运营。这一点，早在 2018 年，

---

① 国家新闻出版署. 出版业"十四五"事情发展规划 [Z]. 北京：国家新闻出版署，2021.

中国民主促进会就向中国人民政治协商会议全国委员会提交了《关于赋予优质民营图书出版企业正式出版资质的提案》。

（2）出版行政许可机制的完善创新，根据《规划》，宜准确把握出版领域行政许可意识形态特点，坚持依法、安全、稳妥、创新的工作理念思路，优化工作机制流程和营商环境，提高行政审批效率和服务水平。涉及出版领域的行政许可，当符合主流意识形态、符合社会主义核心价值观时，如何提供高效服务、提升审批效率、提升服务水平，是关键问题。

（3）出版税收优惠政策的长效机制创新，①宜注重宣传文化增值税优惠政策长效机制，提升出版环节增值税优惠政策的稳定性和可预期性，改变之前通过每两年发文来"延续"增值税优惠政策的做法，形成对出版业高质量发展具有长效性、可持续性的税收优惠机制。②适度扩大优惠范围和力度，明确数字出版产品服务为增值税课税对象，把之前的"图书、报纸、杂志、音像制品、电子出版物（《增值税法征求意见稿》，2022）"扩展至包含"数字出版产品服务"。③继续延长出版业所得税优惠机制，出版业所得税优惠政策的取消，或将不利于出版业的持续发展，对大部分出版单位的经营管理都将产生深刻影响；同时建议对新设数字出版企业或小微数字出版企业，不妨给予 5 年内免征企业所得税的优惠政策，或参考高新技术企业标准给予 15% 的企业所得税优惠。

（4）优化完善资金投入机制，支持出版业创新发展。出版业创新发展离不开财政资金的支持，也离不开财政调控政策制定和实施。可以考虑在以下几方面着力：①着力提升国家出版基金等出版专项资金对出版新业态、新模式的资助力度，加大支持融合出版、主题出版和智能出版等新业态，提升出版原创精品的扶持效能；②着力加大对出版深度融合发展人才、高质量发展人才等出版业高水平人才的支持力度，不断提升出版从业者的数字素养与技能，提升其引领发展的本领和素质。着力加强对出版技术创新的支持，提升出版业原创自主技术创新水平，大力攻关基础性、制约性原创出版技术，不断推广出版业前沿技术的成熟应用，不断扩大出版业成熟技术的普及范围。

（5）健全出版单位考核评估机制，优化社会效益评价指标体系，完善社会责任评价指标体系，进一步健全考核结果运用办法。出版单位社会效益，是指出版单位通过以图书为主的出版物和与出版相关的活动，对社会产生的价值和影响①；主要的评价考核指标包括出版质量、文化和社会影响、产品结构和专业特色、内部制度和队伍建设等。从创新性发展的目标来看，出版物的科学性、知识性、创新性及编校印装质量的创新程度是出版业创新性发展对出版质量提出的进一步要求；是否采用了创新的载体、形态和模式来彰显优秀出版产品和活动的文化价值和社会影响是否具有创新性的文化价值和社会影响，是出版业创新性发展对文化和社会影响指标提出的新标准；内容创新、选题创新、创新品牌等反映在出版产品结构、选题策划和品牌特色方面的创新特征，是出版业创新性发展对出版产品结构和专业特色提出的新目标；出版单位内部制度和队伍建设的创新则体现于出版运行机制创新、微观治理创新及复合型、创新型、全媒体型出版人才队伍等方面。2023年8月正式实施的《出版企业社会责任指南》②行业标准，则从责任和义务的角度强调出版企业应为其决策和活动对社会、环境和利益相关方造成的影响承担责任，提出了出版企业社会责任履行须对标的八个核心议题，包括组织治理、文化和社会影响、文化创作生产和服务、员工权益、公平运行、消费者问题、资源节约和环境保护、社区参与和发展。围绕上述核心议题，随着出版企业社会责任指标体系的建立和落实，应该说，要从企业社会责任评价的角度为出版管理机制创新提供新的依据和抓手。

（6）健全完善继续教育培训和职称评定的长效机制。出版专业技术人员职称制度的改革创新，是推动"思想政治素质过硬、创新创造能力突出、引领发展表现出色"③的创新型出版融合发展人才、高质量发展人才出现的重要举措。出版业创新性发展，要求不断推进实施出版职业技能等级认定工作，畅通数字出版从业人员执业资格考试渠道，推动传统出版职称和数字出版职称的深度融合，健全完善支持出版创新性发展的继续教育培训机制和职称评定的长效机制。

（7）在出版"走出去"和国际化高质量发展方面，基于创新性发展的要求，需要不断完善国际书展参展及主宾国活动机制。"以精准施策为抓手切实提高出版物国际传播效能"④是筑牢出版国际化高质量发展的强基工程。北京国际图书博览会、国际书展平台则是推动出版物国际传播的重要渠道。如何用好线上线

① 中共中央宣传部.图书出版单位社会效益评价考核试行办法[Z].北京：中共中央宣传部，2018.
② 国家新闻出版署.出版企业社会责任指南：CY/T 268—2023[S].北京：中国书籍出版社，2023.
③ 中共中央宣传部.关于推动出版深度融合发展的实施意见[Z].北京：中共中央宣传部，2022.
④ 张新新.双循环新发展格局下的出版国际化高质量发展研究[J].中国编辑，2023（12）：49-57.

下融合办展、融合促销，切实做到出版物国际化提质增效，切实推动出版物实现由"走出去"向"走进去"的升级，让目标国家、目标区域、目标民族的读者更好、更快、更多地产生中华文化价值认同，推进出版物国际销售数量和规模的提升，则是创新出版物"走出去"方式、完善国际书展参展及主宾国活动机制的关键所在。创新出版管理机制见图70。

1. 出版市场准入机制　　2. 出版行政许可机制　　3. 出版税收优惠机制　　4. 资金投入机制

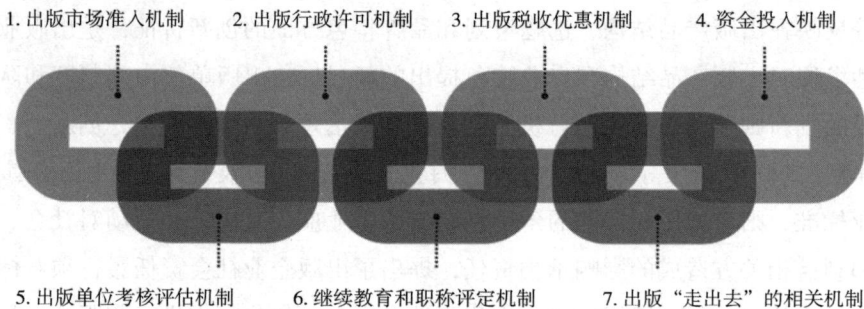

5. 出版单位考核评估机制　　6. 继续教育和职称评定机制　　7. 出版"走出去"的相关机制

图 70　创新出版管理机制

二、基于有文化特色现代企业制度的出版运行机制创新

在出版发展进程中，经济子系统并不是一开始就存在的，而是出版业发展到一定阶段才伴随出现的。在后续的出版业发展进程中，经济属性的作用、功能不断强化和优化，对出版运行机制的要求也越来越高；到达出版业高质量发展的"高级有序结构"后，经济属性更是以"高质量增长"的特征和面貌出现。下面简要分析新中国成立以来经济属性的变迁及出版运行机制的沿革和创新历程。

1. 生产型阶段

自私营出版业社会主义改造以后，直到20世纪90年代，我国出版业一直以"单纯生产型"为主，其特点是只管出好书，依靠财政拨款，单纯进行生产，对于出版产业链的其他环节基本不顾及，不在乎也不计较出版业经营利益等问题。造成出版业"等、靠、要"思想严重，产业发展极为落后，同时带来了经济负担和社会负担。1979年11月中共中央宣传部通知规定，提出要提高书刊质量、加强经营管理，除个别特殊情况外，都要进行经济核算，切实做到自负盈亏。此后，从单纯生产型向生产经营型的转变趋势明显加强，对经济子系统及经济属性的重视程度日益增加，经济子系统、经济属性在出版业发展中的地位和作用越来越受到强化。

2. 单纯生产型走向生产经营型

1988 年 4 月，《关于当前出版社改革的若干意见》发布，提出"出版社必须由生产型向生产经营型转变，既是图书的出版者又是经营者"。1991 年 7 月 24 日至 8 月 6 日，国家新闻出版署在北京举办全国第一次出版社社长经营管理研讨班，探讨了推动出版单位由单纯生产型向生产经营型转变，建立适合我国工作实际的出版经营管理学、管理体制等问题。到 1996 年，出版社已经基本完成从"单纯生产型到生产经营型"[①] 的转变，事业单位企业化经营的格局基本形成。

3. 出版单位的转企改制

2003 年，文化体制改革启动，确定了 21 家出版社、报社、发行单位作为改革试点单位，开启了出版单位向企业转变的序幕。2005 年 12 月，《关于深化文化体制改革的若干意见》发布，要求大部分出版企业进行转企改制，转变为合格的市场主体。2010 年年底，中央部委出版社全部完成出版单位转企改制工作，明确了出版单位的市场主体身份，也提供了事业单位改革的标杆和范本。

4. 公司制改革，确立有文化特色的现代企业制度

为进一步适应现代企业制度发展要求，2018 年 2 月，《中央文化企业公司制改制工作实施方案》（以下简称《方案》）公开发布，随着《方案》的实施，2018 年年底，中央文化企业基本全部完成了公司制改革，至此，出版单位运行机制步入有文化特色的现代企业制度新阶段。经济属性的变迁和出版运行机制的沿革见图 71。

---

① 王益.喜见出版社从单纯生产型转变为生产经营型 [J]. 出版参考，1996（19）：2.

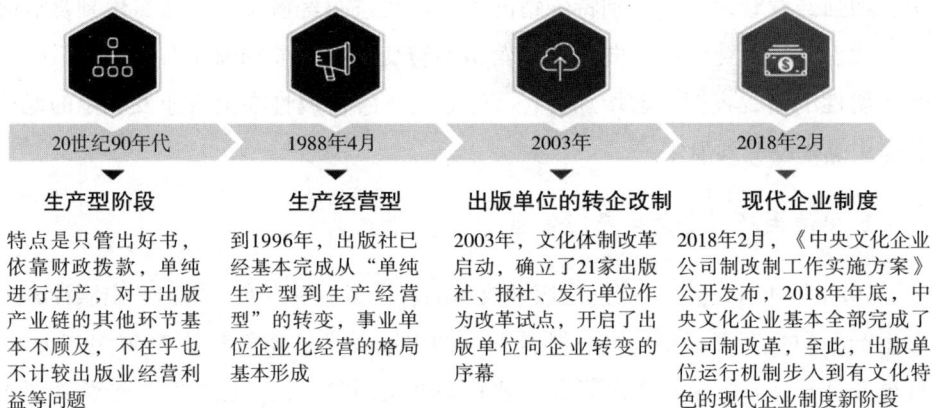

20世纪90年代	1988年4月	2003年	2018年2月
生产型阶段	**生产经营型**	**出版单位的转企改制**	**现代企业制度**
特点是只管出好书，依靠财政拨款，单纯进行生产，对于出版产业链的其他环节基本不顾及，不在乎也不计较出版业经营利益等问题	到1996年，出版社已经基本完成从"单纯生产型到生产经营型"的转变，事业单位企业化经营的格局基本形成	2003年，文化体制改革启动，确立了21家出版社、报社、发行单位作为改革试点，开启了出版单位向企业转变的序幕	2018年2月，《中央文化企业公司制改制工作实施方案》公开发布，2018年年底，中央文化企业基本全部完成了公司制改革，至此，出版单位运行机制步入到有文化特色的现代企业制度新阶段

图71　经济属性的变迁和出版运行机制的沿革

出版业高质量发展的创新发展目标，对出版单位落实有文化特色的现代企业制度提出以下要求。

（1）坚持守正。①守"党管出版"之正，坚持党的全面领导，做到导向管理不放松，坚持正确的政治方向、出版导向和价值取向；②守"马克思主义意识形态领域指导地位根本制度"之正，坚持主流意识形态，坚持社会主义核心价值观的阐释、传播和弘扬；③守"以人民为中心"之正，尊重人民主体地位，坚持为人民多出书、出好书，保障人民群众阅读权益，把服务群众和教育引导相结合、满足需求和提高素养相结合、满足人民文化需要和增进人民精神力量相结合；④守"社会效益放在首位"之正，首要追求出版活动提升积极社会价值和影响的目标，坚持出版社会效益和经济效益的双丰收、双跃升。

（2）坚持创新。创"有效制衡的公司法人治理结构"之新，创"灵活高效的市场化经营机制"之新。当前经营性出版单位作为独立市场主体的定位已经得到确立，但并不意味着出版企业的运行机制就完全理顺；实际上，出版企业运行机制创新仍然任重道远。[①] 这个"任重道远"主要体现在，从之前的"社长总编制""党委领导下的社长负责制"过渡到党的全面领导下"股东会（股东大会）、董事会、监事会、经理"公司法人治理协调运转、有效制衡的治理新格局。

---

① 方卿.论出版业高质量发展的目标向度：基于"新发展理念"视角的分析 [J]. 编辑之友，2024（1）：45-53.

构建有效制衡的公司法人治理结构，形成出版企业微观治理新机制，包括以下方面：①坚持党的全面领导，健全党领导出版发展的体制机制，坚持党管意识形态、党管媒体、党管干部，严格落实党建工作责任制、意识形态工作责任制、主管主办制度及属地管理责任，把党的领导落实在出版工作的全过程、各领域、各环节和各方面，为出版企业高质量发展提供根本保证。②加强党的领导和完善公司治理相统一，处理好党组织和股东会（股东大会）、董事会、监事会、经理等治理主体之间的关系，形成符合现代企业制度、反映文化企业特点的资产组织形式和经营管理模式。③公司法人治理主体之间要根据投资者、决策者、执行者、监督者间的基本权利和义务进行协调运转和有效制衡，健全出版企业微观治理体系，提升出版企业的微观治理能力，以推动出版企业稳定、可持续、高质量发展。

构建灵活高效的市场化经营机制，强化出版产业化提质增效，可以从以下几方面着手：'①推动出版企业深化劳动制度改革，完善市场化用工机制，推动经理层任期制和契约化管理，试行职业经理人制度；②推动出版企业深化人事制度改革，重视"出版专业主义"[①]，畅通出版职业发展通道，推动职务职称序列平衡设置；③推动出版企业深化分配制度改革，形成符合有文化特色现代企业的工资决定和正常增长机制，探索建立数据、技术和知识等新要素参与分配的制度，合理拉开收入分配差距，健全以创新能力、质量、实效、贡献为导向的出版人才评价体系。通过深化出版企业劳动、人事和分配制度改革，形成管理人员能上能下、员工能进能出、收入能增能减的市场化选人、用人机制，不断完善灵活高效的市场化经营机制。

（3）就出版企业具体的运行机制而言，还可从选题策划、编辑加工、印制发行等出版产业链基本环节入手，进一步推动出版运行机制的体系化创新，形成数字化环境下一体化内容生产传播机制，最终形成传统出版和新兴出版"融为一体、合而为一"的全媒体出版传播体系。

首先，在选题策划环节，以创新发展为目标，重视内容生产格局的革新，重视 AIGC 的内容生产引擎，逐步形成选题策划与"基于内容自动化编纂、智能

---

① 李杨. 数智时代出版专业主义的核心内涵建构 [J]. 编辑之友，2022（7）：83-89.

化润色加工、多模态转换和创造性生成方式的"出版内容生产范式和供给模式[①]的适配性和协同性创新机制；健全精品生产机制，健全精品出版激励机制，制定重点选题规划，优化重点选题策划论证机制；建立健全精品出版与社会效益考核评价、评奖评优、出版资源配置协调联动机制；完善主题出版选题策划机制，建立主题出版、教育出版、专业出版、大众出版等领域重点作品跟踪推进机制。

其次，在编辑加工环节，探索新技术、新工具在编校环节的应用，推动传统编校关系由人工审核、人工编校主导转向"人机协同智能编校"[②]的新型编校关系。智能审核、智能编校排工具、出版语料库、出版专业大模型[③]等新基建、新工具、新技术可以也应当成为出版业创新发展的新质生产力。

最后，在印制发行环节，一方面，着力推动印刷业的基础性、制约性自主创新技术研发，大力推广数字印刷、按需印刷、智能印刷等新业态、新模式。《规划》把"印刷业关键核心技术及装备器材研发攻关工程"明确作为专栏重点工程，指出要推动喷墨数字印刷喷头关键核心技术、墨水及数字化控制技术、数字化书芯成形技术等数字化印刷核心技术研究攻关，以及推动无线胶钉智能联动线、精装智能联动线等高端设备自主创新。另一方面，在发行环节，须以全媒体传播体系构建为目标，推进传统出版渠道的全媒体转型，用好短视频、网络直播、新媒体矩阵等新营销方式，健全出版物发行渠道，致力于推动出版发行企业业态创新和资源整合，创新出版物发行业态形式、经营模式和服务方式，综合提升线上线下一体化、融合化发行能力，形成包含数字农家书屋、城市文化空间、社区和校园智慧书店在内的全媒体、广覆盖、多层次、可持续、高质量的发行网络和服务体系。

综上所述，新中国成立以来出版运行机制的沿革历程，也是出版业经济子系统逐步发展、壮大和完善的过程，是出版运营机制不断求变求新、追求创新发展、追求高质量发展的过程，体现为出版机构的市场主体转型和改革历程，其先后经历了"单纯生产型、生产经营型、全民所有制、现代公司制"四个阶段，呈现出来的规律是，在不削弱文化属性作用的基础上，出版业经济属性越来越

---

① 方卿，丁靖佳.人工智能生成内容（AIGC）的三个出版学议题 [J].出版科学，2023（2）：5-10.

② 张新新，丁靖佳.生成式智能出版的技术原理与流程革新 [J].图书情报知识，2023（5）：68-76.

③ 张新新，黄如花.生成式智能出版的应用场景、风险挑战与调治路径 [J].图书情报知识，2023（5）：77-86，27.

被加强和重视，经济子系统在出版业发展过程中起到的作用和效能越来越重要，伴随着出版业发展经历了从小到大、从规模数量型到质量效益型、从高速增长到高质量发展的转型升级。出版单位落实有文化特色的现代企业制度提出的要求见图 72。

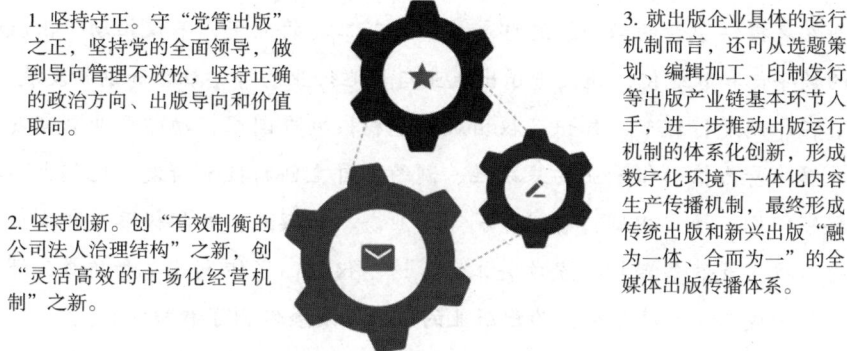

1. 坚持守正。守"党管出版"之正，坚持党的全面领导，做到导向管理不放松，坚持正确的政治方向、出版导向和价值取向。

2. 坚持创新。创"有效制衡的公司法人治理结构"之新，创"灵活高效的市场化经营机制"之新。

3. 就出版企业具体的运行机制而言，还可从选题策划、编辑加工、印制发行等出版产业链基本环节入手，进一步推动出版运行机制的体系化创新，形成数字化环境下一体化内容生产传播机制，最终形成传统出版和新兴出版"融为一体、合而为一"的全媒体出版传播体系。

图 72　出版单位落实有文化特色的现代企业制度提出的要求

案例 16：知识产权出版社

在数字化转型的大背景下，出版业正积极探索新技术、新工具的应用，以推动传统编校关系的变革。知识产权出版社作为行业内的佼佼者，率先推出了"中知编校"智能图书编校排系统，为出版业树立了新的标杆。

在编辑加工环节，"中知编校"系统充分发挥了新技术、新工具的优势，推动了传统编校关系由人工审核、人工编校主导转向"人机协同智能编校"的新型编校关系。该系统集成了智能化编校排功能，通过人工智能与大数据技术的结合，实现了对图书内容的自动审核、自动编校和自动排版。这不仅大大提高了编校效率，还降低了人工编校的错误率，提升了图书的质量。

智能审核是"中知编校"系统的核心功能之一。它利用先进的自然语言处理技术和知识图谱技术，对图书内容进行深度分析和理解，能够自动识别并纠正文本中的语法、拼写、标点等错误。同时，系统能够根据出版规范和要求，对文本进行格式化和标准化处理，确保图书内容的规范性和一致性。

除智能审核外，"中知编校"系统还配备了智能编校排工具和出版语料库。智能编校排工具能够辅助编辑进行高效的编校工作，提高编校效率和质量。出版语料库则提供了丰富的语言资源和知识支持，为编辑提供了更加便捷和准确的编校参考。

此外，出版专业大模型等新基建、新工具、新技术的引入，也为出版业创新发展提供了新的动力。这些新技术和新工具的应用，不仅推动了出版流程的数字化和智能化，还促进了出版业与其他行业的跨界融合和创新发展。

在印制发行环节，知识产权出版社也积极响应国家推动印刷业创新发展的号召，着力推动印刷业的基础性、制约性自主创新技术研发。他们大力推广数字印刷、按需印刷、智能印刷等新业态、新模式，并积极参与印刷业关键核心技术及装备器材研发攻关工程。这不仅提高了印刷效率和质量，还降低了印刷成本和环境污染，为出版业的可持续发展做出了积极贡献。

三、面向新质生产力的出版要素集聚创新

新质生产力的提出，为新时代新征程加快科技创新，推动高质量发展提供了科学指引。[①]下面从基于新质生产力对出版业高质量发展的要素方面进行分析和诠释。

出版业，作为内容产业和具有意识形态属性的产业，在上述"劳动者、劳动资料和劳动对象及其优化组合的质变"方面均有其特殊性规律，而这些特殊性规律，恰恰是出版业新质生产力值得深入探讨之处。

（1）新质生产力要求实现出版业生产工具的质变，用好新型生产工具，研发和掌握关键共性技术，赋能出版业新业态发展。新质生产力的基本内涵体现在劳动资料的质变方面，而劳动资料中起决定性作用的是生产工具，后者是生产力高低的主要标志。新中国成立以来的出版业的生产工具，从最早的"剪刀加糨糊"、基于纸张和铅板等"铅与火"时代的生产工具，到后来的以激光照排为代表的"光与电"时代的生产工具，至以智能选题策划工具、智能编校排工具、视频号、网络直播等全媒体营销工具为代表的"数与网"时代的生产工具，

---

① 加快形成新质生产力 [N]. 人民日报，2023-11-24（9）.

经历了深刻的变革与创新，而每一次跨越式的创新发展，离不开先进技术的赋能与支撑。新质生产力对出版业高质量发展新型生产工具方面的要求，除以往的技术应用原理、技术应用场景外，更重要的是基于协同论把出版业高质量发展过程视为"文化、经济和技术子系统协同创新产生融合效应以促进高级有序结构的过程"[①]，是把数字技术作为出版业发展的内生动力，用好科技创新举国体制，推动出版技术研发列入国家重点研发计划，强化出版领域基础性、制约性关键共性技术研发与推广；是强化出版技术支撑，健全出版科技创新体系，提升出版科技自主创新的能力，突出科技创新在推动出版业数字化转型升级、深度融合发展、高质量发展进程中的重要作用，以科技创新引领和带动出版内容创新、产品创新、服务创新、模式创新和业态创新。具体而言，能够支撑传统出版与数字出版一体化生产管理的融合出版 ERP 系统、包含知识体系全领域语料库的智能编校排系统及出版内外部数据应用治理工具集和大模型是当下出版业高质量发展关键核心技术的几个重要突破口。

（2）创新创造能力突出、引领发展本领显著、较高的数字素养与技能，是新质生产力对出版业高质量发展劳动者质变、新型劳动者提出的新要求。其中，较高的数字素养与技能尤为重要。高质量的出版人才队伍，是出版业高质量发展、创新性发展的主体动力和第一资源。除在思想政治素质、出版专业化能力、创新性能力、复合型人才、国际化人才等方面推动高质量出版人才队伍建设外，为适应新质生产力的需要，出版企业还应做到如下几点：①健全以创新能力、质量、实效、贡献为导向的出版人才评价体系，对出版业技术创新、深度融合等急需紧缺的特殊人才实行特殊政策、特殊通道，构建充分体现数据、知识、技术等创新要素价值的激励机制，鼓励在人才引进、培育、使用、擢升等方面加大对出版业高质量发展、创新发展业务的支持力度。这一点，恰恰是解决"高质量发展对编辑人才的高要求与既有编辑工作机制激励性不足的突出矛盾"[②]的破局之策。②设立 CDO，重视数据新要素，充分发掘出版企业的数据价值，形成高效而完善的出版数据建设流程，进行出版数据应用的多场景探索，强化出版企业内外部数据治理，形成基于内容数据、用户数据和交互数据的数据产品。

① 张新新，敖然. 出版业高质量发展三维协同创新模型建构与分析：基于"文化-经济-技术"视角 [J]. 中国出版，2023（16）：21-27.

② 方卿，杨丹丹. 矛盾视角下我国学术期刊的高质量发展路径研究 [J]. 出版广角，2021（6）：6-8.

③提升出版人才队伍的数字素养和技能，尤其是强化数据素养和技能体系建设。面向企业所有出版从业者，通过有效的制度和举措，提升其数字化的适应力、胜任力和创造力；重点提升数字出版、融合出版编辑的数据采集能力、数据分析能力、数据加工能力、数据产品化能力、数据服务能力及数据治理能力，强化引领出版业高质量发展人才队伍的数据素养与技能。

（3）深化出版改革，着力打通束缚出版创新发展的卡点堵点，让各类优质先进生产要素向发展新质生产力畅通方向流动和实现高效配置，构建适配新质生产力的新型生产关系。"出版业的高质量发展，要以关键要素的体系化构建为动力，面向人才、技术、数据等关键要素进行体系化建构和市场化配置。"[①] ①新质生产力要求出版业创新发展、高质量发展，充分用好科技创新举国体制，发挥好政府的战略导向作用，基于国家重点研发计划等重大文化产业项目驱动，让出版企业真正成为创新主体，让高品质内容、高质量人才、高标准数据、先进技术、优质资本等各类创新要素加速向出版企业集聚，形成创新型出版企业。②新质生产力要求畅通出版科技、教育和人才的良性循环，弘扬科学家精神和企业家精神，营造鼓励创新、促进高质量发展的良好氛围，形成创新型企业文化。③新质生产力要求出版企业加快数智化转型，不断涌现数据出版、智能出版、融合出版等出版创新发展的新业态和新模式，实现传统出版和数字出版的深度融合和协同发展。④新质生产力要求健全创新要素参与收入分配机制，充分激发智力、劳动、数据、技术、知识、管理和资本等生产要素活力，更好地体现数据、技术、知识、人力资本导向。⑤新质生产力要求加快双循环格局下的出版业创新发展，主动构建国际大循环系统，探索构建把要素、产品、销售市场放在国际市场产业链的循环发展模式，通过本地化、出版物输出等方式，切实推动中华文化由"走出去"向"走进去"的转变。

综上，通过对内容、数据、技术、知识、人才等要素的市场化配置和协同化组合，最终形成政府引导、企业主体、市场导向、产学研用相衔接的出版发展协同创新体系，从而为出版业高质量发展源源不断地提供人力、财力、物力和智力资源。

---

① 方卿，张新新. 推进出版业高质量发展的几个面向 [J]. 科技与出版，2020（5）：6-13.

四、小结

创新是出版业高质量发展的动力机制、内在要求，也是出版业高质量发展的目标。出版业的创新发展，从不同维度诠释和分析，会得出不同的结论，本书仅从宏观层面的出版管理体制机制创新、中观层面的出版运行机制创新及微观层面的出版要素集聚创新三维视角来对出版业的创新发展进行分析。囿于篇幅限制，有关出版内容创新与技术创新、产品创新、服务创新、模式创新等的关系，出版科技创新体系的要素、结构和功能，出版业创新发展的价值和功能等相关议题未能分析。而在创新要素、创新结构和创新功能等出版业创新发展系统的形成与发展过程中，其实还蕴藏着一个很重要的理念和目标，就是"协调"。"协同导致有序"，走向高级有序的出版业发展即走向了出版业高质量发展。

第二节　新质生产力赋能出版业高质量发展的三个着力点

新质生产力是出版业高质量发展的内在要求和重要引擎。以新质生产力推动出版业高质量发展，在劳动者质变方面，须提升编辑数智素养，建设高素质的出版人才队伍；丰富编辑岗位类型，设立 CDO，引领新生产要素应用；革新编辑机制，构建充分体现创新要素价值的机制体系。在劳动资料质变方面，须着力研发出版业新质生产工具，在融合出版 ERP、专业语料库嵌入型的智能编校排系统、出版领域垂直大模型及数据化转型技术装备方面取得重大突破。在劳动对象质变方面，须分类分级设置出版时间，强化出版数据产品服务供给，构建出版要素机制，推动出版数据供给、交易和使用，从而激发出版业数据要素潜能，实现出版业数据要素价值。

一、新质生产力视域的编辑素质、类型与机制

劳动者，是主体生产力，是生产力中人的因素，包括劳动者自身及其知识、经验和技能等。"劳动者是最活跃、最重要、最富有创造性的生产要素，在生产力中发挥着主导性作用"[1]。新质生产力的基本内涵，要求劳动者质变及其与劳动资料、劳动对象优化组合的质变。因此，以新质生产力推动出版业高质量发展

---

[1]　戴翔. 以发展新质生产力推动高质量发展 [J]. 天津社会科学，2023（6）：103-110.

的第一个着力点便是培养出版业新型劳动者。

高质量的出版人才队伍，是新时代出版业发展的核心动力和主要资源，也是促进出版业高质量发展的中坚力量。培育一支思想政治素质高、专业化能力实、创新性能力强的复合型和国际化人才队伍，是推动出版业新质生产力的重点。① 新质生产力强调"质变"，是质态的改变、质态的创新，取决于在生产力中发挥关键作用的各生产要素。那么作为出版业劳动者主力军的编辑群体，如何实现质变，如何实现质态的创新及质态创新体现在哪些方面？为适应新一代科技革命发展的需要，适应出版深度数字化转型、出版深度融合发展的需要，为更好地实现出版业高质量发展目标，以新质生产力为标准，编辑的"素质、类型和机制"② 这一组基本范畴须予以扩充、延展或发生实质性的革新。

（一）提升编辑数智素养，建设高素质的出版人才队伍

劳动者自身的变革是生产力质变、跃迁的主导性、关键性因素。就出版业而言，编辑作为劳动者的主力军，除不断增强思想政治素质、出版专业技能外，"数字素养和技能"③ 尤其是数智素养和技能的提升既是新质生产力的内在要求，又是推动出版业高质量发展的题中之意。

1. 提升编辑的数据素养和技能，加快应用数据关键要素

随着数据作为新生产要素被首次写入中央文件，我国成为全球第一个在国家政策层面把数据作为生产要素的国家。在以往的传统出版发展模式和路径中，出版业主要和知识打交道，是知识的生产和传播行业。而今，基于新的发展模式和路径，尤其是伴随着出版深度融合发展的纵深推进，出版业高质量发展成为"十四五"时期的主题和中心思想，以数据要素应用、数据产品研发、数据方式传播、数据价值挖掘为主要使命的数据出版，必将成为出版深度融合发展、高质量发展的创新业态和前沿业态。

---

① 方卿，张新新. 出版业高质量发展目标之创新发展：以新质生产力推动出版业高质量发展 [J]. 编辑之友，2024（2）：29-35，53.

② 张新新. 数字出版编辑论：概念·特征·范畴 [J]. 科技与出版，2022（9）：29-37.

③ 张新新，刘一燃. 编辑数字素养与技能体系的建构：基于出版深度融合发展战略的思考 [J]. 中国编辑，2022（6）：4-10.

为此，编辑应提升数据素养和技能，尽快形成数据化的适应力，迎接即将到来的数据出版。具体而言，可从如下三方面着手：①确立数据要素理念，强化数据化理念引领，把数据作为编辑出版工作的主要劳动对象，把数据化理念贯穿选题策划、编辑加工和印制发行等编辑出版工作的全产业链条。②推动数据出版制度的创新，形成有利于数据理念确立、数据出版产品研发、数据出版技术应用、数据出版营销、数据出版实践开展的制度体系，营造鼓励数据出版创新发展的良好制度环境。③推动出版数据化实践，对出版企业蕴含的文字、图片、音频视频数据矿藏，不妨从当代数据产品的研发开始，开启数据出版的时间征程。须知，数据出版产品的研发和应用是数据出版的关键和枢纽所在。而这一点，商务印书馆基于《新华字典》图书所研发的《新华字典》App，成功将一本图书扩展为以"字"为单位的上万种数据出版产品，并获得社会效益和经济效益的双丰收，无疑是数据出版的先行者和"排头兵"。

2. 丰富编辑的智能素养和技能，积极拓展生成式智能出版新业态

人工智能是发展新质生产力的重要引擎。[①] 早在 2017 年，本书作者就提出"出版 + 人工智能"所引起的"未来出版新模式与新形态"与一体化、协同化、同步化、智能化的"出版流程智能再造"两个核心议题，实践证明，在后续的发展中，AR 出版、VR 出版、知识服务等融合出版的新业态不断涌现，并在出版行业标准和国家标准中被固化和规范化发展。智能出版，"即以智能化的数字技术对作品进行编辑加工后，经过复制发行的新型出版"[②]。如今，AI 发展由分析式人工智能发展到生成式人工智能的新阶段，随着 ChatGPT、Sora 等文生文大模型、文生视频大模型的出现，基于生成式人工智能技术的智能出版新技术、新业态、新模式也将不断涌现。生成式智能出版的探索和尝试，既是"出版 +人工智能"发展的新阶段，又是大力开展"人工智能 +"行动、拓展多行业、多领域应用场景的题中应有之义。

综上所述，为适应新质生产力发展，发挥人工智能的引擎作用，立足出版场景，编辑宜着力提升智能素养和技能，拓展生成式智能出版的新业态新模式。

---

① 推进科技创新和产业创新深度融合　加快塑造高质量发展新动能新优势 [N]. 人民日报，2024-03-14（1）.

② 张新新，齐江蕾. 智能出版述评：概念、逻辑与形态 [J]. 出版广角，2021（13）：21-25.

一方面，须积极提升自身的智能化适应力，强化数据、算法和算力意识。结合自身的编辑角色和出版工作，有的放矢地加强对人工智能阶段、人工智能类型、"数据、算法、算力"人工智能三要素、文本生成大模型、视频生成大模型等智能技术的学习、认知和理解，不断丰富自身关于人工智能的知识积累和储备。另一方面，须强化智能化胜任力，因地制宜地结合出版工作环节探索应用人工智能技术，逐步胜任智能出版新业态和新任务。智能出版产品服务能力、智能出版技术应用能力、智能出版营销能力、智能出版管理能力等应成为智能化胜任力的基本要素。清华大学出版社已在出版实践中，结合编校印发的各环节，探索应用不同的人工智能工具，以期形成一套可行、可用、好用、易用的智能出版解决方案。

3. 拓展编辑的创新素养和技能，大力培养创新型出版人才

新质生产力的特点是创新，通过科技创新对劳动者、劳动资料和劳动对象进行干预、渗透和赋能，推动三者发生质变，从而形成新质生产力。[①] 而《规划》多处强调"创新型、应用型、复合型人才培养"；《关于推动出版深度融合发展的实施意见》（以下简称《意见》）指出打造一批"创新创造能力突出"的出版融合发展人才，由此可见，"创新型"出版人才既是新质生产力对作为出版业的劳动者（编辑）提出的新要求，也是对出版业高质量发展、出版深度融合发展确立的编辑成长和发展重要目标。

提升编辑的创新素养和技能，可在以下几方面着力：①确立创新思维，增强创意能力，将创新思维和创意能力贯穿出版工作的全流程和各方面，如大部分编辑所缺乏的"基于同一作品、同一版权素材策划为纸质图书、数字图书、有声读物、数字视听产品"的选题策划创意能力。②提升内容创新能力，发现新知识、新观点、新理论、新思想，通过编辑加工进一步推动作品内容的创新，切实推动出版物内容质量的提升，不断推出创新性、高质量的出版物。③提升技术创新能力，推动出版科技创新与内容创新的深度融合，以出版科技创新引领内容创新、产品创新、服务创新、模式创新、营销创新和管理创新。应该说，

---

① 蒲清平，向往. 新质生产力的内涵特征、内在逻辑与和实现路径 [J]. 新疆师范大学学报（哲学社会科学版），2024（1）：77-85.

内容创新、科技创新是"内容建设为根本、先进技术为支撑"的出版深度融合发展对新时代编辑素养技能提出的两项基本能力要求。

（二）丰富编辑岗位类型，聚焦新生产要素应用

新质生产力所要求的劳动者质变及劳动者与劳动资料、劳动对象优化组合的质变，对内提出了上述编辑数据、智能和创新素养技能的新要求，对外则将进一步丰富出版编辑类型，催生出 CDO、数据分析师、数据工程师等编辑新职业新类型。囿于篇幅限制，这里仅就 CDO 加以分析。

国内出版业可以在适当的时候，以合适的大型单体出版社或出版集团作为试点，考虑设置 CDO 一职，以统筹出版业的数据资源，发挥出版数据要素价值，构建出版数据应用体系，探索出版数据治理新模式。出版单位的 CDO，承担的职责除基础的数据管理、存储和分析外，更要高度关注数据背后的价值，即将数据转化为洞见、战略和行动的能力。CDO 的设立，标志着出版行业对于数据价值的重视程度达到了全新的高度，也预示着未来出版业的重点发展偏向数据出版、智能出版等新领域。CDO 相比于一般员工，需要具备丰富的行业经验和扎实的数据科学知识，能够带领企业在数据的收集、管理、应用、创造价值过程中有合理的布局规划。通过这一系列的工作，CDO 将会在市场洞察、用户需求、内容定制及个性化推荐等方面创造行业价值。

出版单位 CDO 的设立，有助于从出版经营管理顶层设计的高度，聚焦数据新生产要素、关键生产要素的应用，切实推动出版业数据化、智能化深度转型，在纸质图书价值、图书数字化价值的基础上，进一步释放出版业的数据化价值，构筑出版业发展新质生产力的优势，从而推动出版业发展的质量、效率和动力变革。

（三）革新编辑机制，激发劳动者的创新动力

加快发展新质生产力，要求畅通教育、科技、人才的良性循环，完善人才工作机制，健全完善要素参与收入分配机制，激发劳动、知识、技术、管理、资本、数据等生产要素活力，更好地体现知识、技术、人才的市场价值。对出版社而言，构建体现新要素价值、激发新要素活力编辑机制，事关编辑数智素养技能提升的制度保证与编辑岗位新类型设置，更是出版业落实新质生产力发

展要求、推动高质量发展的制度性保障。为适应新质生产力发展要求，传统出版编辑机制、数字出版编辑机制及融合出版编辑机制可进一步优化完善如下：

1. 完善创新编辑引进、使用、擢升及合理流动的编辑机制

（1）在编辑引进制度方面，在出版编辑思想政治素质、出版专业能力及数字素养技能三位一体的素质体系中，适应新生产力发展要求、能够引起作为劳动者的编辑发生质变的，是数字素养与技能，更准确地说，是数智素养和技能。因此，在编辑的引进到退出整个机制的设定和实施过程中，须重点突出对具备良好数智素养技能的融合出版编辑、新质态编辑的考量。具体而言，在编辑引进制度方面，出版企业应积极吸引具有创新思维、数智素养、国际视野的编辑，重点关注那些精通数字技术、数据分析、人工智能等新兴领域的数字职业从业人员。

（2）在编辑使用制度方面，所确立的出版人才制度应以创新价值和实际贡献为导向，强调出版内容创新、技术创新、营销创新、服务创新、管理创新、模式创新等方面的考核评价，更好地促进科技创新与内容建设的深度融合，鼓励传统出版编辑、数字出版编辑向融合出版编辑方向转型。

（3）在编辑擢升制度方面，重点考虑编辑在贯彻落实新质生产力发展要求，应用数据、技术、管理等新生产要素，切实推进出版深度融合发展、出版业高质量发展方面所取得的实际功效和创新贡献。

（4）在编辑合理流动机制方面，培养编辑机制的革新，还需要高度关注编辑的国际化素质培养。出版的过程，为我国文化"走出去"创造了条件，随着全球化的深入发展，国际化视野对出版业人才而言变得日益重要。出版社人才培训制度应鼓励员工参与国际交流项目、出席国际会议、参与国际合作出版项目，以此提高他们对全球市场动态的把握能力，提升他们的出版国际化适应力和胜任力。

2. 以创新价值和实际贡献为导向，构建充分体现创新生产要素价值的激励机制

编辑评价机制所确立的评价导向、评价重点，反映了出版单位在编辑机制方面的价值取向。凡是有利于推动新质生产力发展的编辑活动，有利于推动出

版深度融合发展、出版高质量产品的服务行为，有利于推动数据、技术、知识、管理等新生产要素特别是数据、技术新要素应用的编辑行为，有利于推动出版内容创新、科技创新、营销创新、服务创新、管理创新、模式创新等的创新活动，都应是编辑评价体系所鼓励和肯定的条款。简言之，对有利于出版创新的产品、服务、行为、活动、事件都应在评价机制中予以鼓励、肯定和支持。

同时，特别重要的是还应确立宽容失败的机制。激励机制和容错机制是一体两面的关系，对出版创新过程中的失误、错误和瑕疵等要予以宽容，而非"一竿子打死"。事实表明，如何提升编辑数智素养，如何发挥出版业的数据价值，如何研发数据出版产品服务，如何确定出版业数据的价值，如何进行出版数据的溯权、鉴权、确权、用权、维权等，本身就是一系列复杂的创新行为，是"摸着石头过河"的事情，要以制度的形式给这种探索、创新、尝试以宽容和保障。然而，受出版业"纠错"文化的影响，实践中仍有部分出版社急于取得数字化转型、数据化转型的成效，对新生产要素投入所贡献的价值期望过早、过高，对出版深度数字化转型、深度融合发展中的错误、失误行为不能予以宽容，这种做法是值得认真反思和总结的。一味地基于传统发展思维、模式对待新兴出版发展道路，竭泽而渔的结果只能是人为迟滞发展新质生产力，延缓出版业高质量发展的进程。这一点，也是"两个摆脱"在出版业推动新质生产力发展过程中所面临的卡点。

案例 17：人民出版社

以下介绍人民出版社的培训与课程体系建设。

（1）内部培训课程开设。人民出版社为编辑们定制了一系列关于数字技术、人工智能在出版领域的应用的课程。例如，开设了"大数据在选题策划中的应用"课程。编辑们通过学习，了解如何收集和分析出版市场相关的大数据，如读者阅读偏好数据、同类书籍销售数据等。在策划一本关于历史文化的书籍时，编辑利用大数据分析发现近年来年轻读者对特定历史时期的微观故事兴趣浓厚，于是调整选题方向，聚焦该时期小人物的故事挖掘，使得书籍在策划阶段就更具市场针对性。

（2）外部专家讲座。邀请数智领域专家举办讲座。例如，邀请 AI 领域专家讲解自然语言处理技术在编辑校对中的应用。编辑们了解到可以利用智能校对软件结合自然语言处理算法，提高校对的效率和准确性。在实际工作中，他们开始尝试将部分稿件先通过智能校对工具进行初步筛查，再进行人工精细校对，减少了低级错误的出现率，同时提高了整体的工作效率。

二、新质生产力对出版业高质量发展新型生产工具的实践要求

（一）出版业新质生产力赋能新型生产工具的内在逻辑

名词解释

生产工具：在众多马克思主义经典著作中，其被具化为"机器""机器工具"与"机器体系"；在《现代汉语词典》中，其指"人们在生产过程中用来改变劳动对象的器具"；从理性角度来看，黑格尔将其解释为"作为服务于目的主体的工具客体，为实现主体预设目的而存在于主体与自然之间，并指出目的完成的过程是目的主体借助工具客体实现自身超越的'理性技巧'的过程。"[①]

可见，目前学界未统一对"生产工具"的界定。尽管如此，既有研究表明，"生产工具"与"劳动资料"之间关联紧密而又有所区别。一般而言，"生产工具"和"劳动工具"都是人类在生产劳动过程中的物质手段，"生产工具"强调的是该工具如何与其他生产要素协作以实现生产目标，它涵盖所有用于生产劳动的物质手段；"劳动工具"则更侧重于生产劳动中由劳动者操作的具体工具。简言之，生产工具不是自然物，而是具备社会属性的人为再造物。正所谓"工欲善其事，必先利其器"，生产工具的创新与运用能显著提升生产力水平，进而推动社会进步。出版业的技术属性要求把"先进科技作为出版业发展的战略支撑"[②]。因此，回顾我国出版生产工具的演变历程，厘清出版业新质生产力与生产工具的内在逻辑显得尤为重要。

[①] 黑格尔. 黑格尔小逻辑 [M]. 北京：商务印书馆，2002.

[②] 国家新闻出版署关于印发《出版业"十四五"时期发展规划》的通知 [EB/OL].（2021-12-30）[2023-11-09]. https://www.nppa.gov.cn/xxfb/tzgs/202112/t20211230_666304.html.

1. 出版生产工具的发展沿革

随着时代变化，出版业告别了"剪刀加糨糊"的繁杂，越过了"铅与火"的束缚，经历了"光与电"的革新，迈入了"数与网"的新纪元。人类历史上每一次生产力的巨大变革与创新都会在不同程度上推动出版生产工具的跨越式进步。

（1）**"剪刀加糨糊"时代的生产工具**。正如词义，"剪刀"和"糨糊"是古代书籍出版过程中必不可少的工具。先秦时期，由于纸张还未出现，文字的记载与传承显得更为珍贵。当时文字只能用刀刻在竹简上，这种载体称为"简"；东汉时期，蔡伦发明造纸术，历经晋到唐600多年的发展，人们已熟练掌握施胶、染色、加蜡、填粉等一系列技术工艺，纸张逐步取代简牍之后，卷轴装便开始流行；[①]北宋时期，毕昇发明胶泥活字印刷术，但社会试验不尽如人意，雕版印刷仍是主流。与此同时，我国传统书籍装订方式也经历了漫长的演变。其发展过程大致经历了最基本的简策装、卷成束的卷轴装、难度极大的龙鳞装、反复折叠的经折装、轻盈对称的蝴蝶装、书页不易散落的包背装，最后发展至传统线装。每一种书籍载体、印刷技术和装订方式都是文化与技术进步的产物，它们共同构成了我国出版生产工具的丰富历史。

（2）**"铅与火"时代的生产工具**。"铅与火"在出版领域中并非自然物质，而是传统的金属制活字印刷技术的代称。其中，"铅"所代表的，正是那些用来制作印版的合金材料；"火"则指熔化这些合金材料的炉子或火焰装置。"铅与火"时代是一个以模拟技术为主体的时代[②]。双色胶印机、平床滚筒石印机、单色多色轮转机等先进印刷设备日益增加；珂罗版印刷技术、彩色照相平板技术、马口铁印刷术被广泛采用；油墨制作技术、机器自动铸字、复制插图等技术也被陆续引进。活字机械印刷术开始取代传统的雕版印刷术在业内占据主导地位。此外，书籍的重要原料，即纸张也发生了巨大变化。由于传统手工造纸的备料、水沤、选料、漂白、晒纸等制造流程复杂、生产周期长、效率低下，很快被机器造纸装备淘汰，生产洋式纸张。20世纪初，我国出版业实现了从传统出版向近代出版的转型，小说、教科书、杂志、报纸等出版物品种日益丰富多样。

---

① 匡导球. 中国出版技术体系及其发展历程 [J]. 南京社会科学，2009（6）：61-67.

② 陈彤. 从铅与火到0与1：我国出版技术30年发展概述 [J]. 出版广角，2008（7）：35-38.

（3）**"光与电"时代的生产工具**。"光与电"时代是一个模拟技术与数字技术为共同体的时代。1979 年，王选领导研制的第一台汉字激光照排系统的成功，宣告出版业告别"铅与火"，迈入了"光与电"。激光照排技术是一种"数字化存储和高倍率字形信息压缩及输出复原和失真最小的变倍技术"，彻底改造了铅字印刷技术，实现了活字印刷的数字化[①]。同时，个人电脑和激光打印机的出现，引发了所谓告别"铅与火"的桌面出版浪潮，实现了内容的数字化，以 JPG、PDF 等格式文件为代表的多种文件类型纷纷涌现[②]。书籍装订的数字化则主要依托于高速喷墨按需印刷生产线，通过将书本数据输入电脑、铣背、上胶、上封面、压痕、三面切等十余个工序便可自动完成装订工作。出版的全过程逐渐向数字化靠拢。

（4）**"数与网"时代的生产工具**。在大数据、人工智能、量子信息等新兴数字技术的引领下，纸媒和电子媒介成为主要出版形式，多种出版媒体形态并存，数字出版和网络出版逐渐占据了主导[③]。新兴数字技术活跃应用于出版过程的各个阶段：①选题策划阶段可借助选题数据库和群体智能算法，进行一系列的具体操作，如细分领域的选题查重、读者数据的获取、销售预测模型的构建等；②编校审阶段引入人工智能技术，基于 NLP 技术和深度学习算法审校字词、知识、格式和逻辑，对文本内容进行严格把关[④]；③传播发行阶段通过算法推荐系统、网络直播、智能客服等全媒体出版营销工具创新书籍购买、阅读方式，构建一种以读者为核心的精细化出版营销模式。出版生产工具的发展沿革见图 73。

未来，出版业将会更积极地按照科学技术发展趋势，加强出版业与新兴技术的融合，创造出更加数字化、融合化、智能化的生产工具，以科技创新推动出版数字化转型升级，进而实现出版业高质量发展。

2. 新质生产力赋能出版新型生产工具的内在逻辑

以新质生产力内涵为基础，现有的相关研究分析认为，新质生产力是具有

---

① 田园，杨新涯，王彦力. 闪现与消落：中文数字打字机的发展及其在图书馆的应用历程 [J]. 图书馆论坛，2024，44（12）：131-139.

② 陈彤. 从铅与火到 0 与 1：我国出版技术 30 年发展概述 [J]. 出版广角，2008（7）：35-38.

③ 钟建林. 学术期刊编辑发展转向研究：基于智能编辑技术 [J]. 编辑之友，2022（8）：85-89.

④ 肖帅帅. 浅析新一代人工智能技术与数字出版的融合发展 [J]. 传播与版权，2024（5）：39-42.

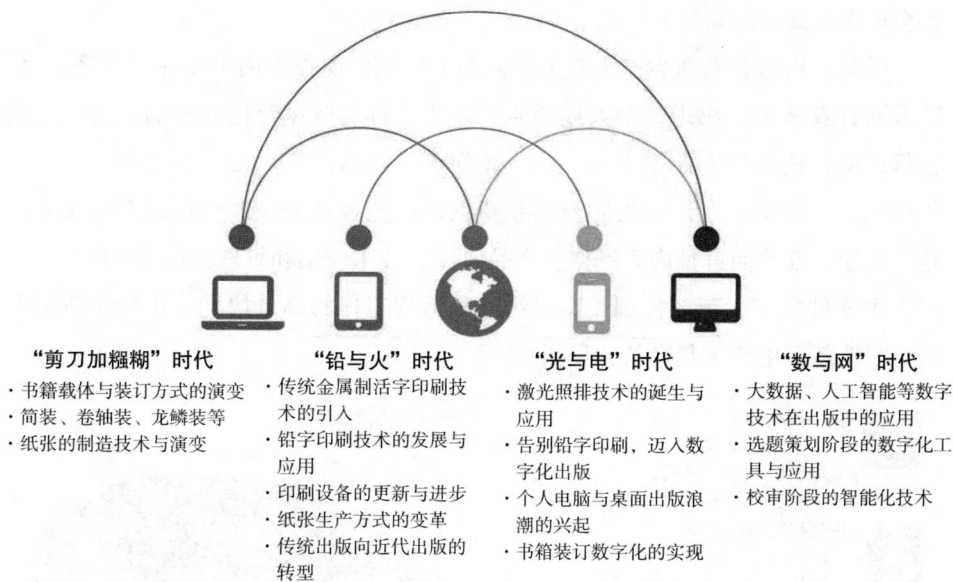

图73 出版生产工具的发展沿革

科技创新驱动、产业链条新、高质量发展、信息化、网络化、数字化、智能化、自动化、绿色化、高效化特征的生产力[①]，是当代马克思主义理论中的新范畴。囿于篇幅有限，本书仅选取高效化、智能化、绿色化、数字化这四个维度，分别深入阐述出版业新质生产力如何赋能生产工具，并揭示其内在逻辑。

（1）出版业新质生产力赋能新型生产工具高效化

高效化是生产工具的显著特征。新质生产力区别于资源依赖型的传统生产力，其核心是科技创新，以科技创新提升生产效率、降低生产成本。以科技创新为核心的出版业新质生产力通过新兴技术不仅可以更加高效、高质地数字化赋能出版创作活动，还可以依托数字赋能，增强人与人之间的协作。其中，数字化赋能出版创作活动表现为内容创作效率提高、出版创作门槛降低等方面。例如，一个勤奋的作家创作100万字的作品往往需要耗费一年甚至更长时间，而借助人工智能技术可以快速缩短创作时间。华东师范大学王峰团队利用国产大模型，仅在一个半月内就成功创作出了一部百万字AI小说《天命使徒》。这不仅展示了人工智能工具在文学创作领域的无限潜力，还预示着出版创作活动

[①] 李晓华.新质生产力的主要特征与形成机制[J].人民论坛，2023（21）：15-17.

将会迈向更高效的新纪元。

同时，出版业新质生产力在加强人与人之间的协作方面也发挥了显著作用。随着云计算技术的出现，个人或团队可以将文件与数据存储在云端，随时随地进行访问，这不仅方便了个人工作，还促进了团队协作。云计算技术运用到出版领域，主要体现在传统出版流程和新兴出版流程在人员和角色方面的深度融合与协作，细致而言是内容制作、产品研发、技术应用和管理流程等方面[1]，可以实现文件共享、版本控制、实时沟通和远程工作的高效协同。出版业新质生产力赋能新型生产工具高效化见图 74。

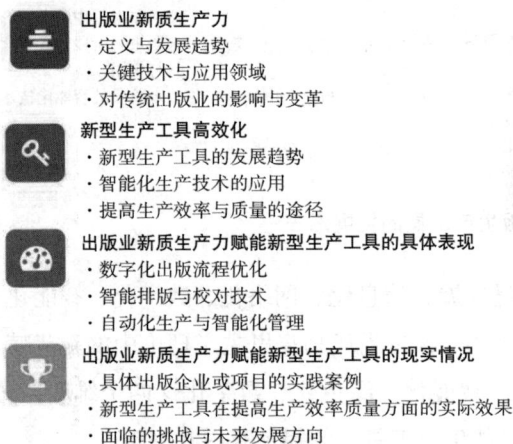

出版业新质生产力
· 定义与发展趋势
· 关键技术与应用领域
· 对传统出版业的影响与变革

新型生产工具高效化
· 新型生产工具的发展趋势
· 智能化生产技术的应用
· 提高生产效率与质量的途径

出版业新质生产力赋能新型生产工具的具体表现
· 数字化出版流程优化
· 智能排版与校对技术
· 自动化生产与智能化管理

出版业新质生产力赋能新型生产工具的现实情况
· 具体出版企业或项目的实践案例
· 新型生产工具在提高生产效率质量方面的实际效果
· 面临的挑战与未来发展方向

图 74　出版业新质生产力赋能新型生产工具高效化

综上所述，出版业新质生产力的发展，可以发挥科技创新的引擎作用，依托数字赋能和加强协作，在推动出版业高质量发展的过程中积极促进出版效率变革。

（2）出版业新质生产力赋能新型生产工具智能化

智能化是生产工具的核心驱动力。2024 年，全国两会政府工作报告明确指出"智能制造作为推动工业转型升级、提升产业竞争力的关键力量，将在未来得到重点发展"。出版业新质生产力赋能新型生产工具智能化可以推进大数据、物联网、云计算、生成式人工智能等新兴技术在出版领域的广泛应用，改变出版产业创造价值的逻辑，重构生产与消费、产品与服务、上游与下游的关系[2]，

---

① 华东，马维娜，张新新. "出版＋人工智能"：智能出版流程再造 [J]. 出版广角，2018（1）：14-16.
② 高坚. 颠覆与升级：AI 技术背景下的出版产业价值重构 [J]. 出版科学，2019，27（5）：61-65.

重塑选题策划、编辑审校、印刷发行等出版流程，挖掘出版新业态和新模式，优化数据、劳动、资本等出版生产要素，使出版发展动力从传统要素驱动向创新驱动转变。

同时，出版业新质生产力能够通过智能化手段，为用户绘制精准画像，实现定向精准推送，满足用户高层次、多元化、多方面的精神文化需求，让用户不仅仅愿意购买书籍，更愿意购买同一 IP 的其他衍生产品，从而推动出版从单一的盈利模式跨越到商业生态圈。在这方面，济南出版社围绕图书《小恐龙可可奈》，制作和销售配套的毛绒玩具，不到 3 个月就销售了 5 000 只公仔。

（3）出版业新质生产力赋能新型生产工具绿色化

绿色化是生产工具的时代要求。习近平同志提出"新质生产力本身就是绿色生产力"[①]，它与传统生产力的区别在于，前者正确处理好人与自然的关系，利用新一代数字信息技术有效提升资源利用率，促进生产排放节能降碳，解决生产过程中的污染问题；后者则大量消耗能源资源，以高能耗、高排放、高污染、低效益为特征。实现生产工具绿色化，要求废弃重金属油墨、有害胶黏剂和有毒化学用品等印刷原料，倡导使用环保型印刷油墨，提高再生纸的使用率，推动高耗能、高污染向低耗能、低污染转变。与此同时，利用出版业新质生产力在研发装备、生产过程、出版发行等环节赋能，坚持绿色发展理念，积极研发低碳、零碳、负碳生产工具，注重资源循环利用，推进绿色选题、绿色内容、绿色加工、绿色印刷、绿色发行，实现"双碳"目标。

（4）出版业新质生产力赋能新型生产工具数字化

数字化是生产工具的重要体现。习近平同志强调"世界经济数字化转型是大势所趋""要推动产业数字化，利用互联网新技术新应用对传统产业进行全方位、全角度、全链条的改造"。如果没有数字化，产业活动将耗费大量人力物力资源。因此，作为文化产业重要组成部分的出版产业，进行数字化转型升级是推动出版业高质量发展的题中应有之义。

首先，出版业数字化转型离不开 5G、区块链、数字孪生等数字技术的支持。具体表现如下：① 5G 可通过内容分发网络、移动云计算和情感感知技术改善目标用户阅读体验、破解智能终端的访问质量和速度问题、强化个性化知识服

---

① 加快发展新质生产力　扎实推进高质量发展 [N]. 人民日报，2024-02-02（1）.

务推送①；②区块链基于分布式网络系统、点对点的传输方式及智能合约，在加强数字版权保护的同时，加快数字版权交易速度，减少交易时间和成本；③数字孪生作为实现虚拟空间和物理对象虚实共生的技术，能够利用出版孪生体有效实现用户喜好的精准把控、业务流程的细分管控、数据资产的有效管理及基于效益的全面决策，实现出版工作数字赋能②。此外，出版业数字化转型还涉及与其适配的硬件设备，如高性能计算机、高质量芯片等，借助先进的硬件设备来支撑数字内容的制作、编辑、印刷和发行。出版业数字化转型的技术支持见图 75。

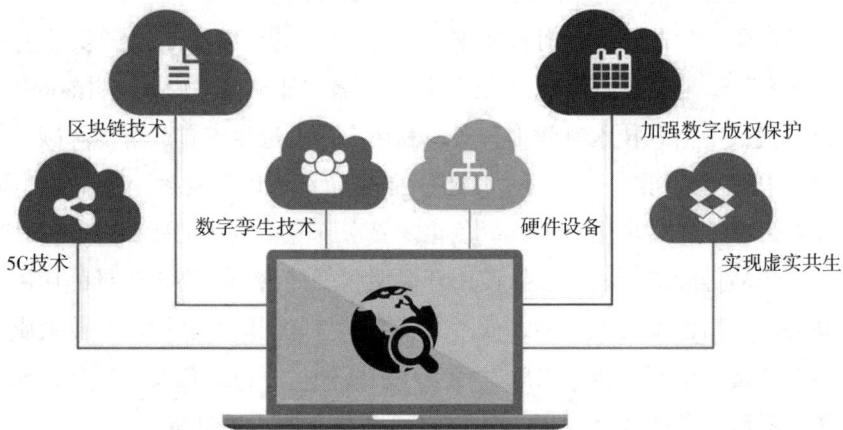

图 75　出版业数字化转型的技术支持

其次，生产工具的数字化赋能够直接赋予或触发、增强出版主体的能力，维系出版与其他领域的紧密联系，具体表现为：①编辑能合理使用自动纠错系统、敏感词识别系统、协同编纂系统等数字工具，减少枯燥重复的工作量，将精力用于提高编辑能力；②通过与其他领域的数字化工具联系组合，消除行业壁垒，开展跨界合作，整合资源，共同开发新的产品，进而形成完整的产业矩阵。出版业新质生产力赋能生产工具数字化无论是从提升产业竞争力视角还是推动出版业高质量发展来看，均具有重要意义。

---

① 张新新. 新闻出版业 5G 技术应用原理与场景展望 [J]. 中国出版，2019（18）：10-13.
② 王颖. 数字孪生与技术的内涵、特点及出版融合应用 [J]. 出版参考，2023（1）：51-57.

（二）新质生产力对出版业高质量发展新型生产工具的实践路径

当前，我国正处于百年未有之大变局中，出版业不仅面对着新一轮科技革命的冲击，还面临着产业变革所带来的机遇与挑战。结合我国出版业发展实际，传统出版与数字出版"两张皮、两道股"的问题亟待解决，基础设施尚不完善，产业转型升级尚未到位，出版业高质量发展相对迟缓。当务之急是加快解决纸质图书与电子书一体化出版生产进程，强化数字化基础设施建设，推动出版数字化转型升级，加速新型生产工具的研发与应用，可从以下三个方面突破。

1. 加快科技创新扶持新政策出台

新质生产力是由技术革命性突破催生的，其形成与发展的核心在于科技创新引领，而科技创新依赖于政府政策的扶持，因此，出台有关科技创新的新政策显得尤为重要。

（1）新政策乃行动之先导。一方面，新政策的制定与实施为新质生产力发展新型生产工具提供了方向指引，推动了前沿数字信息技术在出版领域的转化和应用。例如，《中华人民共和国国民经济和社会发展第十四个五年规划和2035年远景目标纲要》将数字孪生技术的开发与应用上升至国家战略规划层面，由此，数字孪生技术应用于出版领域，出现了出版业孪生数字人和孪生出版物等新应用场景。另一方面，新政策也对新型生产工具的广泛应用起到了催化剂作用。《新一代人工智能发展规划》表明人工智能的快速发展正在引发链式突破，推动经济社会各领域从数字化、网络化向智能化跃升。《实施意见》明确指出大数据、云计算、人工智能、区块链等技术是出版深度融合发展的创新驱动力。《规划》提出强化新一代信息技术支撑引领作用，大力提升行业数字化、数据化、智能化水平，壮大出版发展引擎。在这些政策的引领下，新型生产工具得以在出版领域迅速转化应用，并取得良好成效，不仅提高了出版业的数智化水平，还为出版业高质量发展插上了翅膀。

（2）新政策乃物质之根源。新政策为发展新型生产工具提供了坚实的物质基础。出版行业在资金方面普遍面临着基础较弱的挑战，部分出版企业面临着融资困境，具体表现为融资难度高、融资规模有限等一系列问题。然而，各项政策的出台是基于保障资金周转和资金流向的，确保出版企业在一定周期内对科学技术的重点关注。此外，政府还通过财政补贴、税收政策等多种手段，鼓励企业加大对出版工具的研发投入，激发科研人员的创造热情，优化资源配置，进而促进创新要素的流动整合[①]。

2. 着力完善出版业数字新基建

数字新基建作为我国现代化基础设施建设的重要组成部分，是促进新质生产力发展的重要着力点。加快发展出版业新质生产力必须着力完善出版业数字新型基础设施基建（以下简称数字新基建）。审视出版发展实际，可以发现不同区域及不同出版企业之间的基建发展程度不够均衡，异质化现象明显；出版行业从业人员的意愿及行动力与基建发展的需求不够匹配，传统思维根深蒂固；出版过程中的各项资源利用率不够高，资源浪费严重。因此急切需要积极推动出版业数字新基建，壮大新增长点，抢占出版业发展制高点。数字新基建是新时代我国应对数字经济发展风口提出的新概念，相比于旧基建，数字新基建融入大量创新型、数字化技术手段，是增强我国文化软实力的重要支撑[②]。出版业的数字新基建则是以新质量发展理念为引领、以科技创新为驱动、以信息网络为基础，面向出版业高质量发展需要，提供数字化转型、智能升级、融合创新等服务的基础设施体系[③]，对出版转型升级具有促进作用。

（1）5G 作为数字新基建的内容之一，重塑出版业态。4G 的高延迟、高能耗、低带宽等问题导致 VR、AR、MR 等技术难以在出版领域得到深度应用，这限制了出版的应用场景，制约了出版的全息发展。迈向 5G 时代后，数据传输速度的提升与空口时延的降低在很大程度上推动了这些技术在出版中的应用，VR、AR、MR 等技术的爆发式增长，形成了"出版 +"新业态，在"出版 +VR/AR/MR"的多重驱动下可以打破物理空间的限制，进一步实现沉浸式体验。同时，数字新基建依托 5G 技术，可以加强不同区域间出版生产要素、出版产品研发与出版技术创新的数据互通与共享，建立多区域协同发展的出版产业系统。

（2）知识基础设施建设是数字新基建的主要方向。知识基础设施即通过知

① 余钧，戚德祥.数字出版政策的演进脉络及新阶段政策取向[J].科技与出版，2023（10）：47-54.
② 王冲，易魁.创造与创新的融合：新基建对文化创意产业的涌现作用[J].企业经济，2024（3）：50-59.
③ 温珂，吕佳龄.实现五个统一，让新基建释放新动能[N].科技日报，2020-09-25（5）.

识服务，实现全社会知识资源传播共享与增值利用。《关于加快新闻出版行业智库建设的指导意见》中明确提出了要促进有条件的新闻出版单位向知识服务型专业智库方向发展的要求①，这表明了推动知识基础设施建设的迫切必要性。随着数字化的发展，出版机构需要将有限的资源进行重组，将知识以集约化方式出版，向用户提供"知识服务"②。当前，我国出版智库建设仍处于探索期，相比于读者对知识的数量、质量及联通性的要求，现有的知识基础设施还较为薄弱。面对新一轮技术革命和产业变革，数据是能源，是第五种生产要素，是基础，也是生成式智能出版的关键要素之一③。出版业在高质量发展过程中应从数据化角度着眼，建立起生产结构数据化的机制，设立高质量数据平台，提供专业的知识服务，确保信息真实可信，并强化人与知识的深度连接。

（3）数字新基建对促进出版业绿色化发展具有显著作用。出版业绿色化发展即让出版业与自然达到和谐共生的关系，实现各个出版流程的绿色化发展，进而保证出版业可持续发展。数字新基建的完善在一定程度上可有效减少出版过程中的资源消耗，降低研发成本，推动出版业加大对低耗能、低污染、高效益的绿色技术创新的投入，形成"互联网技术＋绿色出版"数字化应用场景，为出版业高质量发展提供绿色保障。

3. 重点优化数字出版新流程

新质生产力以高效能为显著特征。出版行业的高效能主要体现在出版流程中，通过流程优化，不仅可以实现传统出版与数字出版的一体化、协同化、同步化及智能化④，还可以促进传统出版与数字出版的融合发展。流程优化，自然离不开新兴技术的支持。当前我国部分核心技术仍受制于人，科技储备不足以支撑新产业的创立，产业定位还处于全球价值链低端，同发达国家相比在高新技术方面仍有较大差距，"卡脖子"问题依然严峻。因此，作为我国文化产业的

---

① 国家新闻出版广电总局关于印发《关于加快新闻出版行业智库建设的指导意见》的通知 [EB/OL]. (2018-03-21)[2023-05-10]. https://www.nppa.gov.cn/nppa/contents/279/1211.shtml.

② 初景利，任娇菡，王珏.图书馆知识服务与出版知识服务的比较分析 [J].图书情报知识，2021，38（6）：110-122.

③ 张新新，丁靖佳.生成式智能出版的技术原理与流程革新 [J].图书情报知识，2023，40（5）：68-76.

④ 华东，马维娜，张新新."出版＋人工智能"：智能出版流程再造 [J].出版广角，2018（1）：14-16.

重要组成部分，出版业亟须以科技创新为发展动力，将研发出来的新型生产工具应用于传统出版的"采编校排印发"流程，使出版的信息组织与生产、编辑审读与测试、生产过程与管理、传播形式与渠道等方面更具优越性[①]。

1）AI 技术应用于选题策划环节

随着 AI 技术的快速发展，以 ChatGPT 为代表的生成式人工智能对以知识生产与服务为立身之本的出版业带来了前所未有的巨大冲击[②]，出版从业者必须转变观念，合理地利用 AI 技术的优势，对选题策划环节进行再造。AI 技术的数据和算法使出版的选题策划环节变得更加精准、高效，无论是质量方面还是效率方面都能够得到大幅改善。传统的选题策划环节，通过编辑的主观判断、个人经验及图书市场情况来进行信息采集、构思选题，其中，人是主体；但在 AI 时代，信息的采集、选题的设计可以更多地依赖 AI 技术，基于大规模语料库和深度学习技术，AIGC 可以快速识别当前热门趋势、标记用户阅读偏好，为编辑提供更准确的选题建议，从而降低编辑选题的盲目性和局限性，实现出版领域知识和群体思维能力的突破创新，满足用户高层次的精神文化需求。

2）新型智能编校排系统应用于编辑校对环节

传统的编辑与校对环节，严重依赖大量人力、物力，成本高且效率低。为降低人工编校成本、提升编校效率与质量，必须研发包含知识体系全领域语料库的智能编校排工具[③]，用来弥补普通智能编校软件经常出现误报、错报、漏报等现象的缺陷。同时，利用新型智能编校排系统可以对稿件进行自动整理与排版，解决人为排版过程中存在的输入错误、样式不统一等问题，自动生成 epub、PDF 等多种格式的文件。

3）大数据应用于印刷发行环节

大数据，又称海量数据，以高速性、真实性、多样性、价值性和规模性为特征。大数据不仅对出版流程中选题策划环节具有重要意义，还在印刷发行环节中起到不可替代的作用。印刷是大批量生产图书的环节，发行是大批量销售图书的环节。然而，如何确定"大批量"的具体数值是一个棘手难题，数值过

① 吕志军. 数字出版对传统出版业务流程的影响 [J]. 大学出版，2007（2）：36-37.

② 夏德元. AIGC 时代的知识生产逻辑与出版流程再造 [J]. 中国编辑，2023（9）：46-50.

③ 方卿，张新新. 出版业高质量发展目标之创新发展：以新质生产力推动出版业高质量发展 [J]. 编辑之友，2024（2）：29-35，53.

大会导致供过于求，图书积压严重，影响经济效益；数值过小则可能导致供不应求，无法达到预期的经济效益。因此，把握图书印刷与发行数量格外重要。出版社利用数据采集、数据清洗、知识标引、数据计算等数据服务[①]，深入分析用户阅读与购买偏好，掌握市场需求和同一类图书的销售状况，预测图书的销售趋势，进而保证印刷、发行的科学性。

4）ERP 系统应用于综合流程

ERP 系统即企业资源计划，最早由美国 Gartner Group 公司提出，旨在提升企业的数字化管理与信息化发展水平，对企业的信息、资源、资金等方面进行有效管理[②]。目前，出版数字化转型还未完成，现有的 ERP 系统在支持传统出版和数字出版流程中存在不足，传统出版与数字出版生产管理流程采用不同的系统，各部门之间的数据孤立存在、无法共享。因此，研发一体化 ERP 系统变得至关重要。一体化的出版 ERP 系统具有实时交互、数据分析、融合信息等能力，可以优化出版全流程，让各部门相互之间的配合变得更简单高效，降低合作的摩擦成本[③]，提高出版社的工作效率，解决传统出版与数字出版"各自为政"的问题。

4. 培养适应新质生产力发展的新人才

培育和发展新质生产力，不仅需要劳动资料和劳动对象的支持，劳动者的作用也同样不可小觑。教育部强调："加快发展新质生产力，迫切需要大批拔尖创新人才[④]。"新质生产力与新人才相互作用、相互制约。

一方面，新质生产力对人才的知识水平提出了更高的新要求。从人才方面审视我国出版业，2019—2021 年，全国新闻出版业人数分别为 362.4 万、320.9 万和 313.4 万，逐年减少。同时，在新兴技术快速发展形势下，融合出版、智能出版、智慧出版等方面的应用复合型人才存在明显缺口。应根据科技创新趋

---

① 张新新，黄如花. 生成式智能出版的应用场景、风险挑战与调治路径 [J]. 图书情报知识，2023，40（5）：77-86，27.

② 王亚青. 出版社 ERP 系统的数字化创新研究 [J]. 采写编，2023（5）：10-12.

③ 张鹏翼，王丹雪，唐震怡. 在线知识协作行为研究：团队成员亲密度及协作倾向的影响 [J]. 图书情报工作，2022，66（8）：21-31.

④ 教育部部长怀进鹏：自主培养拔尖创新人才 [N]. 科技日报，2024-3-10（1）.

势，围绕发展新质生产力的要求，健全人才培养体系。①在高校要积极开设"网络版权""智能出版"等出版人才所需的课程，推进产融于教[1]，并拓展出版专业人员的继续教育活动，在静态式的讲座学习基础上，考量其职业发展诉求，增加实践活动，真正立足出版专业人员的实际，找到其专业成长的"认知差"，从而生成新的实践性知识[2]，构建好高校培养人才和社会培养人才的良性衔接机制。②应该合理制定荣誉奖励、晋升通道等措施，为其提供良好的研究氛围，激发人才的创新创造活力。③要通过建立首席编辑制度，打破束缚人才建设的体制机制，完善评价标准、健全制度体系[3]，实现出版强国战略目标。

另一方面，培养引进拔尖创新人才也是加快发展新质生产力的重要支撑。新质生产力的关键特点在于创新，而人才恰恰是创新的动力源泉。引进高素质的拔尖创新人才，通过他们的专业素养与技能，可以为出版业新质生产力注入活力，形成教育、科技、人才的良性循环。在新质生产力的发展中，人才是推动生产力进步的决定性因素，唯有全方位培养、引进、使用新人才，才能打通束缚新质生产力发展的堵点，更快培育和发展新质生产力。

（三）小结

新质生产力是 2024 年的高速发展热词，它的出现引发了全社会各行各业的热议与研究。生产工具作为衡量生产力发展水平的重要标志，贯穿新质生产力发展的全过程。本书在提出出版业新质生产力科学内涵的基础上，从生产工具视角出发，对新型生产工具的高效化、智能化、绿色化、数字化特征进行分析，最后立足新政策、新基建、新流程与新技术四个维度提出建设出版新型生产工具的具体实践要求。其实，关于出版业新质生产力还有诸多方面值得探讨，本书仅立足于生产工具这一要素，对其他要素的研究将在后续开展，以期更全面、更深入地理解出版业新质生产力。

---

① 黄先蓉，李若男. 出版强国战略背景下中国特色出版学科共建 [J]. 中国编辑，2022（12）：71-76.

② 刘火苟. 编辑继续教育：成人学习的挑战、缺失及效能提升策略 [J]. 中国编辑，2024（2）：66-70.

③ 姬建敏. 出版业高质量发展与首席编辑制度建设探究 [J]. 中国编辑，2023（4）：59-63.

案例 18：高等教育出版社（简称高教社）

（1）**技术赋能产品研发**。经过近些年的建设，高教社已经构成新形态教材、数字教材、试题库、学术资源库、虚拟仿真实验等新型教育出版体系。新形态教材占新出版品牌的 92%，成为教材建设的主要模式，多项产品荣获国家奖项。

高教社率先提出的新形态教材建设理念，是在长期教育实践基础上总结出来的一种产品模式。新形态教材是以纸质教材为核心，数字化相配套纸数融合的一种新型教材，试图解决优质资源建设和应用的问题，包括利用出版机制保护作者创作优质资源的积极性。

（2）**用技术赋能内容生产**。高教社是国内最早开始复合系统开发与实践的出版社。复合出版强调的是一次内容出版，多渠道发布。当前的产品形态越来越丰富，如纸质教材、数字教材、资源库等。内容一方面可以印成纸书，另一方面可以变成数据库或者数字教材，将内容的一次生产变成多种形态的产品。

高教社是国内最早进行这方面实践的出版社。2002 年高教社就成功研制了国内第一套图书期刊内容结构化标准，并以此为基础，通过引进与开发相结合的方式，2007 年成功上线了复合出版系统，并且在高教社的学术期刊和部门图书中进行了广泛应用，这在国内是最领先的。

（3）**技术赋能企业管理**。高教社是国内最早实施 ERP 系统的一家出版社。经过多年建设，高教社实现了全流程的信息化管理，提高了管理的规范化、标准化和数字化水平，使得获利能力分析、企业经营状况跟踪、营销与市场预测、采购计划控制能力明显提升。

高教社计划充分利用大数据、云计算、人工智能等新一代信息技术打通 ERP 系统，与客户、供应商、作者、教师等合作者的流程和数据链接，实现经销商管理、作者自助服务、教师样书申请、数据分析业务等技术应用创新。高教社的 ERP 系统入选了中国企业信息化 500 强，获得了 2020 年顶科奖、中国数字转型先锋年度云赋能奖。

（4）**用新技术赋能产品营销**。利用第三方电商平台自建电商平台，建设营销大数据等措施，开展图书营销。这些年已经开始了全媒体的营销方式，高教社在这方面也有重要探索。

例如，围绕高等数学开展了高等数学办学计划。从学生考入大学开始，就提供中学数学和高等数学衔接课。入校以后，为每位大学生每周提供一次高等数学的习题课，学生考研的时候，对学生考研提供考研辅导。2022年完成了94场直播，总观看人数超过了329万人次，一方面服务了教学，另一方面带动了产品销售。例如，高教社的高等数学相关图书册数比同期翻了三番，同时带动了产品研发。

（5）**技术促进了产业链的延伸**。高教社积极开展在线教育业务，已经形成"爱课程"（中国大学MOOC），是国内和国际最大的中文MOOC平台。面向职业教育的"智慧职教"、面向实验教学的"实验空间"等一系列的在线教育平台，已经汇聚在线课程几万门，注册用户过亿，在服务教育教学改革的同时，对高教社新业务的成长起到了很好的助力作用。

"爱课程"是教育部、财政部"十二五"期间启动实施的高等学校本科教育质量和教育改革工程支持的共享平台。目前运行主要的视频公开课，截至2023年，资源共享和中国大学MOOC，合作院校超过1 600所，累计注册用户超过8 300万。高教社数字化项目获得了第三届中国出版政府奖网络出版物奖，获得2020年国际服务贸易交易会中国服务示范案例。

"智慧职教"是高教社建设和面向职业教育的资源共享平台和在线开放课程建设平台。目前，入驻的高职院校超过1 468所，并且有7 000多所中职院校，注册用户几千万，这两个平台在疫情防控期间有力地支持了高等学校和职业院校的学习教学。

高教社虚拟仿真实验iLabPlus智慧实验室，是全球最大的虚拟仿真共享平台之一。该平台主要解决高等学校实验教学过程中真实实验条件不具备或实际运行困难，以及高危及极端环境高成本、高消耗、不可逆操作、大型综合训练等实验教学问题。截至2025年4月，参建的学校已经超过2 000所，在平台上落地的试验项目超过3 250个，实验人次超过1 000万。

三、适应新质生产力发展的出版数据新要素体系建设

劳动对象，是"劳动者在劳动过程中加工的对象"。[①]新质生产力的基本内涵，要求劳动对象质变以及其与劳动者、劳动资料优化组合的质变。"数据及其收集、存储、分类、加工等将直接成为人类劳动对象的新领域、新空间，并基于数字技术赋能催生新的产业"。[②] 劳动对象与新质生产力见图 76。

01 劳动对象的定义与特点。劳动对象的概念、劳动者在劳动过程中加工的对象、劳动对象的质变。

02 出版业中的数据要素。出版业中的数据要素指的是在出版过程中，那些可以被量化、分析和利用的信息。这些数据可能包括作者信息、读者偏好、销售数据、市场趋势、库存情况等。

03 数据作为新质劳动对象。数据作为新质劳动对象，意味着数据已经成为现代社会中一种重要的资源和劳动的对象。

04 出版业高质量发展的着力点。出版业高质量发展的着力点指的是出版行业实现高质量发展的关键点和主要方向。这包括内容创新、技术应用、市场拓展、版权保护、人才培养等方面。

图 76　劳动对象与新质生产力

在传统出版模式中，劳动对象主要指用于出版的非物质形态的"书稿、作品（又称版权素材）"，主要以知识的形态出现；还有物质形态的物理材料和基础设施。这些要素构成了出版流程的核心，包括书籍的物理生产、分销和销售等环节。然而，随着数字化和网络技术的发展，出版业的劳动对象发生了根本性的变化。数字技术不仅优化和自动化了这些传统流程，还创造了全新的出版领域和市场机会。依托数字化场域开展精神生产活动已成为重要且常见的生产方式，海量"数据"随之涌现并成为非物质形态的新质劳动对象。

在新质生产力的背景下，出版学中的新型劳动对象的概念已经得到了显著的扩展和深化。这一变化不仅是技术进步的直接结果，也是出版行业对市场需求变化和新兴技术应用的适应和回应。新型劳动对象的范畴不再局限于传统的物态要素，如纸张、印刷机、场地和交通工具，而是扩展到了大量非物态化元

---

① 徐光春. 马克思主义大辞典 [M]. 武汉：崇文书局，2017.

② 戴翔. 以发展新质生产力推动高质量发展 [J]. 天津社会科学，2023（6）：103-110.

素，尤其是数据。根据发展新质生产力的要求，出版数据建设可着力以下四点。

（1）激活数据要素潜能，分类分级建设出版数据。一直以来，出版数据要素潜能并未充分挖掘，出版社"没有把书籍的数据价值挖掘出来，也不允许别人这样做。他们没有看到数据化的需求，也意识不到书籍的数据化潜力。"[①] 随着数据作为新型生产要素的地位正式确立，出版单位宜分类进行数据建设，包括：①大力加强内容数据、用户数据和交互数据建设。出版内容数据，主要包含图片、文字和视频等出版资料；出版业用户数据，主要分析的是用户名的基本信息，如年龄、性别、兴趣爱好等，同时涵盖用户的行为数据，如浏览、搜索历史、购买记录等；出版业交互数据，详细地记录了用户和内容的沟通信息，如用户的阅读次数、评论情况、信息分享等。交互数据中也记录了用户的行为，以此来分析用户在平台的行为路径与发现浏览的形式和频率。②分类开展内部数据和外部数据建设。出版外部数据，是指用于出版经营的、适合对外公开和传播的出版产品数据、服务数据、用户数据、交互数据等；出版内部数据，是指出版经营管理过程中不适宜对外公开的，仅存于出版单位内部的财务数据、人力资源数据、动产、不动产、无形资产数据等。③审慎开展数据分级建设。数据分级建设，指根据出版数据在经济社会发展中的重要程度与一旦遭遇泄露、篡改、破坏、非法获取或非法利用的情况，对国家安全、公共安全及个人组织合法权益的危害程度对数据进行分级管理和保护。

（2）强化数据要素优质供给，大力发展出版业数据产品。出版数据要素供给可以用数据出版产品、数据出版服务、数据模型、数据核验等形式向社会提供。一方面，出版企业数据要素供给的数量要进一步提升，不涉及个人隐私和公共安全的数据，要依据用途加大供给使用范围。对公共治理、公益事业等出版公共数据，推动有条件无偿使用；对产业发展、行业发展的出版公共数据，推动有条件有偿使用。另一方面，出版业数据要素供给质量要进一步提高，在法律、医学、卫生、建筑工业等垂直出版领域开展行业数据资源库建设，研发高质量的文本大模型、视频大模型训练数据集；健全数据采集、应用、管理等标准体系，确保数据建设流程的高质量；强化数据供给激励，对出版数据资源

---

① 肯尼思·库克耶. 大数据时代：生活、工作与思维的大变革 [M]. 盛杨燕，周涛，译. 杭州：浙江人民出版社，2013.

持有者、加工使用者、经营者等进行分类激励。

（3）构建数据要素制度，加强出版数据治理。数据要素制度是激发数据要素潜能、实现数据要素价值的制度性保障。出版企业须从以下三方面着力构建：①构建出版数据产权结构性分置制度，建立出版数据资源持有权、出版数据加工使用权、出版数据产品经营权分置的运行机制，为出版数据要素参与价值创造、增值、实现提供基础性制度保障。②推动建立出版数据确权授权机制，对公共数据、出版企业数据、作者读者编辑等个人信息数据的确权授权，要分级分类进行，在保障数据安全的前提下，创新出版数据治理形式。③建立数据要素参与方合法权益保护机制，对出版数据来源方、数据处理者、数据产品及衍生品经营者等，依据其数据要素贡献保障其合法权益。

（4）推动出版数据交易、共享、开放等，实现出版业数据要素价值。出版数据要素发展的核心在于解锁数据的潜在价值，解锁数据要素价值的关键在于形成数据产品及衍生品、提供数据服务。数据产品服务在数据要素价值实现过程中，起到了承上启下的关键作用，就承上而言，数据产品服务凝聚了出版数据、数智技术等新生产要素，就启下而言，数据产品服务是数据供给的对象，是数据流通的客体，也是数据要素使用的载体。因此，围绕出版数据产品服务的研发，推动出版数据交易、共享、开放等，是实现出版数据要素价值的重要策略。基于新质生产力的出版业新型劳动对象见图77。

传统与新型劳动对象

简而言之，传统劳动对象是传统的生产要素，新型劳动对象则是现代科技进步的产物。

劳动对象与新质生产力

劳动对象指的是人们在生产活动中所作用和改造的物质资料，如自然资源、原材料等。新质生产力指新型的、先进的生产力，它通常包含最新的技术、知识和创新方法，能够显著提高生产效率和质量，推动社会经济的发展。

出版数据建设要点

出版数据建设要点是指在出版行业中，对于建立和管理出版物相关数据时需要特别注意的几个关键方面。这些要点包括确保数据的准确性、完整性、时效性以及如何分类、存储、检索和利用这些数据以提高出版效率和质量。

图77　基于新质生产力的出版业新型劳动对象

小结

　　新质生产力的发展离不开技术革命性突破、生产要素创新性配置及产业深
度转型升级。[①] 按照发展新质生产力的要求，出版业的劳动者、劳动工具和劳动
对象及其优化组合均发生了新的质变。这三方面的质变，恰恰是新质生产力推
动出版业高质量发展的三个基本着力点：①着力提升编辑的数智素养，为出版
业高质量发展提供高素质的劳动者；②着力研发应用出版业新型劳动工具，为
出版业高质量发展提供新材质的劳动工具；③着力激活出版业数据要素价值，
为出版业高质量发展提供新质料的劳动对象。

① 　王瑜聪，刘华初.论新质生产力的理论内涵、现实功能及其发展路径 [J].晋阳学刊，2024（2）：
　　65-70.

第十章

出版业新质生产力的未来趋势：
从数字出版走向数据出版

新质生产力赋能数据出版的动因在于供给新型生产要素、创新数据出版形态及形成数据治理新范式。在梳理出版元数据价值、数字化价值及数据化价值的基础上，分析了出版业数据价值的媒介跃升与媒体融合、数据要素核心地位确立、出版数据要素加数效应走向乘数效应等演进机理。最后提出了出版业的数据产品化、出版数据中台、数据可信流通体系、数据治理机制及 CDO 五个方面的数据价值实现思路。

新质生产力的基本内涵是"劳动者、劳动资料、劳动对象及其优化组合的质变"①。由此，新质生产力赋能出版发展、赋能出版深度融合发展的三个基本点便是劳动者的质变、劳动资料的质变及劳动对象的质变，换言之，即催生出版业的"新型劳动者、新型劳动资料及新型劳动对象"②。在此基础之上，面向数据、技术、管理等出版创新要素聚集，塑造新型出版生产关系。

随着我国成为第一个在国家政策层面把数据确立为生产要素的国家，数据要素的重要性、急迫性、必要性价值凸显，数据将成为千行百业高质量发展的重要资源之一。出版数据，既作为出版业劳动对象质变的核心要义，又作为出版业新质生产力的基本内涵之一，其重要性将涉及出版业未来十年甚至数十年的发展，会深刻影响和变革出版学科、学术和话语建设的整体格局。由此，出版学界迫切需要对出版数据展开系列研究，本书仅就数据价值的动因、演进机理和实现进路进行分析。

---

① 习近平在中共中央政治局第十一次集体学习时强调加快发展新质生产力　扎实推进高质量发展 [N]. 人民日报，2024-02-01（1）.

② 方卿，张新新. 出版业高质量发展目标之创新发展：以新质生产力推动出版业高质量发展 [J]. 编辑之友，2024（2）：29-35，53.

第一节　出版数据价值形成动因

早在十年前，数据学领域的专家就指出出版数据要素潜能并未被充分挖掘，出版社"没有把书籍的数据价值挖掘出来，也不允许别人这样做。他们没有看到数据化的需求，也意识不到书籍的数据化潜力"[①]。《数字出版发展三阶段论》的研究认为数字出版的发展极有可能催生出"数据出版"的新业态。

名词解释

数据出版：指以数据作为生产要素，把文字、图片、音频、视频等都当作数据的一种表现形式，围绕着数据的挖掘、采集、标引、存储、计算开展出版工作，通过数据模型的建构，最终上升到数据应用和数据服务层面[②]。

应该说，关于出版数据要素、数据价值、数据出版等方面的认知，在出版业数字化转型升级之初，就已达成共识，只是出版发展实践未能及时跟上理念认知，"仍然停滞在内容数字化初级阶段，难以进一步实现图书自身的数据形成、数据渗透、数据运用和数据重组"[③]。

随着新时代互联网技术的高速发展，数据也逐渐被诸多行业应用，数据已经渗透进各行各业，通过对数据的挖掘和利用来指导出版企业的出版行为，是未来出版行业的发展趋势。[④]"数据要素 ×"指出在 12 个行业和领域发挥数据要素价值的典型场景，推动激活数据要素潜能；明确指出"挖掘文化数据价值，贯通各类文化机构数据中心，关联形成中华文化数据库，鼓励依托市场机制开发文化大模型。"出版数据是以知识为核心和主体的数据，是特定时段内被实践证明的正确数据，作为一种高质量的数据，自然是"文化数据"的题中应有之义和不可或缺的内容。发挥出版数据要素的乘数效应，推进"出版

---

① 肯尼思·库克耶. 大数据时代：生活、工作与思维的大变革 [M]. 盛杨燕，周涛，译. 杭州：浙江人民出版社，2013.

② 廖文峰，张新新. 数字出版发展三阶段论 [J]. 科技与出版，2015（7）：87-90.

③ 刘建生. 人类文明新形态下的文化自信：以图书资源的转化与应用为视角 [J]. 编辑之友，2023（10）：5-10.

④ 汪浪涛. 大数据时代出版企业对数据价值的挖掘和利用 [J]. 武汉理工大学学报（社会科学版），2019，32（5）：99-103.

数据 ×"行动，既是新质生产力的劳动对象质变对出版业提出的新要求，也是出版深度融合发展两极之一的"新兴出版"高质量发展需要回应的核心内容。

作为出版业新质生产力的基本内涵，并且是出版劳动对象质变的核心要义，出版数据价值的重要性体现在如下四个方面。

（1）供给新型生产要素，促进效率型、质变型增长，推动出版业高质量发展。就生产要素而言，出版业的要素向度需要"回归重构"[①]，不断改造优化资本、劳动力等出版传统生产要素，不断培育壮大数据、技术等新兴出版的新生产要素，提升传统生产要素的配置效率，提高新生产要素的价值贡献比。出版业生产力既是一种物质生产力，又是一种精神生产力[②]，是物质生产力与精神生产力的有机融合。就精神生产力而言，出版业以往所面对的劳动对象主要是作品、版权素材，是知识，也被实践证明是正确的数据，是编辑运用脑力劳动资料，生产精神产品（出版物）的过程。新质生产力对出版业发展提出的新要求是改造和提升出版业的传统生产要素，优化组合配置资本、劳动力等传统生产要素，更重要的是培育壮大数据、技术等新生产要素，加快无形、非物态生产要素的配置，把数据、技术等要素投入出版产品服务的供给过程，以实现传统的资本、劳动力等生产要素和新兴的数据、技术等生产要素的优化组合配置，并实现生产要素层面的质变，进而推动出版生产要素与新质劳动者、新质生产资料（工具）优化组合的质变，最终实现出版业的效率型和质变型发展。

（2）创新出版形态，催生数据出版新形态，赋予新兴出版以新的内涵，推动出版深度融合发展。在出版深度融合发展的语境中，一直以来，新兴出版的概念，更多指向的是数字出版。

---

① 张新新，孙瑾. 要素·结构·功能：出版业高质量发展经济维度分析：基于提高出版经济活动质量的视角 [J]. 数字出版研究，2023（4）：47-56.

② 马克思，恩格斯. 马克思恩格斯全集：第 30 卷 [M]. 中共中央马克思恩格斯列宁斯大林著作编译局，译. 北京：人民出版社，1995.

名词解释

数字出版：学界往往从“数字技术”[①]“全媒体”[②]（本质上是技术要素）等角度着手，认为数字出版是基于数字技术的出版，或是全媒体、多模态的出版。

数据出版不同于对技术要素强调的数字出版，是从内容要素的维度界定，以数据为中心的新兴出版业、以出版数据活动为研究对象的新兴出版学，探索和研究的是出版数据的投入、应用、传播和治理活动。由此，数据出版赋予新兴出版以新的内涵，从而推动融合出版得以创新性发展，传统出版与数据出版的深度融合发展，也是出版深度融合发展的题中应有之义。

（3）引起出版治理变革，形成数据治理新范式，敏捷治理将被引入出版管理范畴。数据要素引入出版过程，在催生出数据出版新形态的同时，还将引起出版治理理念的革新，形成数据治理的新范式。数字出版的传统治理方式包括意识形态治理、“规划治理”[③]、法律治理、“财政治理”[④]、“税收治理”[⑤]、标准治理等，创新性的治理方式则包括安全治理、应急治理、智库治理及数字治理等。在出版业数字治理中，数据治理则是重中之重，须引入敏捷治理的理念，围绕“数据采集、数据清洗、数据标引、数据计算、数据建模、数据应用、数据服务”[⑥]等数据出版产业链展开，推动出版业治理理念、制度和实践的敏捷化。敏捷治理作为一种面向革命性技术和新兴产业的治理方式，值得广泛和深入地研究，囿于篇幅限制，数据出版的敏捷治理将在另外章节予以系统论述。

（4）提出新的岗位和职责要求，丰富融合出版编辑类型，推动出版数据职业的蓬勃兴起。激活出版业数据要素潜能，发挥出版数据要素价值，必将带来

① 张新新. 数字出版概念述评与新解：数字出版概念 20 年综述与思考 [J]. 科技与出版，2020（7）：43-56.

② 唐沤，陈丹. 传统出版的数字化和数字化出版的比较研究 [J]. 陕西广播电视大学学报，2011（2）：70-73.

③ 张新新，薛彦婷. 数字出版规划治理：概念特征、现状成效与路径优化 [J]. 出版与印刷，2023（2）：39-50.

④ 张新新，严思语. 数字出版财政治理初探：理论依据、本体构建与路径优化 [J]. 出版与印刷，2023（5）：38-49.

⑤ 张新新，苏怡. 数字出版税收治理：本体研究、历史沿革与对策建议：基于产业性税收优惠制度的视角 [J]. 出版与印刷，2023（6）：32-41.

⑥ 张新新. 数字出版高端智库建构综述 [J]. 科技与出版，2017（1）：17-23.

的变革是数据出版新岗位的设立和岗位新职责的设定。一直以来，融合出版编辑的来源，一方面是传统出版编辑的数字化转型、融合化发展，另一方面是数字出版编辑向传统出版进行靠拢和回归。在应对数据出版这一新趋势时，融合出版编辑更多需要立足出版单位的数据规模、数量和质量的实际，根据数据出版产业态势和自身战略定位予以规划和设计。可以预见，在不久的未来，CDO、数据产品编辑、数据审核员、数据工程师、数据评估师、数据安全员等融合出版新编辑类型将应运而生，数据出版将催生出更多的编辑类型和就业岗位。这一点，国外的出版集团早已践行，并在推动法律、医学等专业出版知识服务大模型建设方面做出了重要贡献。出版数据价值的重要性体现见图78。

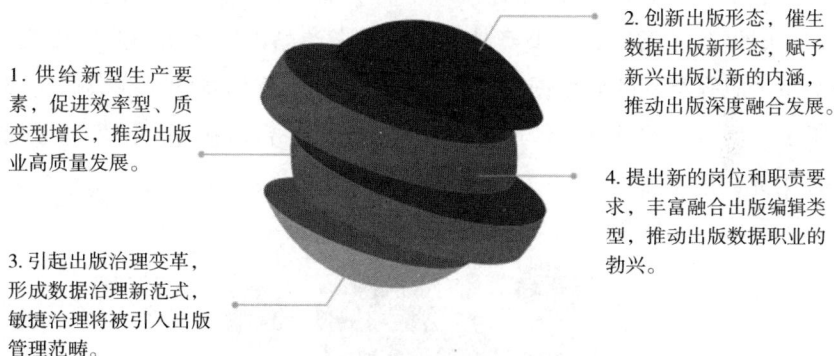

1. 供给新型生产要素，促进效率型、质变型增长，推动出版业高质量发展。

2. 创新出版形态，催生数据出版新形态，赋予新兴出版以新的内涵，推动出版深度融合发展。

3. 引起出版治理变革，形成数据治理新范式，敏捷治理将被引入出版管理范畴。

4. 提出新的岗位和职责要求，丰富融合出版编辑类型，推动出版数据职业的勃兴。

图 78　出版数据价值的重要性体现

第二节　出版数据价值演进机理

出版业数据价值认知是一个多维度、多层次、由浅入深、由表象到机理的过程，涵盖从基础数据的收集到数字化复制，再到深度数据化的阶段。在这一过程中，每个阶段都为出版行业的发展提供了新的动力和方向。出版流程中应用大数据的根本目的不是掌握更多、更全的信息数据内容，而是通过专业化的处理，挖掘信息所包含的潜在内容，更高效地指导图书出版实践工作。[①]

---

① 范春青.大数据在图书出版流程中的应用探究 [J]. 传播与版权，2022（10）：35-37.

一、出版元数据推动传统出版发展的价值

对于出版业来说，构建出版数据价值体系、提升出版市场竞争能力的首要任务是认知和挖掘出版物元数据（又称基础数据）的价值。出版元数据，是关于出版数据的数据，是描述出版的资源、过程、权限和管理的数据。[①] 图书元数据是关于图书数据的数据，主要包含书籍基本信息、流程信息等记录。《中国标准书号》（GB/T 5795—2006）国家标准的附录部分规定了 16 类图书元数据，包含 ISBN、产品形式、题名、题名的汉语拼音、丛书、著作者、版本、语种、出版标记、出版者、出版国家、出版日期、原出版物的 ISBN 号、内容提要、定价和备注。《中国出版物在线信息交换　图书产品信息格式规范》（GB/T 30330—2023）国家标准规定了图书产品信息、图书产品消息、图书产品记录、图书产品描述、图书产品营销、图书产品内容、图书产品出版、图书产品相关资料、图书产品供应等类别的元数据，旨在推动图书出版物信息的在线数据交换，推动出版物数据信息的整合、传递、数据关联及跨平台对接等。国家标准规定了16 类图书元数据见图 79。

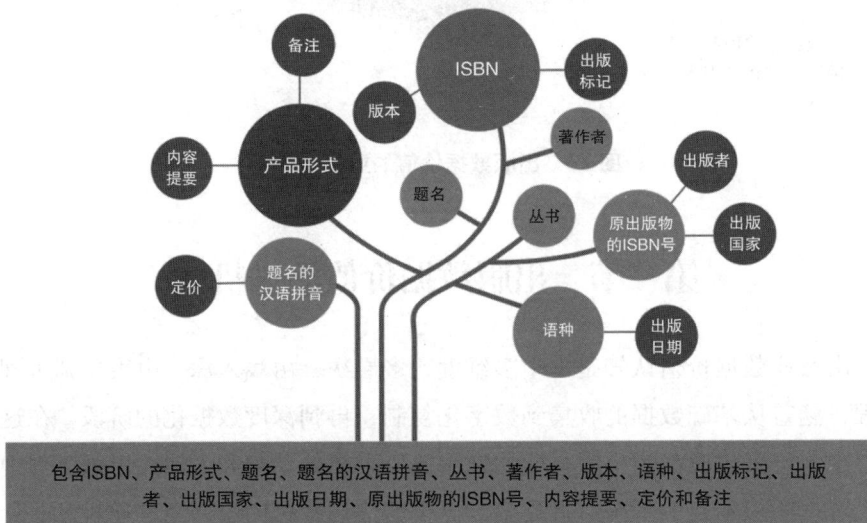

包含ISBN、产品形式、题名、题名的汉语拼音、丛书、著作者、版本、语种、出版标记、出版者、出版国家、出版日期、原出版物的ISBN号、内容提要、定价和备注

图 79　国家标准规定了 16 类图书元数据

---

① 朱诠，李中. 转型时期出版科技创新的基础：出版元数据标准化 [J]. 编辑之友，2008（1）：16-18.

出版元数据的价值，是出版业数据的基础价值，具体内容如下。

（1）出版元数据及其标准的确立，有助于破除出版发行数据"孤岛"，深入推动出版物营销的高质量发展。出版社进行市场定位、制定营销策略的重要基础是分析书籍的标题、所属图书类别、内容摘要等基本信息。上述信息的分析，能够帮助读者选择出适合自己的书籍，同时有利于出版社市场活动的推广。经过上述数据的分析，出版社能够准确了解市场需求，并以此作为出版计划调整的重要依据。

（2）出版元数据与数字出版产品服务的融合，有助于推动数字出版由碎片化发展步入体系化发展阶段，推动数字出版高质量发展。"规范的元数据语义描述，可以实现数字出版不同环节之间的信息、数据共享与利用，最大限度节约经营、管理和流通成本"[①]。在目前的数字出版营销体系中，基于元数据进行数字出版产品服务的分发企业或案例较为少见，还没有成为主流或通行的做法，可以说数字出版营销的标准化、集约化还处于初步阶段。基于精准营销的考量，应注重出版物质量、用户喜好、图书知识体系等方面的元数据建设，以降低数字出版营销成本，提高数字出版营销效能。

（3）出版元数据是出版业数据治理的底座，在数据治理中发挥着基础性、奠基性作用。出版元数据建设对出版流程的全面记录，能够有效地提升出版效率和质量。记录的主要内容有设计、校对、分销等的时间管理和成本。上述数据的分析，对于出版社各项问题的发现产生了积极的作用，有效地提升了出版流程的公开化和可追溯性。尤其是在时间管理层面上，进度的控制和出版物按计划时间发布之间具有重要联系。出版元数据价值的另一个体现是成本管理，详细记录成本信息，使得出版社制定出较为科学和合理的预算方案，在竞争中保持价格上的弹性，对于财务效率提升、出版社适应能力增强等均有积极的作用。

二、初级数字化的加数价值：出版数据要素的加数效应

对出版元数据的认知及建设，早在前数字出版时代就已经开启，同时在图书出版等传统出版业态中有所展开；伴随着 2002 年数字出版概念的提出，出版数据价值由元数据价值走向数字化价值，在传统纸质图书价值之上又为出版业

---

① 周怡，胡大卫，段学俭，等.元数据：数字出版发展的根基 [J].编辑学刊，2011（5）：30-33.

发展提供了附加的数据复用价值。

数字化价值，是指在原有纸质出版物的基础上，把出版物内容进行数字化加工进而转移到数字媒体这一行为所创造的价值。数字化价值是一种浅层次的价值转移，是出版物内容的数据复用价值体现。数字化价值主要表现为电子书、数字图书馆等所体现的价值。具体而言，初级数字化价值体现在以下三点。

（1）原版原式的数字化价值，是指纸质图书、期刊等出版物不改变版式版心而直接转化为数字出版物的价值。2010年前后，即出版数字化转型升级的早期阶段，原版原式数字化价值被提出。其代表产品是原版原式的电子书、数字图书馆等。原版原式数字化价值体现在把无论是处于动销还是库存状态的纸质图书的数据价值激活，以单本电子书作为一个数据单元、数据产品，实现出版物内容价值的复用、倍增。这也是数字出版早期阶段纸质图书搬运到互联网等数字媒体的主要表现形式，实现了图书价值的跨媒介迁移。传统的纸质书籍在转化为电子书籍时，不仅延伸了媒介形式，还拓展了其可接触的受众范围。例如，中国的数字阅读平台如京东读书和掌阅科技等，通过提供电子书籍和在线阅读服务，使得读者能够随时随地享受阅读的便利，突破了物理空间的限制。此外，这些平台的互动性和个性化推荐功能也增强了阅读体验，吸引了更多的年轻读者。

（2）版式变换的数字化价值，是指在改变纸质图书原有的版式版心等排版制作格式，但不对图书内容进行变更的前提下所实现的数字图书价值。版式变换的数字图书，如以Epub形式、Mobi格式体现的手机书、数字图书、电子书阅读器产品等可以根据屏幕大小进行阅读版面的伸缩，以确保最佳的阅读体验效果。版式变换的数字图书同样在原有的纸质图书价值基础上，进行了数据价值的扩充，是数据加数效应的体现。

（3）内容碎片化价值，指对图书进行数字化加工、拆分，从以一本书作为一个数据单元、数据产品，扩充到以章节、文章、词汇甚至字作为一个数据单元、数据产品，从而实现出版物数据价值的裂变倍增。碎片化阶段，发生在2014年前后的出版特色资源库数字化建设阶段，其代表性产品是专业数据库。出版业通过提供文章摘要、短篇故事和微信公众号等形式的内容来满足用户碎片化阅读、碎片化时间应用的需求。专业数据库的建立和利用在出版业的数字化转型中起到了关键作用。这些数据库不仅存储了大量的出版物信息，还提供了关于市场趋势、读者偏好和销售数据的分析。初级数字化价值体现见图80。

1. 原版原式的数字化价值
是指纸质图书、期刊等出版物不改变版式版心而直接转化为数字出版物的价值。

3. 内容碎片化价值
指对图书进行数字化加工、拆分，从以一本书作为一个数据单元、数据产品，扩充到以章节、文章、词汇甚至字作为一个数据单元、数据产品，从而实现出版物数据价值的裂变倍增。

2. 版式变换的数字化价值
是指在改变纸质图书原有的版式版心等排版制作格式，但不对图书内容进行变更的前提下所实现的数字图书价值。

图 80　初级数字化价值体现

出版物初级数字化价值，是对纸质书报刊价值的二次挖掘，是出版数据要素加数效应的体现，即在原有纸质出版物价值的基础上重新叠加一层数字化的价值，同样的出版物内容通过赋予新的数字媒介形式，实现价值的累加和递增。在数字化转型的过程中，传统的纸质出版物并非被完全取代，而是通过数字化获得了新的生命。例如，通过扫描和数字化处理，历史悠久的书籍和档案可以被保存和分享给更广泛的受众。中国国家图书馆等机构在数字化方面做出了积极的努力，将珍贵的文献资料数字化，不仅保护了这些资料，使其免受时间和物理环境的侵蚀，也使得公众更容易地访问这些知识宝库。此外，纸质出版物的数字化也丰富了其他产品形式，赋予了出版物增值知识服务的功能。例如，将经典文学作品转化为有声书或互动电子书，既丰富了阅读形式，又吸引了更多偏好不同的用户。

三、深度数据化的乘数价值：出版数据要素的乘数效应

截至 2021 年，随着数字化战略被写入《规划》，"以数据为关键要素、以数据赋能为主线、以数据价值释放和创造为核心"[①] 成为出版业数字化战略的题中

[①]　张新新. 基于出版业数字化战略视角的"十四五"数字出版发展刍议 [J]. 科技与出版，2021（1）：65-76.

应有之义。出版业由浅层数字化走向深度数据化的转型，是出版深度融合发展、高质量发展的重要议题。出版业数据化转型，指以数据为生产要素，把数据作为资源投入出版生产和传播的全过程，研发出数据出版产品（服务），实现出版业数据价值的释放、倍增与实现，以提升出版业发展质量和效率。数据化价值，是指在书报刊数字化、碎片化的基础上，基于知识体系构建，对数字化、碎片化的资源进行多维度、立体化知识标引，充分发挥数智技术的赋能作用，通过大数据模型构建和数据服务层研发，产生和输出的二次数据所创造的价值。[①]

出版业数据化价值的构成涉及将作品内容、出版过程、市场互动和用户行为转化为可分析的数据的过程，有助于数字化出版向数据出版的过渡和转型，最终实现数据在出版行业的全要素赋能。在数字化和碎片化的基础上，出版业数据化价值体现在对内容的深度组织和分类。这不仅仅是将纸质资源转化为数字格式，还是进一步对这些内容进行细致的知识标引，使其在多个层面上可检索和分析。通过出版"数据源层、采集层、标引层、计算层、模型层、服务层和应用层"的体系性建构，可使大量的出版资源在云端高效存储、处理和共享，从而为出版社提供强大的数据处理能力和灵活的资源管理。通过构建出版大数据模型，出版业能对庞大的数据集进行分析，从而洞察市场趋势、读者偏好和内容表现。这些模型不仅有助于理解当前的市场动态，还可以预测未来的趋势，指导出版决策。出版资源和储存共享见图81。

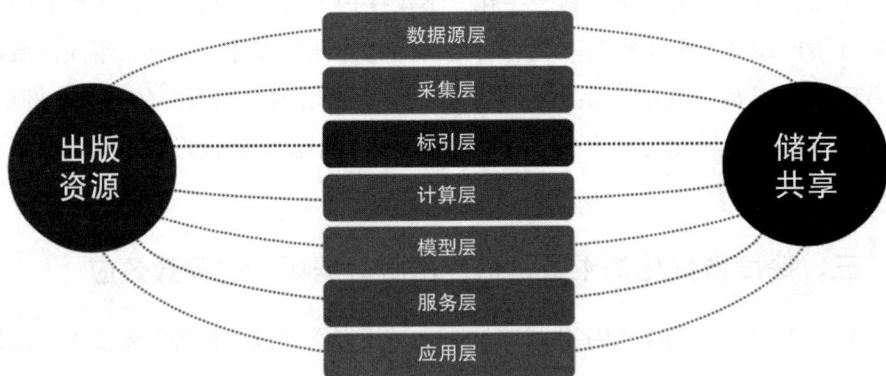

图 81　出版资源和储存共享

---

① 张新新. 新闻出版业大数据应用的思索与展望 [J]. 科技与出版，2016（1）：4-8.

在探讨二次数据所创造的价值，即"出版业数据背后的数据"价值时，需要认识到数据本身不仅仅是一系列数字和统计，还是一个深刻反映出版业态势、用户需求和市场动态的信息源泉。数据价值背后的核心是对出版内容和市场的深入理解、对读者行为的精确洞察及对未来趋势的预测能力，得出出版数据背后的数据的过程，其实也是知识发现和知识增值的过程。这种价值体现为对内容的优化组织、市场策略的制定及新的商业模式的探索，从而使出版主体在竞争激烈的出版市场中保持行业的活力和创新能力。

较之前述的元数据价值、数字化价值，出版数据化价值体现的是数据要素的乘数效应，"出版数据要素 ×"将是很长一段时间内的出版业发展主题。"出版数据要素 ×"的主要落地场景包括基于数据要素的数据出版产品服务、出版流程革新、出版治理变革、数据型编辑培养等。数据化价值实现的过程，是出版数据要素融入编辑、校对、印制、发行产业链环节的过程，是蕴含数据要素的数据出版产品服务研发的过程，是面向数据要素管理和服务的数据出版治理的过程，是数据化思维理念赋能融合出版编辑的过程。简言之，数据化价值实现的过程，是出版数据作为新质劳动对象催生出版业新质生产力的过程，是出版数据要素驱动下的出版业全方位、深层次、立体化的改革发展。

从出版业元数据价值、数字化价值到数据化价值的演进过程中，可以得出如下三条规律：

（1）从表象来看，出版业数据化价值实现的过程是媒介演进、媒体融合的过程，是纸质媒介向数字媒介、单一媒介向多种媒介、单模态内容向多模态内容演进的过程。传统出版阶段就已注重元数据的价值及应用，数字出版早期阶段是作品内容由纸质媒介到数字媒介的呈现过程，数字出版的深入开展则是作品内容裂变、分布于多种媒介的过程，数据出版阶段则是文字、音频、视频、三维模型等多模态内容有机融合的过程，是全媒体出版传播的过程。

（2）从时间线来看，出版业数字化到数据化价值实现的过程，是数智技术引领、数据要素核心地位确立的过程。如前所述，数字出版是基于数字技术的新型出版，是数字技术作用于传统出版所形成的出版新形态，在这期间，数字化、智能化的技术起到引领性的作用；数据出版则是改造提升作品内容、资本、劳动力等传统生产要素的过程，是培育壮大出版内容数据、用户数据、交互数据等数据新型生产要素的过程，是最终形成以出版数据为核心要素的局面的过程。

（3）出版数据化价值的实现，遵循出版数据要素加数效应向数据要素乘数效应演进的机理。出版数据要素加数效应，指通过出版数据的活化、复用，释放出版数据新价值、创造数字化场景价值增量的效果，基于同样作品内容的纸质图书向数字图书的转型，是典型的出版数据加数效应的体现。出版数据要素乘数效应，则是从出版数据叠加走向数据融合，通过不同类型、不同维度、不同模态的出版数据聚合，借助数智技术赋能，推动量变式发展走向质变式发展。出版数据乘数效应主要体现在：①裂变效应，即以单本图书为数据单元、数据产品，裂变、分化、衍生出数十条乃至数百条条目数据产品，起到出版数据海量裂变效果。②聚合效应，即以知识体系为内核，由分散化、碎片化的数据走向体系化、大规模的出版数据语料库，甚至是形成垂直类的出版大语言模型。③生成效应，即基于"海量无标注的出版数据和高质量人工标注的出版数据、基于人类反馈的强化学习算法"[①]、文本大模型、"文生视频大模型"[②]及相应的算力支持，所产生的智能生成数据、生成视频的效果。出版数据乘数效应主要体现见图 82。

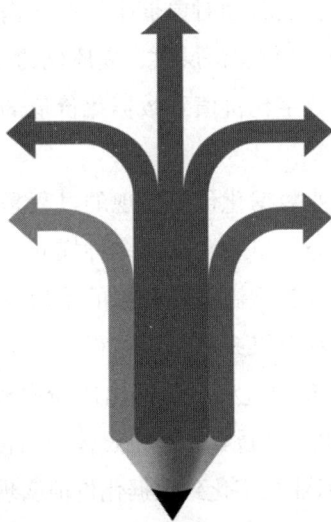

1. 裂变效应
即以单本图书为数据单元、数据产品，裂变、分化、衍生出数十条乃至数百条条目数据产品，起到出版数据海量裂变效果。

3. 生成效应
即基于"海量无标注的出版数据和高质量人工标注的出版数据、基于人类反馈的强化学习算法"、文本大模型、"文生视频大模型"及相应的算力支持，所产生的智能生成数据、生成视频的效果。

2. 聚合效应
即以知识体系为内核，由分散化、碎片化的数据走向体系化、大规模的出版数据语料库，甚至是形成垂直类的出版大语言模型。

图 82　出版数据乘数效应主要体现

① 张新新，黄如花. 生成式智能出版的应用场景、风险挑战与调治路径 [J]. 图书情报知识，2023，40（5）：77-86，27.
② 张新新，孟轶. Sora 驱动下的融合出版新技术新业态新模式分析 [J]. 中国编辑，2024（4）：29-36.

第三节　出版数据价值实现进路

发挥出版数据的叠加、放大、倍增作用，实现出版数据要素的乘数效应，构建以出版数据为关键要素的数据出版，是促进新兴出版业态创新、推动出版深度融合发展的必然要求。用好出版数据要素报酬递增、低成本复制、价值递延性等优势，引入出版数据这一新质劳动对象，发展出版业新质生产力，是以创新为核心驱动的出版业高质量发展的题中应有之义。为解决目前出版业数据供给规模不大、质量不高、流通机制不畅通、应用潜力释放不充分等问题，充分释放出版业数据价值，可确立以下实现进路。

一、以数据要素为理念，加快出版数据产品化进程

出版数据产品化，指以数据为核心要素研发一系列数据出版产品，推出一系列数据出版服务。加快出版数据产品化，首先要确立将数据作为出版生产要素的理念，围绕着数据潜能发挥、数据价值实现来规划和部署相应的数据出版业务。①把电子书、章节、文章、条目、词汇甚至是文字，都视作出版数据类型，基于不同的出版数据类型来优化供给数据出版产品服务；②重视知识体系建设，构建专业出版、教育出版等垂直知识体系，以知识体系为纽带组织和应用数据资源，是发挥出版数据乘数效应的内在机理；③建立行之有效的数据出版流程，因地制宜地形成数据清洗、数据加工、数据单元、数据标引、数据计算、数据建模、数据应用等出版数据产品化机制；④积极创设出版数据产品化应用场景，对内用于编校印发等出版流程优化再造，对外提供查询、检索、定制等出版数据服务。出版数据产品化是发挥裂变效应的关键，只有不断推出多品种、高质量、大规模的出版数据产品，才能起到出版数据裂变、出版数据价值倍增的预期效果；出版数据产品化是发挥聚合效应、生成效应的前提，没有超大规模数据、海量出版资源、多元化应用场景，就无法实现出版数据的聚合重组，无法产生"数据生成数据、数据生成知识"的高质量发展格局。

二、以内容数据为核心，积极构建出版数据中台

出版数据中台是集成了数据建设、数据应用和数据治理等多种工具系统的统一平台。首先，出版数据中台的建设，须以内容数据为核心，充分发挥出版

企业自身的内容资源优势，综合治理特定出版领域的内容数据、用户数据和交互数据，推动内容数据转化为数据出版产品服务，基于用户数据做好全媒体营销，开发交互数据用于改进自身的出版产品服务行为。其次，出版数据中台的技术功能体现在能够支撑数据采集、存储、加工、标引、计算、管理与服务等各环节业务，能够完成数据从素材、原材料到数据产品、数据服务的全流程技术支撑。最后，出版数据中台的建设要坚持安全与发展并重，坚持"原始数据不出域、数据可用不可见"的原则，在确保数据安全的前提下提供数据服务，对内部数据要建立起完善的安全防控措施，对外部数据要形成系统的数据应用举措。关于这一点，在出版数字化转型实践中，出版社曾先后与移动运营商、网络电商及国外的出版机构进行合作，但很多出版社未经加工的定稿发排文件被上述运营商购买，从而引发了诸多数字版权的隐患和纠纷。出版内部数据建设的关键在于建立一个高效、动态的信息流通系统，该系统能够收集来自不同来源的数据，如作者提交的手稿、读者反馈、销售和分发数据等，然后将这些数据转化为有价值的洞察。这些洞察可帮助出版社优化其业务流程，缩短出版周期，降低经营成本，提高市场响应速度等。例如，基于编辑选题策划的视角，图书编辑利用大数据挖掘技术还可快速全面地采集信息，并利用语义网络图等技术在同类选题中进行优劣分析，利用聚类分析来寻找合适的作者①。

三、建立合规使用的数据产权制度，探索出版数据可信流通体系

出版数据流通，是数据出版产品服务由价格设定走向价值实现的关键环节。出版数据流通可以通过数据开放、数据共享、数据置换、数据交易等多种形式来实现。不同的出版数据类型，适配不同的数据流通方式，出版企业宜首先梳理清楚出版企业有哪些公共数据、企业数据及个人数据；在此基础上，构建出版公共数据、出版企业数据及出版个人数据的分类分级确权授权制度，建立出版数据持有权、加工使用权及数据产品经营权分置的数据产权运行机制，推动形成出版企业数据、个人数据"共同使用、共享收益"的模式，出版公共数据在不影响个人隐私保护和公共安全的前提下，有条件无偿用于公共治理和公益事宜，有条件有偿用于产业发展和行业发展。这里有一个关键的操作细节，即在以往的出版合同

---

① 朱建丽.浅谈大数据技术在图书出版中的应用[J].科技传播，2020，12（15）：128-129.

条款中，尽管大部分出版社会规定作品的信息网络传播权及其改编权等，对数据权利的约定仍不够完善和细化，须设定专门的条款来予以规定。

出版数据的可信流通体系，须支持出版数据可用、可信、可流通及可追溯，实现出版数据流通的全过程、动态化管理，在合规使用中激活数据潜能，实现数据价值。进一步讲，出版数据的可信流通体系，能够做到出版数据来源可确认、出版数据使用范围可界定、出版数据流通过程可追溯、出版数据安全风险可防控。出版数据的可信流通体系形成，尚需要依托国家重点研发计划、国家出版基金等实施重大文化产业项目带动战略，攻克区块链、隐私计算、联邦学习、可信标识、透明服务网络等关键技术，探索建设行业级出版数据运营平台，提升出版数据应用可控、可信、可计量的能力，以促进出版数据高效合规流程使用。

四、完善出版数据治理机制，提升出版数据治理能力

数据作为出版业新型生产要素，是出版数字化、智能化发展的基础，已经和生产、分配、流通、消费和服务管理等各环节迅速融合，深刻变革着出版业的生产方式和治理方式。出版企业宜在遵循数据要素机理的基础上，充分发挥数智决策的潜能，基于数据思维、数据理念、数据优势来进行选题策划、编辑加工、印刷复制、出版营销等各环节的规划和决策，逐步形成出版数智治理模式。例如，通过对读者在线行为数据的研究，出版社能够掌握读者的偏好，确定更加有效的营销渠道，预测市场发展趋势等；又如，智能算法推荐对于内容推送、个性营销等方面的出版决策将产生积极的作用。

出版企业宜在充分探索数据产权、流通、分配、治理和安全等基本规律的基础上，统筹发展和安全，把安全贯穿数据供给、使用、流通等全过程，建设出版数据安全保障体系；须强化出版数据分类分级治理意识，统筹出版企业内部数据与外部数据，内容数据、用户数据与交互数据，公共数据、企业数据与个人数据治理机制，确保意识形态安全、文化安全和内容安全；须确立出版数据资产意识，丰富和完善出版数据资源的经济价值、社会价值，建立起涵盖出版数据资产形成、使用管理、开发利用、价值评估、收益分配、销毁处置、全过程检测、应急治理、信息披露、风险防控等全流程的制度体系，以促进出版数据资源合规高效使用，构建共享共治的出版数据资产管理格局；须充分发挥标准先行、标准示范的作用，尽快建立健全出版数据要素标准体系表，形成出版数

据供给、使用、流通、分配、安全等方面的标准体系，逐步完善出版数据要素的企业标准、行业标准和国家标准。出版数据治理全流程的制度体系见图83。

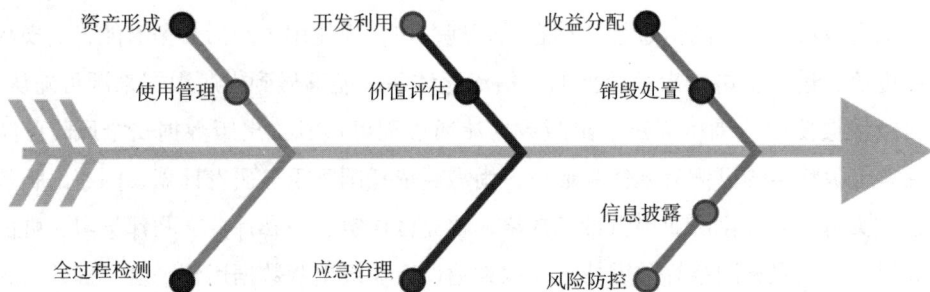

图83　出版数据治理全流程的制度体系

五、设立 CDO 职务，引领新生产要素应用

人才是第一资源。出版企业复用出版数据资源、激活数据要素潜能、发挥数据要素价值，不可或缺的工作是设立 CDO。CDO 是全面负责统筹管理出版企业数据资产、系统开展数据开发利用和价值挖掘的高层管理人员，是推动以数据为核心要素的创新转型、开辟价值增长新空间的关键领导角色，由出版企业负责人选拔任命或授权其开展工作。CDO 的主要职责是推动出版企业数据化转型，统筹推进出版数据战略制定，开展出版数据治理，推进出版数据开发利用，保障出版数据安全，建设出版数据人才队伍，以及创建和形成出版企业数据文化等。CDO 是数据这一新质生产要素赋能劳动者的结果，也是数据这一新质劳动对象对出版企业提出的新型劳动者要求。

与 CDO 岗位设置紧密相关的是构建出版数据要素价值分配机制，即健全出版数据"由市场评价贡献、按贡献决定报酬"[①]的机制，推动出版数据要素收益向数据价值创造者合理倾斜、向使用价值创造者合理倾斜，确保出版数据价值挖掘、创造、增值、转化等各环节的投入均有相应回报，强化面向出版数据价值创造和实现的激励机制建设。国外的出版集团，如律商联讯集团，很早之前就

---

① 中华人民共和国中央人民政府. 中共中央　国务院关于构建数据基础制度更好发挥数据要素作用的意见 [EB/OL]. (2024-02-11). https:// www.gov.cn/zhengce/2022-12/19/content_5732695.htm?eqid=e15887a30000392600000004645cb0aa.

设置了 CDO 一职，推动出版集团的语料库建设、出版大模型研发等各种出版数据价值创造和实现工作。

六、小结

对知识服务向何处去，笔者曾提出过"政策驱动型、产品驱动型、信息驱动型、技术驱动型及智慧驱动型"[①]五种知识服务模式。其实，贯穿这五种知识服务模式的是出版数据驱动，是数据要素作用的发挥，是数据要素价值的实现，只不过出版数据价值实现的方式、侧重点不同，从而分别在知识服务政策、产品、信息、技术和智慧等方面呈现出突出、典型的特征。

新质生产力赋能出版数据要素的最终结果，是在出版业新质劳动对象（出版数据）及出版数据与新型劳动工具、新型劳动者的优化组合质变的基础上，形成数据出版这一融合出版的新业态、新模式。本书仅仅就出版数据价值的动因、机理和进路进行分析，应该说，出版业的数据类型、数据产品、数据安全、数据治理、出版数据乘数效应、数据出版新业态、新模式等数据出版的核心议题尚需要系统且深入地加以研讨，数据出版的实践活动亟待出版业界进一步丰富和拓展，数据出版的理论框架也亟待出版学界持之以恒地推进和构建。

案例 19：高等教育出版社

高等教育出版社在线职业教育发展中心的案例分析主要围绕新质生产力赋能的数据出版展开，强调通过现代科技手段推动职业教育数字化发展的成功经验，以下是具体内容分析。

一、平台打造

"智慧职教"平台依托云计算和大数据技术，围绕"一体化设计、结构化课程、颗粒化资源"的建构逻辑，集成海量优质数字化教学资源，推动职业院校师生在线教学及自主学习。平台的设计旨在促进混合式教学，依靠智能化技术提升教学效果，为教师和学生提供灵活、泛在的教学场景，推动教学方式的创新，如翻转课堂的引入。

---

① 张新新. 知识服务向何处去：新闻出版业五种知识服务模式分析 [J]. 出版与印刷, 2019（1）: 1-5.

二、融合发展人员构成

"智慧职教"体系的构建依赖跨学科、跨行业的专家团队，包括技术开发、运营支持和内容审核。团队的多样性和政治站位使其能在政策指导下，确保资源的高质量和科学性，从而推动职业教育的创新与变革。同时，团队的党员成员通过学习国家的职业教育改革部署，提升项目的科学性和有效性。

三、社会合作

通过资源库项目合作、课程出版等模式，"智慧职教"平台形成了稳定的合作机制，降低了出版社的资源开发成本，推动了优质资源的共享。与外部技术公司的合作，增强了平台的持续更新与创新能力，形成了技术开发与资源运营的闭环模式，进而突破了传统出版的局限，达到了多方共赢的效果。

四、社会效益

平台的建设不仅促进了优质教学资源的共建共享，也推动了职业教育的教学改革。平台的应用场景包括在线课程和培训项目，促进了职业院校学生和企业员工的技能提升与发展。平台还为在线教学提供了重要支持，帮助师生在"停课不停学"过程中保持教学活动的连续性。

五、经济收益

"智慧职教"平台自投入运行以来，实现了显著的经济效益。通过平台服务、资源开发等多元业务，获得了可观的收入，成为职业教育领域中具有盈利能力和可持续发展的典范，支持了高教社在数字出版业务上的创新与拓展。

六、产品案例

"智慧职教"平台代表了我国职业教育信息化发展的典范，通过推动优质资源共建共享、创新教学方式及借助大数据技术分析教学进展，促进了教育公平和教学质量的提升。平台不仅是教学资源的共享平台，还是教师教学设计与课程开发的重要支持工具，展现了"互联网＋职业教育"的深度融合与创新路径。这一产品案例展示了高教社在职业教育信息化发展中的突出贡献，同时为教育出版行业提供了转型与创新的宝贵经验。

图 84 为关键词共现图，图中显示了本书的关键词共现分析的结果。各个节点代表不同的关键词，节点大小表示关键词的出现频率。节点越大，说明该关键词在本书中出现的频率越高。节点之间的连线代表关键词之间的关联关系，连线越多、越密集则反映了关键词之间的关联性越强。

如图 84 所示，"新质生产力"作为最大节点，出现频率最高，说明这是本书研究中的核心概念。其他重要关键词如"出版业高质量发展""出版深度融合"等也具有较大的节点，表明这些词汇在本书中频繁出现，反映出研究的重点集中在出版行业的发展和融合方面。较小的节点如"生成式人工智能""出版数据要素"等则表明这些关键词出现的频次较低，但与核心概念依然保持一定的关联。这表明本书研究不仅关注主流的出版发展议题，也在探索人工智能和数据要素对出版领域的潜在影响。连线的密集程度进一步反映了各关键词之间的紧密关系，例如，"出版深度融合发展"与"出版数据要素"之间的联系较强，说明这些概念在研究中被频繁共同讨论。综上，该共现图展示了课题组研究的关键词分布情况，重点突出"新质生产力"及其相关概念，兼顾出版行业的新兴议题。

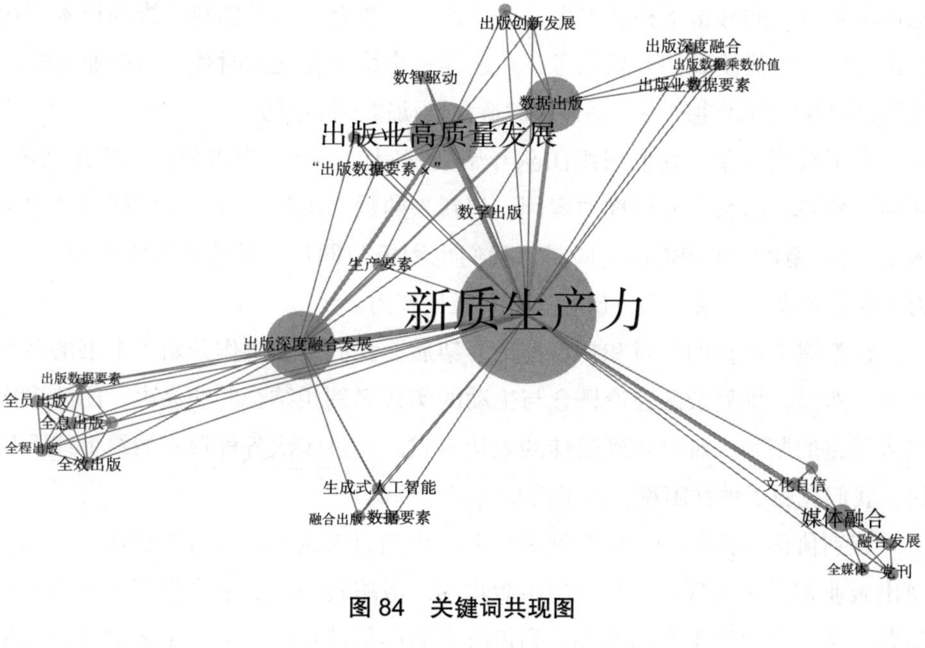

图 84　关键词共现图

后　记

在撰写《出版业新质生产力研究：学理与案例》这部著作的过程中，我们深刻感受到了出版业在数智化浪潮下所经历的深刻变革与新质生产力在这一变革中所扮演的关键角色。从最初的资料收集、理论梳理，到案例的筛选与分析，再到最终的成书，每一步都凝聚了我们对出版业未来发展的深切关注与理性思考。在此，我们希望通过这篇后记，回顾这段创作历程，和广大读者一起探讨新的话题与对未来的展望和期待。

• 创作历程回顾

一切始于对出版业现状的思考与洞察。随着互联网、大数据、人工智能等技术的迅猛发展，传统出版业正经历着前所未有的变革。我们目睹了无数出版企业在新技术的冲击下挣扎求生，也见证了少数企业凭借创新思维和技术应用脱颖而出。这促使我们开始思考：在这样一个快速变化的时代，出版业的核心竞争力何在？新质生产力又是如何塑造和推动这一行业的？

为了找到答案，我们组织团队开始文献阅读、行业报告分析及实地考察。从国内外知名出版企业的成功案例，到新兴的数字出版平台，我们试图从中提炼出共性规律和独特价值。同时，我们也积极与同仁、学者及技术专家交流，力求从多角度、多层次理解出版业的新质生产力。

在掌握了丰富的素材和初步理论框架后，我们分工协作开始了本书的撰写工作。然而，将复杂的理论概念与生动的实践案例相结合并非易事。团队多次陷入思路的瓶颈，难以找到最佳的表达方式。经过多次各种形式的线上线下研讨，我们克服了种种困难，终于逐步完善了书稿。

特别值得一提的是，在案例选择上，我们力求做到既具有代表性，又能反映出版业多元化的现状。从大型出版集团的战略转型，到中小出版社的精细化运营；从数字阅读平台的崛起，到传统书店的创新重生，每一个案例都经过精心挑选和深入剖析，旨在为读者提供一个全面而深入的视角。

书稿完成后，在紧张的编辑和校对阶段，感谢出版社的专业团队，他们的严谨态度和细致工作，确保了书籍的质量。此外，我们还特别邀请了多位行业专家对书稿进行审阅，他们的宝贵意见极大地提升了书籍的学术价值和实用性。

● 可继续探索的话题

本书尽可能对出版业新质生产力进行了全面剖析，但是出版业与新质生产力的发展日新月异，对于出版业新质生产力的探讨也是新兴议题，未来还有很多可以继续研究的话题，我们也一定能与广大读者一起探索。

技术创新还是产业创新？出版业新质生产力话题的深入探讨，将会引领我们思考数字出版与数据出版、科技创新与要素创新、技术创新与产业创新等一系列深层次的问题。作为出版业新质劳动对象的出版数据要素所带来的创新将会是革命性、颠覆性的出版产业创新，推动着出版业生产要素体系的重构，驱动着出版业由科技创新走向产业创新。

（1）技术融合与模式创新。未来，随着5G、区块链、人工智能等新技术的广泛应用，出版业将迎来更多可能。技术融合将进一步打破传统界限，推动内容生产、传播、消费方式的深刻变革。同时，新的商业模式将不断涌现，都将成为出版业新质生产力的重要组成部分。

（2）内容为王与跨界融合。尽管技术日新月异，内容始终是出版业的核心。未来，出版企业需要更加注重内容的深度挖掘和多元化表达，以满足读者日益增长的精神文化需求。此外，跨界融合也将成为趋势，拓展出版业的价值链，创造多元化的产品和服务。

（3）可持续发展与社会责任。在追求经济效益的同时，出版业还应积极承担社会责任，推动可持续发展。这包括保护知识产权、促进文化多样性、支持公益事业等方面。通过构建绿色出版体系、推广数字阅读、开展公益阅读活动等举措，出版业可以为社会的全面进步贡献力量。

（4）人才培养与国际合作。面对未来挑战，人才培养和国际合作同样重要。出版企业应加大对人才的投入，培养一批既懂出版业务又掌握新技术的复合型人才。同时，加强国际合作与交流，引进国外先进理念和技术，推动我国出版业走向世界舞台中央。

● 未来展望与期待

随着数智技术的不断成熟与普及，出版业的新质生产力将不断得到释放与提升。未来，我们期待看到更多的出版社能够积极拥抱数智化转型，通过技术创新与模式创新，推动出版业的高质量发展与深度融合发展。

同时，我们也希望更多的出版业从业者能够不断提升自身的专业素养与创新能力，积极适应新质生产力的发展需求。通过加强学习与实践，不断提升自身的编辑能力、数据素养与创新能力，为出版业的未来发展贡献更多的智慧与力量。

此外，我们还希冀更多的政策与资金支持能够投向出版业的数智化转型与创新发展。通过加强政策引导与资金支持，推动出版业在技术创新、人才培养、产业升级等方面取得更多的突破与进展。

最后，我们衷心希望《出版业新质生产力研究：学理与案例》能够为出版业的未来发展提供有益的参考与启示。我们也期待与广大出版业从业者、学者及政策制定者共同探讨出版业的未来发展之路，共同推动出版业的繁荣与发展。

在撰写本书的过程中，我们得到了许多专家、学者及出版业从业者的支持与帮助。在此，向他们表示衷心的感谢与敬意。同时，我们也期待在未来的研究与实践中，能够继续得到大家的支持与关注。让我们携手共进，共同推动出版业的未来发展！

张新新　陈少志

2024 年 10 月